新媒体·新传播·新运营系列丛书

新媒体运营技术与应用

（第2版 视频指导版）

刘绍君　勾俊伟　主　编
蔺　然　副主编
杨旭东　主　审

人民邮电出版社
北京

图书在版编目（CIP）数据

新媒体运营技术与应用 ： 视频指导版 / 刘绍君，勾俊伟主编. -- 2 版. -- 北京 ： 人民邮电出版社，2025.1. --（新媒体·新传播·新运营系列丛书）. -- ISBN 978-7-115-64655-2

Ⅰ. G206.2

中国国家版本馆 CIP 数据核字第 2024LW6068 号

内 容 提 要

本书全面介绍新媒体运营技术与应用的内容。第 1 章为新媒体运营技术与应用概述，包括新媒体运营的价值、新媒体运营中的工具、新媒体运营岗位与工具学习建议；第 2 章重点介绍新媒体文字处理技术，通过对快速输入、抓取文字及多人同步文字处理工具的介绍，引导读者全面了解文字处理工具的价值及用法；第 3 章重点介绍新媒体图片设计技术与应用，包括找到高质量的图片、快速制作封面、快速设计创意九宫格图及动图、借助 AI 技术制作图片等具体技巧；第 4 章重点介绍新媒体文章排版技术，特别是排版工具的使用方法；第 5 章重点介绍新媒体视频拍摄与剪辑应用，包括视频的分类及发布平台、视频制作的流程、视频的拍摄方法和后期制作工具等；第 6 章重点介绍活动策划与执行应用，尤其是活动宣传和工具的用法；第 7 章重点介绍新媒体信息获取和数据分析工具，引导读者了解新媒体热点并分析账号运营数据；第 8 章重点介绍其他新媒体运营技术，包括新媒体问卷、账号管理、短网址生成及营销思路梳理与细节策划。

本书适合企业新媒体运营的学习者和从业者使用，也可作为职业院校工商管理类、电子商务类等专业的新媒体运营技术与应用相关课程的教学用书。

◆ 主　　编　刘绍君　勾俊伟
副 主 编　蔺　然
责任编辑　连震月
责任印制　王　郁　彭志环

◆ 人民邮电出版社出版发行　　北京市丰台区成寿寺路 11 号
邮编　100164　　电子邮件　315@ptpress.com.cn
网址　https://www.ptpress.com.cn
固安县铭成印刷有限公司印刷

◆ 开本：787×1092　1/16
印张：13　　　　2025 年 1 月第 2 版
字数：310 千字　　　　2025 年 6 月河北第 2 次印刷

定价：54.00 元

读者服务热线：（010）81055256　印装质量热线：（010）81055316
反盗版热线：（010）81055315

随着智能手机和移动互联网的发展，新媒体应用已经渗透到人们生活的方方面面，人们越来越习惯在手机上完成学习、娱乐、购物等各类事项。

党的二十大报告指出，要加快发展数字经济，促进数字经济与实体经济深度融合，打造具有国际竞争力的数字产业集群。新媒体将是发展数字经济的有力支撑。对于企业和个体创业者而言，有用户的地方，就存在营销——掌握新媒体工具已成为企业提升品牌知名度、扩大市场影响力的重要途径。

然而，面对目不暇接的新媒体平台和工具，运营者往往感到无所适从，不知道如何选择和运用这些工具来实现最佳的传播效果。因此，我们编写了这本《新媒体运营技术与应用》，旨在帮助读者更全面、系统地了解新媒体运营工具的种类、特点和使用方法，进而提升新媒体工作的整体效能。

本书特色如下。

1. 全面性

本书涵盖新媒体运营所涉及的各类工具，包括文字处理工具、图片设计工具、短视频剪辑工具等，为读者提供一站式的新媒体运营解决方案。

2. 实用性

本书结合大量实际案例，详细阐述各种新媒体工具的操作步骤，让读者能够即学即用，快速提升新媒体运营能力。

3. 前沿性

本书紧密跟踪新媒体运营领域的发展趋势，介绍 AI 工具、直播工具、私域工具等，帮助读者站在行业前沿，把握市场脉搏。

4. 多样性

目前，企业对新媒体工具的应用已经不仅限于营销，不少企业开始借助新媒体平台进行人员招募、团队管理、活动通知等。本书所涉及的图片工具、活动工具等，对企业人力资源、行政管理、企划宣传等部门也完全适用。

5. 实操性

本书提供丰富的 PPT、教案、微课视频等立体化的配套资源。读者可以登录人邮教育社区（www.ryjiaoyu.com）下载并获取相关教学资源。

希望无论是新媒体运营初学者，还是有一定经验的运营者，都能从本书中获得启发和帮助。

本书由武汉职业技术学院的刘绍君和天津棠颂科技工作室的勾俊伟担任主编，由天津棠颂科技工作室的蔺然担任副主编，由武汉职业技术学院的杨旭东担任主审，在创作过程中得到了许多朋友的帮助，在此一并致谢。书中疏漏之处在所难免，欢迎批评指正。

编者

2024 年 7 月

目录

Contents

目录 Contents

PART 01

第1章 新媒体运营技术与应用概述

在“信息大爆炸”的时代，信息传播的主要途径从过去的电视、报纸、书籍逐渐变成了移动信息平台，“新媒体”成为时下应用最广的营销方式之一。为了迎合用户需求，企业必须清晰地认识到新媒体的价值，同时做好新媒体运营的工作。

知识目标

- 了解企业新媒体运营的价值。
- 掌握新媒体运营工具的主要类别及名称。
- 了解企业对新媒体运营岗位的能力需求及员工的学习方式。

能力目标

- 能够理解新媒体运营工作的概念和意义。
- 能够识别不同新媒体运营工具的类别。
- 能够结合企业新媒体运营岗位要求提升相应能力。

素养目标

- 坚持系统观念，从全局视角了解新媒体的重要价值，随后从细节处学习具体方法。
- 不断提高系统思维、创新思维，探索新媒体运营工具的新场景、新应用。

1.1 新媒体运营的价值

简单来说，新媒体几乎涵盖了所有数字化的媒体形式，包括网络媒体、移动端媒体、数字电视、数字杂志等。新媒体之所以被大众广泛接受，主要有以下几个原因。

（1）迎合大众对碎片化阅读的需求：由于工作与生活节奏加快，人们的休闲时间呈现出碎片化的倾向，而新媒体迎合了这种需求。

（2）满足大众对娱乐的需求：大众在业余时间需要休闲娱乐，而新媒体可通过文字、图片、视频等方式满足大众对娱乐的需求。

（3）满足大众对互动的需求：新媒体具有较强的互动性，如评论、转发、抽奖、游戏等，与用户进行频繁的互动，让用户有更高的参与度。

（4）大众选择的主动性更强：与其他的营销方式不同，新媒体营销给予用户更多主动选择的权利，运营者可以通过不同形式和平台进行信息的传播，让信息以更好的方式进入用户的视野，将选择的主动权更多地给予用户。

不论是传统企业还是互联网公司，在很多时候，使用新媒体的传播方式都可以得到比传统媒体更好的效果。例如，华为公司借助新媒体，将品牌影响力充分辐射到各大网点、业务线，其账号矩阵达成了不低于 100 亿次的曝光量，如图 1-1 所示。

（a）　　（b）

图 1-1

除了推广产品外，华为还在其新媒体账号“讲故事”，分享产品背后企业的努力和不为人知的历程，进一步形象化地表达品牌内涵、放大品牌声量，如图 1-2 所示。

除了日常传播外，新媒体还可以大大提高产品的传播度、美誉度、影响力，从而实现更多的用户转化，主要体现在以下 4 个方面。

（1）多形式传播产品：新媒体传播形式多样，可以是文字、图片、H5、视频等形式，根据用户的不同喜好，以不同形式展现，从而使产品得到更广泛的传播。例如，人民日报就采用抖音、微信公众号、微博多形式进行传播，如图 1-3 所示。

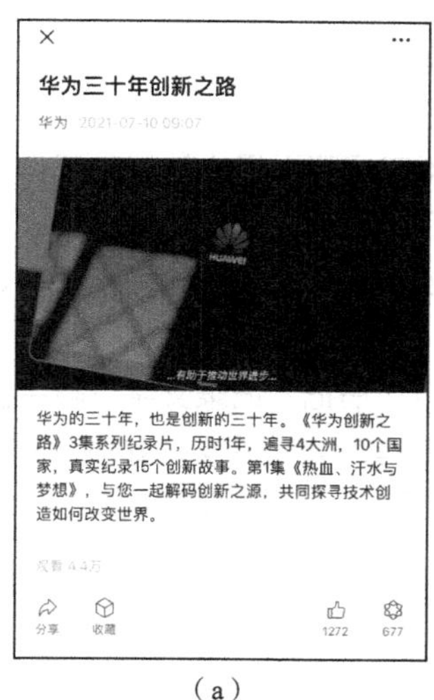

（a）

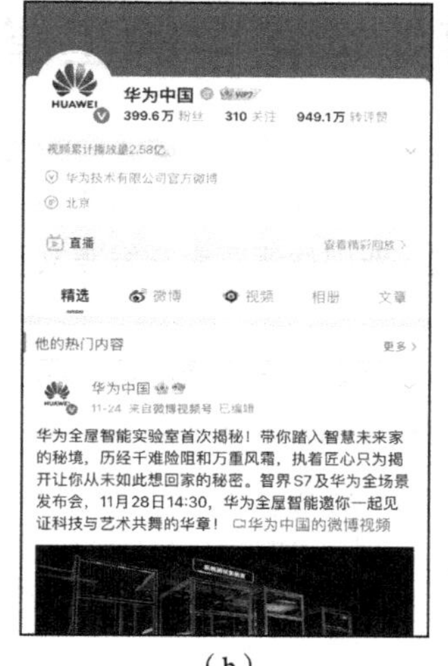

（b）

图 1-2

（a）抖音

（b）微信公众号

（c）微博

图 1-3

（2）多渠道获取用户：新媒体平台通过大数据分析和人工智能技术，能够实现对用户的精准定位和个性化推荐。因此，平台会根据定位吸引不同的用户，而新媒体运营者可以在平台上有针对性地发布内容，以精准获取用户。

（3）多元化粉丝互动：在新媒体平台，新媒体运营者与粉丝的互动更加多元化，例如评论、点赞、转发、抽奖、游戏等，不用见面即可与粉丝进行互动；此外，还可以通过粉丝裂变使内容得到更好的传播。

（4）多面化用户服务：运营者在对用户进行需求调查、满意度调查时，可以通过新媒体衍生出更多的形式，如采用新媒体的工具开展用户服务。这样既能节省运营者和用户的时间和精力，又能提高服务的满意度和效率。

1.2 新媒体运营中的工具

作为新媒体运营者，掌握新媒体运营的各类工具可以极大地提升工作效率。常用的工具主要分为四大类，包括文字工具、视频工具、图片工具和运营工具。

（1）文字工具：新媒体运营者在发表文字类信息时，使用的关于撰写、排版、编辑等提高效率的工具。

例如，新媒体运营者在写文章时可以用“讯飞语记”记录文字，随后使用“飞书”进行多人协作编辑，接着使用公众号排版编辑器“壹伴”处理文字，如图 1-4 所示。

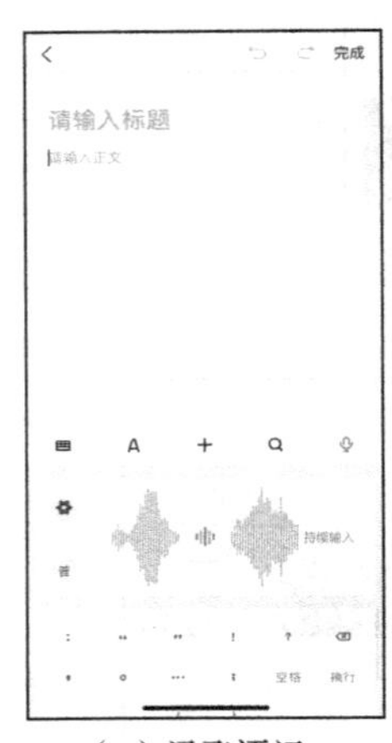

（a）讯飞语记

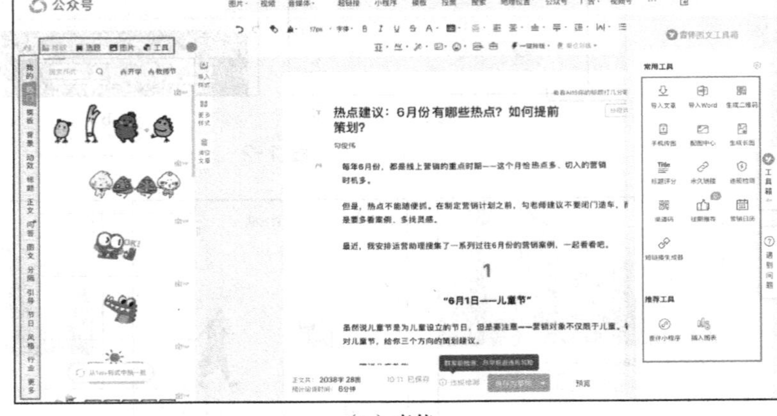

（b）壹伴

图 1-4

（2）视频工具：运营者使用视频形式传播信息时，使用的视频拍摄、剪辑、发布等工具。

例如，运营者可以通过抖音等平台直接拍摄视频，或者使用美图秀秀、ProMovie 等软件拍摄视频素材，然后使用剪映、快影、爱剪辑等软件剪辑形成完整的视频，如图 1-5 所示。

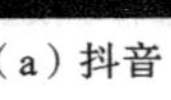

（a）抖音

（b）美图秀秀

（c）剪映

图 1-5

（3）图片工具：运营者在进行活动策划和推广时，使用的图片类信息编辑、制作工具。

例如，运营者可使用图片工具“创客贴”快速生成海报、封面图、H5 等用于宣传，如图 1-6 所示。

图 1-6

（4）运营工具：运营者在日常活动的策划、执行等过程中，为了提高工作效率，促进粉丝互动使用的实用工具，例如问卷工具、短网址工具、热点获取工具、活动发布工具等。

新媒体工具汇总如表 1-1 所示。

表 1-1 新媒体工具汇总

工具类别	工具名称	介绍
文字工具	讯飞语记	快速提升文字输入速度
	金山文档	处理文档、收集表单、快速抓取图内文字
	飞书	信息共享与协同文字处理
	135 编辑器、壹伴	公众号排版编辑器
视频工具	抖音、快手等	短视频拍摄、编辑、发布平台
	ProMovie	专业摄影软件
	剪映	抖音官方推出的视频编辑工具
	快影	快手官方推出的视频编辑工具
	爱剪辑、会声会影等	视频剪辑软件
图片工具	摄图网、花瓣网等	查找可商用图片
	创客贴、Fotor 懒设计等	海报、封面图制作
	“九宫格图制作”小程序	九宫格图片制作、图片拼接
	GifCam	动图制作
	Faceu 激萌	表情包制作
	稿定设计	图片制作、AI 制图

续表

工具类别	工具名称	介绍
运营工具	互动吧、活动行	活动信息发布
	Teambition、滴答清单	活动策划协同
	Novamind、Xmind 等	活动复盘
	金数据	用户调查问卷制作
	蚁小二、微小宝	账号管理
	百度短网址	网址缩短
	百度脑图	营销思路梳理与策划
	新浪微博热搜、百度热搜、微信热点	热点获取
	微信指数、百度指数	行业指数分析
	灰豚数据	第三方平台数据分析
	OBS	直播推流

1.3 新媒体运营岗位与工具学习建议

新媒体运营包括编辑、设计师、运营专员等岗位，不同的岗位所涉及的工具也有所不同。因此，运营者必须有针对性地进行工具的学习，对岗位所需的工具了如指掌。

1.3.1 新媒体运营岗位需求概述

1. 专员类岗位

刚接触新媒体的运营者往往只需要负责新媒体工作中的某一环节，如微博发布，公众号、小红书写作等，因此其岗位划分也较细，包括微信公众号运营专员、社群运营官、小红书编辑、活动策划专员等。

在细化的岗位划分下，专员类岗位对运营者的需求往往非常明确——在其负责的领域具有一定专业度。例如，某企业在进行新媒体文案编辑招聘时，其岗位职责包括“内容的策划、编辑”“选题策划”“内容敏感性”“内容策略”“用户数据”等字眼，如图 1-7 所示，实际上是要求应聘者具备专业的文字编辑能力与写作能力。

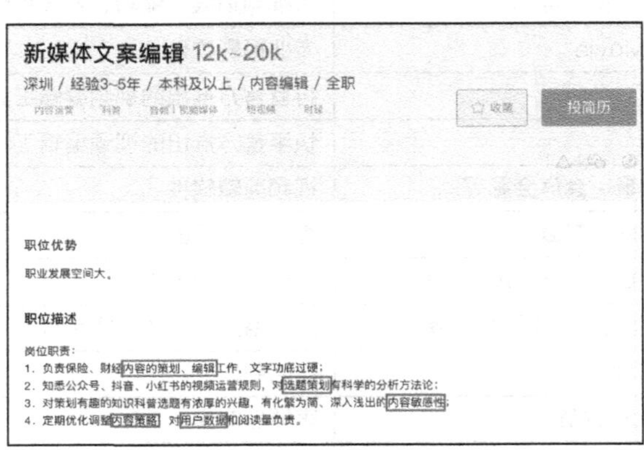
新媒体文案编辑 12k~20k
深圳 / 经验3~5年 / 本科及以上 / 内容编辑 / 全职
收藏 投简历

职位优势
职业发展空间大。

职位描述
岗位职责：
1. 负责保险、财经内容的策划、编辑工作，文字功底过硬；
2. 知悉公众号、抖音、小红书的视频运营规则，对选题策划有科学的分析方法论；
3. 对策划有趣的知识科普选题有浓厚的兴趣，有化繁为简、深入浅出的内容敏感性；
4. 定期优化调整内容策略，对用户数据和阅读量负责。

图 1-7

专员类岗位的工具应用以“少而精”为主，仅需要掌握其岗位对应的编辑、设计等部分工具，但对每样工具都需要深入研究。例如，在设计海报时，非设计类运营者仅需知道“创客贴”工具并能初步设计出海报；而企业新媒体设计专员则需要掌握该工具的一系列功能，包括“添加协作者”“背景”“团队模板”等，如图 1-8 所示。

图 1-8

课堂练习

请打开求职类网站（如智联招聘、猎聘等）并搜索“活动策划”岗位，尝试分析该岗位所需要的主要技能。

2. 管理类岗位

管理类岗位属于企业中的中层管理级岗位，向上汇报至总经理或分管副总，向下管理新媒体专员。企业对管理类岗位的需求主要集中在 3 个方面：定方向、管团队和看数据。

例如，某互联网企业在“新媒体运营总监”的招聘需求中，就分别谈到定方向（战略制定、调整经营策略和经营方针）、管团队（运营团队的管理）和看数据（平台运营数据的统计、分析与评估），如图 1-9 所示。

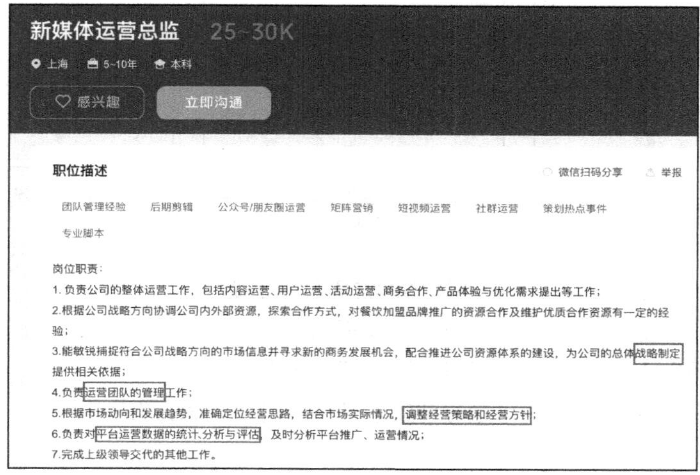

图 1-9

基于以上岗位需求，管理类运营者对于工具的应用也围绕 3 个方面。

首先是“定方向”，管理类运营者需要关注互联网热点，结合产品特点进行思路梳理，随后传达给团队成员；其次是“管团队”，管理类运营者需要做好团队成员的整体协同，并进行整体运营账号的管控；最后是“看数据”，管理类运营者需要监测传播量、销售量、好评量等各类数据，同时需要了解行业整体趋势，便于确定团队成员的工作方向。管理类岗位涉及的工具如表 1-2 所示。

表 1-2　管理类岗位涉及的工具

岗位需求	涉及工具
定方向	热点获取工具、大纲梳理工具等
管团队	文档协同工具、活动协同工具、账号管理工具等
看数据	问卷分析工具、后台数据管理工具、行业指数分析工具等

1.3.2　新媒体运营工具的学习建议

为了提供更好的用户体验，新媒体营销工具通常都会定期更新。例如，某运营工具在 1 个月内就更新了 12 个版本，如图 1-10 所示。

（a）

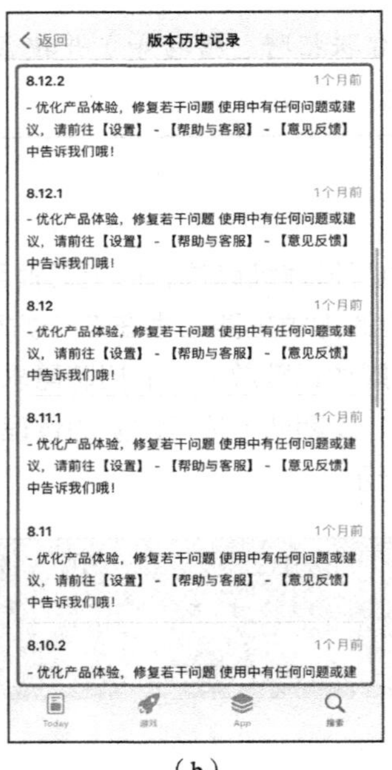

（b）

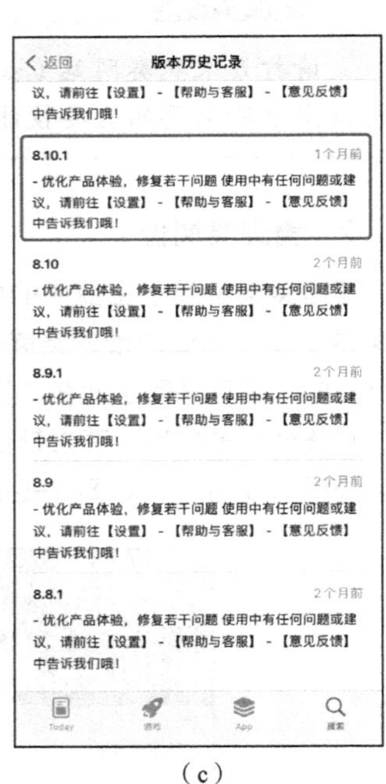

（c）

图 1-10

面对日新月异的新媒体环境，新媒体运营者往往会遇到以下问题。

“这款软件的拍摄按钮去哪了？更新后找不到了！”

“上周还能用这款小程序，今天怎么无法打开了？”

“今晚就要提交最新视频，可是之前的软件不能用了，怎么办？”

……

遇到这类问题，主要是因为运营者对工具的应用浮于表面——仅知道其部分功能，不知道其深入用法；或者仅熟悉一两款工具，没有对同类工具进行学习。

在学习工具的同时，新媒体运营者还需要有针对性地培养自己的几大能力。

1. 网络搜索能力

任何网站或工具都有可能停用，企业的新媒体工作却不能因为某款工具的消失而受到影响。当运营者发现无法正常使用某款新媒体工具时，需要在合适的平台搜索相关关键词，快速找到替代品。

例如，当某款图片制作软件无法使用时，运营者可以在App Store、华为应用市场、应用宝等平台搜索“作图”“制图”“图片剪切”“图片制作”等关键词来挖掘新工具，如图 1-11 所示。

图 1-11

2. 横向迁移能力

当新的工具出现时，运营者需要运用现有的工具应用能力，第一时间适应新工具，并掌握应用技巧。

例如，当“抖音”这款视频工具出现时，运营者可以凭借其原有的视频制作能力及社交平台运营能力，一方面拍摄优质的抖音内容，另一方面做好用户互动及平台推广。

3. 深度应用能力

当前新媒体工具的功能边界趋于模糊化，纯粹的聊天工具、写作工具、作图工具等逐渐变为“既能聊天又能做视频的工具”“既能写作又能排版的工具”“既能作图又能社交的工具”等。例如，以前只提供作图模板，快速制作海报、封面等的网站“稿定设计”已经具备了智能设计、视频剪辑、AI 制图等功能，如图 1-12 所示。

图 1-12

新媒体运营者除了需要对新媒体工具进行学习与应用，还要继续挖掘其差异化功能，将工具的作用发挥到极致。

思考与练习

1 新媒体运营对企业有哪些重要价值？

2 常用的新媒体工具包括哪些类别？

3 刚接触新媒体的运营者，应重点掌握哪些工具的应用方法？

4 企业对新媒体管理类岗位的需求主要集中在哪些方面？

PART 02

第 2 章 新媒体文字处理技术

文字作为新媒体最基本的内容呈现方式之一，其重要性不言而喻。本章介绍 3 种文字类工具，便于运营者提升文字处理效率。

知识目标

- **熟悉讯飞语记、金山文档及飞书的基本操作。**
- **掌握通过语音、图片生成文字的方法。**

能力目标

- **能够理解文案创作的步骤及关键点。**
- **能够针对同一篇文案内容，进行协同处理。**

素养目标

- **紧跟时代步伐，顺应实践发展。**
- **拓展认识的广度和深度，以新的理论指导新的实践。**

2.1 新媒体文案创作流程与策划技巧

虽然各类新媒体平台的定位不同、内容形式不同，但对于文案的需求几乎是一致的——运营微信公众号，需要撰写长文案；运营微博或朋友圈，需要设计短文案；而运营抖音、快手等短视频账号，也需要先写好文案脚本再进行拍摄与剪辑。

与创作一篇文学作品不同，创作新媒体文案更需要关注营销性和转化效果，否则，运营者想到哪写到哪，极有可能出现“有人看却没人买”“有流量但没销量”的结果。

新媒体文案创作有 4 个步骤，如图 2-1 所示。

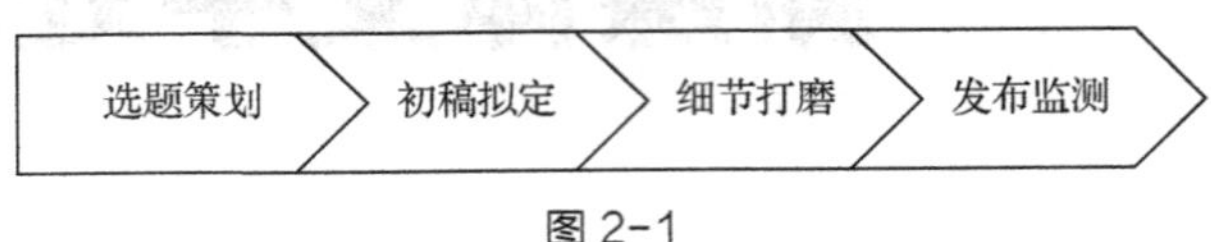

图 2-1

第一步，选题策划。

“知己知彼，百战不殆”，文案创作也是如此。运营者需要先了解目标用户的需求和兴趣点，随后选择与用户相匹配的话题，再通过用户喜欢的语言和方式来表达。

例如某健身中心的文案创作，其目标用户是年轻人、上班族。通过调查和分析，运营者发现这些用户最关心的是两个话题——健康、形体。于是，运营者制定了一系列健身计划和饮食建议，并配合有趣的图片和视频，吸引了目标用户的关注与点赞，如图 2-2 所示。

（a）

（b）

图 2-2

第二步，初稿拟定。

在这一步，运营者不需要花费太多时间在“排版”“配图”等事项上，而是要快速拟定初稿并组织讨论，随后进行修改和完善。

文案初稿包括 4 个要素：思路、标题、正文、卡点。其中，“思路”通常写在最前边，目的是让参与讨论的团队伙伴了解文案背景与自己的设计概念；“标题”和“正文”是文案的雏形；“卡点”通常写在最后，列出自己在创作过程中不太满意的地方，请团队伙伴提出建议，如图 2-3 所示。

第三步，细节打磨。

文案初稿完成之后，运营者需要进行更细致的优化，让文案的阅读体验、转化率同步提升。需要打磨的细节如下。

5月6日文案初稿内部沟通		
序号	要素	内容
1	思路	先谈二手车常见问题，再给出买二手车的建议，在结尾引导转化。
2	标题	《想买二手车，怎么选择靠谱商家？》
3	正文	现在不少消费者开始关注二手车。相比新车而言，二手车有更高的性价比。 但是，二手车往往一车一况，没有统一的市场定价，这让许多汽车小白望而却步。 如何选择靠谱的商家？今天分享3个技巧。 第一，下载不同的软件，大概浏览一遍你感兴趣的车型。这类软件包括“汽车之家”“懂车帝”等。 有精准的价格维度和海量车型，信息量接收会更全面 。 通过对比，掌握你想要的车型 大概的价格区间后，就能寻找靠谱的车源了。 第二，当你物色好某一 车型后，就要鉴定车况的“外观内饰”、“车体结构”、“泡水检测”以及“发动机变速箱”各个方面的情况，这也是大家觉得二手车行业乱象丛生的原因，以次充好、翻新等猫腻非常多。 要怎么避免买到所谓的问题车？你可以在当地选择二手车市场，结合第一步的软件，综合比价并了解汽车状况。 第三，对于车况不是很清楚的消费者，可以在网上寻找第三方检测公司，上门帮助质检。根据价格的不同，检测公司能够做多维度全方位的检测报告，可以用来参考意向车型的真实车况如何。 以上都很麻烦，想更简单？你不妨关注我们的公众号，点击下方“预约”按钮，享受免费的二手车带看与检测服务。
4	卡点	1. 开头痛点讲得不好，我自己都不想看； 2. 这3个技巧，好像写得不太专业，大家看看如何优化； 3. 文章配图需要大家帮忙找找，至少3~4张图片。

图 2-3

（1）标题优化：在标题中加入数字、热点等抓人眼球的内容，吸引目标用户点击进入。

（2）首尾设计：一方面优化开头，让目标用户饶有兴致地继续阅读；另一方面优化结尾，提升文案的点赞、留言、转化效果。

（3）文字排版：用户在手机上看一篇文章时，如果滑动两到三次依然是密密麻麻的文字，极有可能失去阅读耐心。因此，运营者需要利用编辑器或插件进行文字排版，提升文案的“颜值”。

（4）多媒体元素：在文案里，可以加入图片、音频、视频等元素（见图 2-4），进一步提升用户的阅读体验。

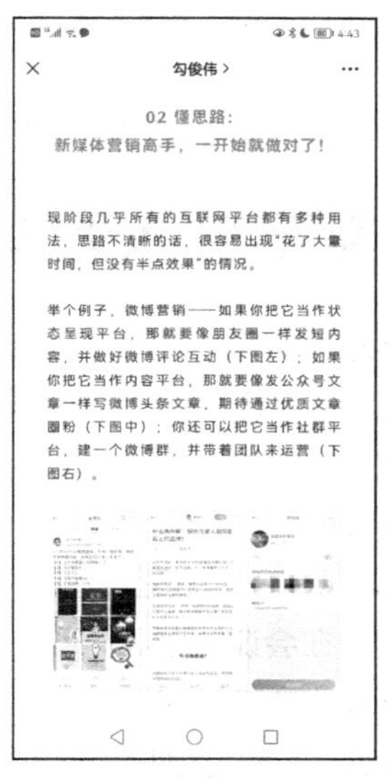

（a）

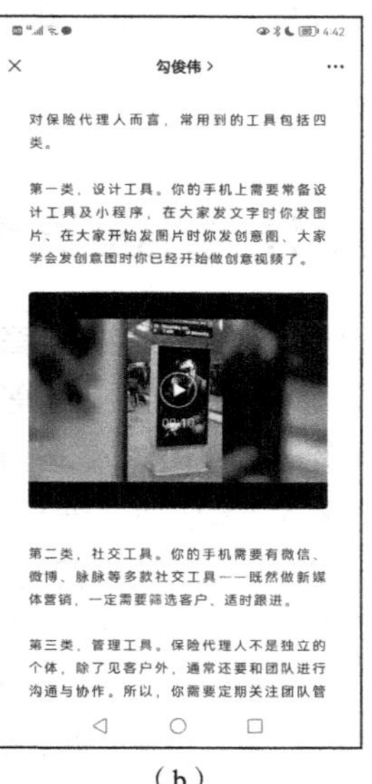

（b）

图 2-4

第四步，发布监测。

运营新人往往认为“文案发布后就万事大吉了”，但实际上，文案发布后还需要监测流量数据并分析用户反馈，以优化后续的文案。

例如，某企业的新媒体运营负责人在发布今日头条文案后，发现展现量将近 15 万、阅读量接近 7500，但评论数量只有 1，如图 2-5 所示。

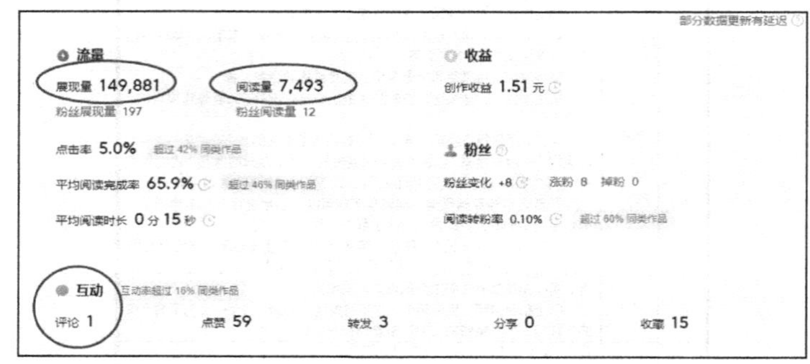

图 2-5

基于以上数据，后续类似选题的内容可以做出两个调整：

（1）重点优化标题，提升阅读率（阅读量 ÷ 展现量），让看到标题的目标用户愿意点击进入正文；

（2）优化文章结尾，增加“你觉得呢”“不妨写下你的看法”等互动性关键词，引导用户留言互动。

在文案创作的 4 个步骤中，运营者可以借助“讯飞语记”和“AI 识图”进行初稿拟定，随后利用“飞书”进行团队文案沟通与文字协同处理。这 3 款工具，本章后续将分别展开讲解。

课堂练习

请参考图 2-3“文案初稿内部沟通”的格式，以“推进美丽中国建设”为主题，拟定文案初稿。

2.2 讯飞语记：快速提升文字输入效率

讯飞语记（见图 2-6）是一款能将语音转为文字输入的云笔记 App，在写文章、做采访、会议记录等场景下均可使用。讯飞语记支持普通话、英语、粤语输入，准确率高达 98%；其用户可使用长时间语音输入，输入时间长达 2 小时。

图 2-6

对新媒体运营者而言，讯飞语记的价值主要体现在 3 个方面。

第一，快速记录并整理成文字。例如，运营者在会议、领导讲话或致辞等场合中，可以使用讯飞语记快速整理出文字记录。使用计算机打字一般 1 分钟能打出 80 个字至 120 个字，而使用讯飞语记 1 分钟可以语音输入 400 个字，能极大地提升文字记录效率，如图 2-7 所示。

第二，记录灵感。当新媒体运营者面对社会新闻或事件，突然产生写作灵感时，可以用讯飞语记将这些灵感迅速记录下来。此外，在上班的路上、等待或乘坐公交车时，也可以用讯飞语记来记录灵感与思路，因为即使在嘈杂的环境中，只要对着手机的收音处轻轻说话，讯飞语记的识别率也一样很高。

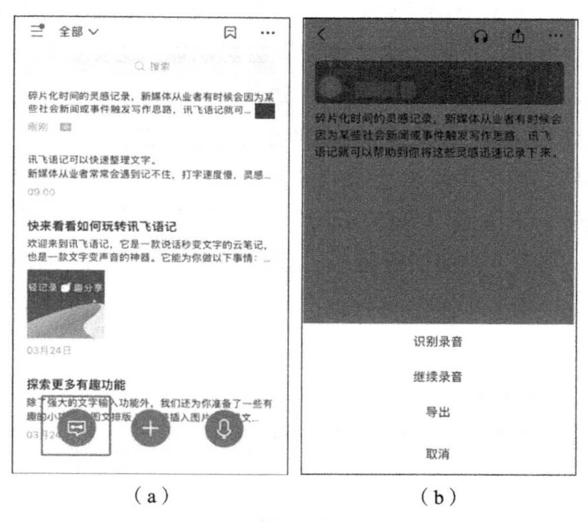

（a）　　（b）

图 2-7

第三，便捷排版。讯飞语记支持图文排版，可以很方便地将对应的图片穿插进去，进行简单的排版，如图 2-8 所示。

使用讯飞语记，需要先进行下载安装（可在移动端或 PC 端进行下载），随后按照以下 5 个步骤进行操作。

第一步：在移动端完成讯飞语记软件的下载安装后，打开讯飞语记。

第二步：点击，建立新的文档。

点击首页下方中间的按钮新建文档，也可以点击右下方的按钮，直接进入新的文档，如图 2-9 所示。

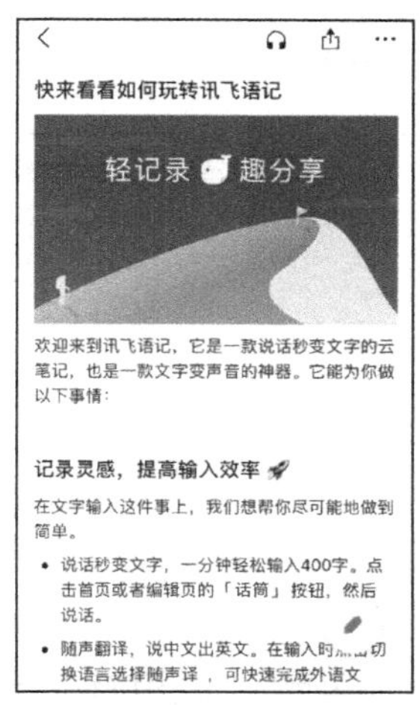

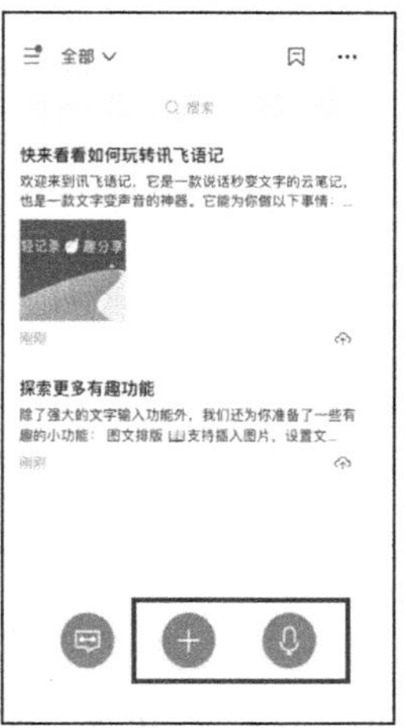

图 2-8　　图 2-9

第三步：语音输入。点击界面右下角的按钮，会出现一条运动着的声波，开始朗读后声音会同步变成文字并呈现在手机屏幕上。声音停顿 3 秒左右，便默认用户已经读完，将自动停止录音，并在文字段落的末尾生成句号，如图 2-10 所示。

在进行语音输入时，运营者需要特别注意 3 个细节：首先，讯飞语记可以进行长达 120 分钟不间断的输入，但目前这个功能只对会员开放；其次，在输入过程中如果需要换行，可以点击界面右下角的“换行”按钮，这个操作不会影响输入进度，换行完成后依然可以持续进行语音输入；最后，输入过程中如果需要手动进行文字输入，可以直接点击左下角的“铅笔”标志，切换成手动输入模式，对其中的部分内容进行修改。

第四步：保存文档。点击界面右上角的“完成”按钮，即可保存文档。

第五步：网页登录。讯飞语记支持移动端、PC 端同步编辑，方便笔记整理、导出。可以使用手机号、QQ、微信、微博进行登录，登录界面如图 2-11 所示。

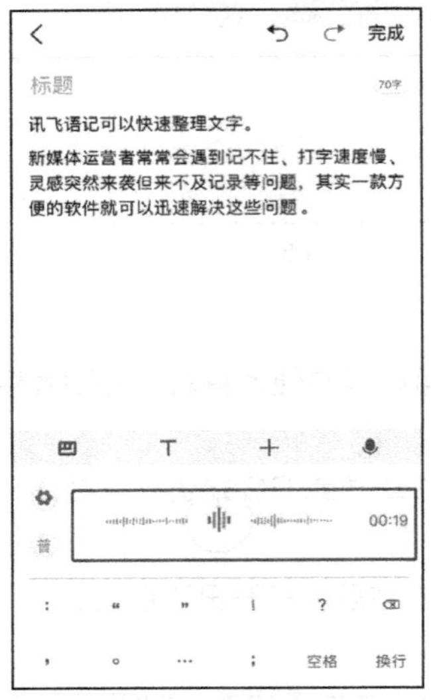

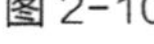
图 2-10

图 2-11

在 PC 端登录完成后可和移动端同步，看到所有的文件，进入文档后可进行修改。操作如果需要新建或查找文档，可以单击界面左侧的按钮，如图 2-12 所示。

图 2-12

在使用讯飞语记时，运营者还可在完成文档编辑后，点击界面右上角的按钮进行笔记分类，将笔记按类别归档，如图 2-13 所示。

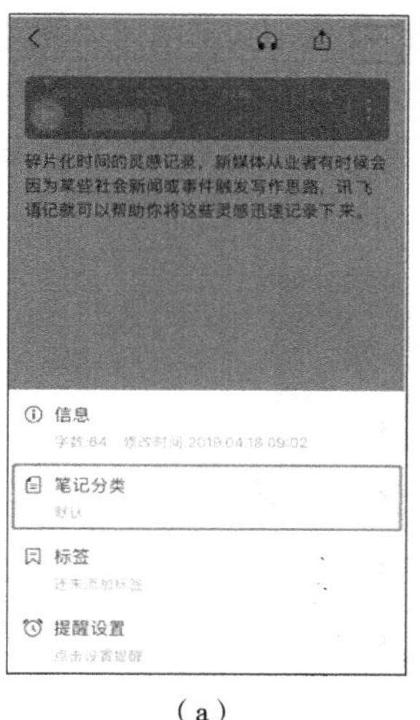

（a）

（b）

图 2-13

分类后的文档也更便于在 PC 端查找。运营者可以登录 PC 端，单击左侧按钮，直接查看相关类别的内容，如图 2-14 所示。

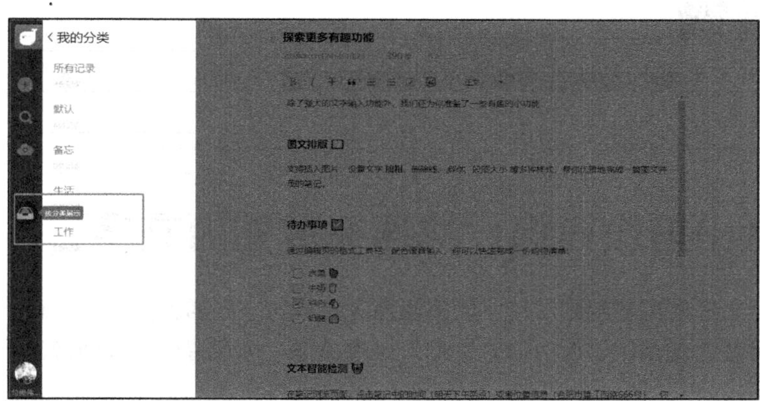

图 2-14

此外，讯飞语记还有很多其他的功能，可给新媒体运营者带来更好的体验，例如，“图文排版”可以对文字进行处理，如加粗字体、添加删除线等，如图 2-15（a）所示；还可以给段落文字添加序号，建立待办事项，如图 2-15（b）所示。

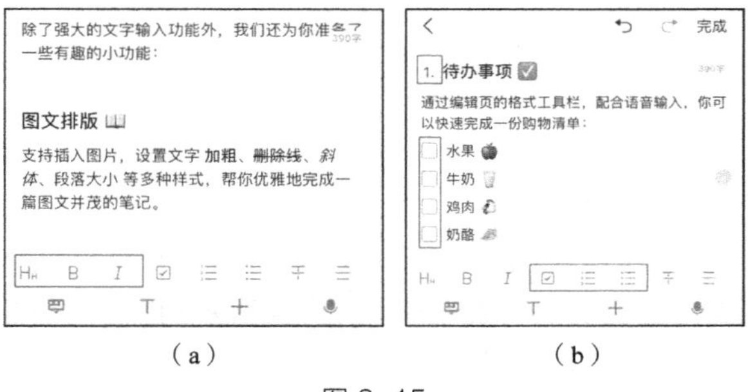

（a）　　　　（b）

图 2-15

在文章下方的工具栏中，点击+按钮，就可以实现在文章中添加图片、链接、附件等，如图 2-16 所示。讯飞语记能够基本满足新媒体运营者的文章排版工作需求，让新媒体运营者使用手机就可以快速编辑出一篇图文并茂的文章，大大提高其工作效率。

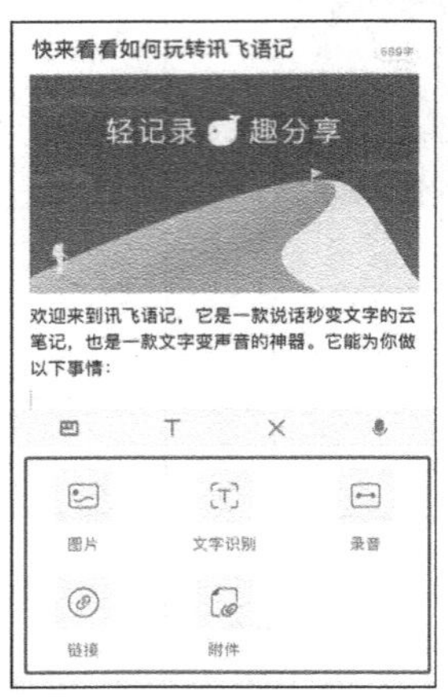

图 2-16

课堂练习

找一篇文章进行朗读，用讯飞语记记录下来并转成文字，练习换行、纠错、保存等操作。

2.3 金山拍照扫描：快速抓取图内文字

新媒体运营者在撰写规则解读、制度盘点等文章时，经常会遇到“只有一张图片，文字全部在图片里”的情况。此时，人工输入效率极低，运营者可以借助微信小程序完成文字抓取。

微信小程序简称“小程序”，英文名为 Mini Program，是一种不需要下载、安装即可使用的应用，它实现了应用“触手可及”的梦想，用户扫一扫或搜一下即可打开使用。

“金山文档”是金山公司开发的一款办公类综合小程序，包含“文档处理”“表单收集”“思维导图绘制”等多个功能。本节主要应用其“拍照扫描”功能完成图内文字抓取。

第一步：在移动端的微信搜索栏输入“金山文档”，点击第一个搜索结果进入小程序，如图 2-17 所示。

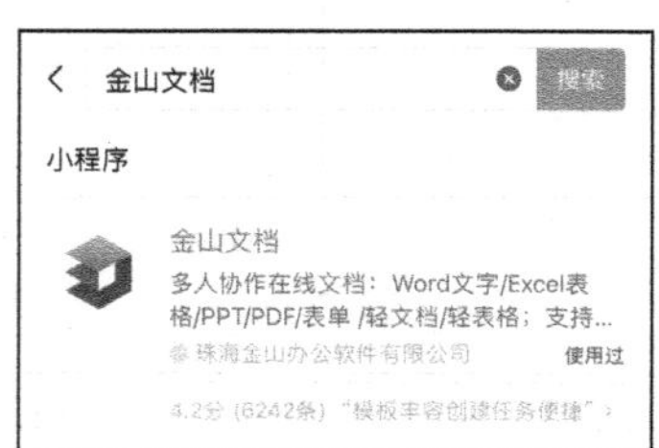

图 2-17

第二步：点击界面下方的⊕按钮，随后点击“拍照扫描”按钮，如图 2-18 所示，直接拍照或者导入图片。

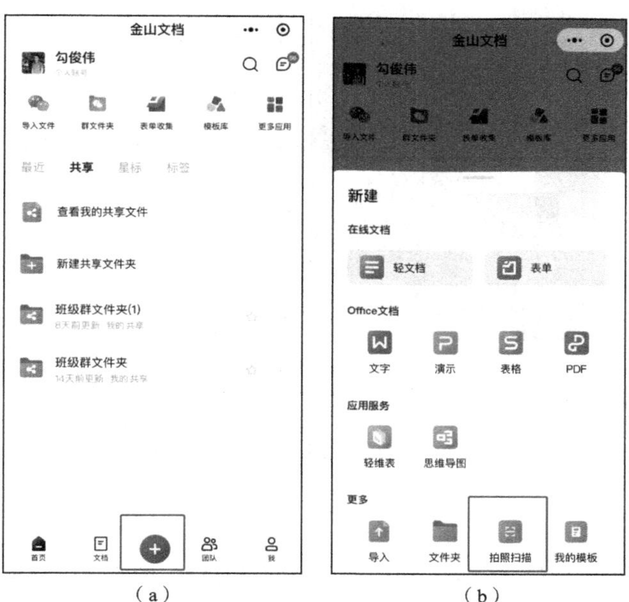

（a）（b）

图 2-18

第三步：根据需求裁剪图片。图片四角分别有一个控制点，用户可以随意拖动，精准调整到需要识别的部分，如图 2-19 所示。

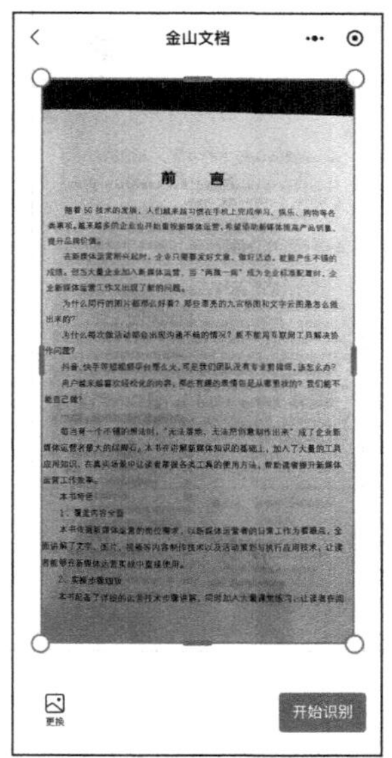

图 2-19

第四步：所有的图片均被精准裁剪后，点击界面下方的“开始识别”按钮，随后选择“图片转 Word”，即可生成文字预览效果，如图 2-20 所示。

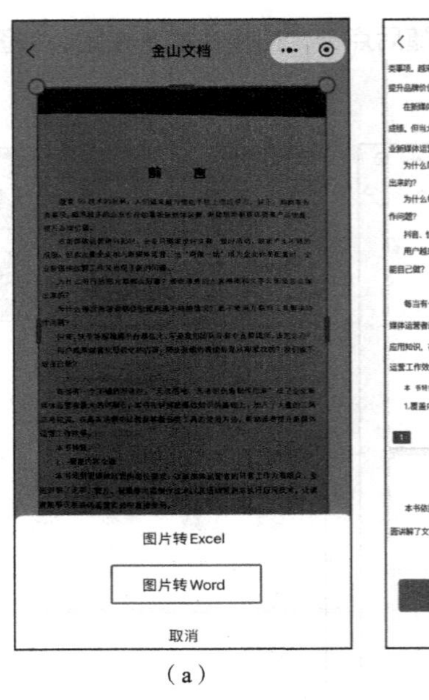

（a）

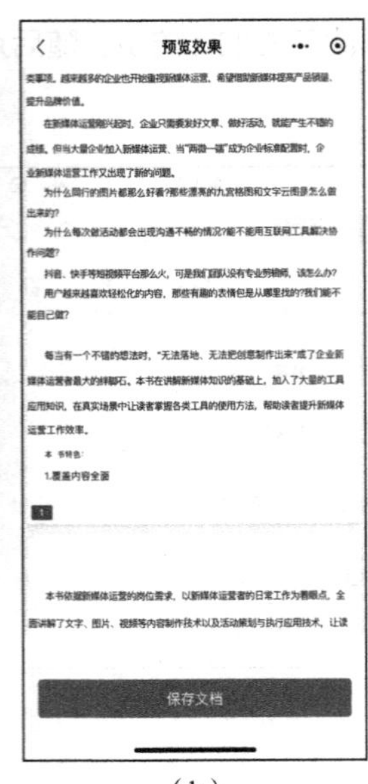

（b）

图 2-20

第五步：得到识别出的文字后，可以点击“保存文档”按钮保存至金山文档。后续可以直接编辑（见图 2-21），也可以导出至本地。

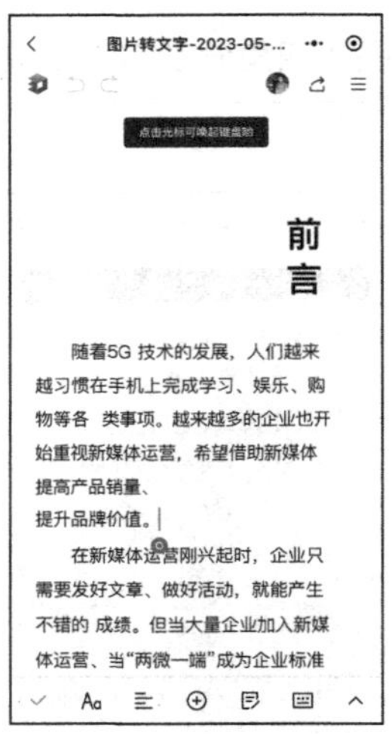

图 2-21

课堂练习

尝试用“金山文档”识别本书任意一页的内容，并保存文字。

2.4 飞书：信息共享与协同文字处理

飞书是字节跳动自研的一站式协作平台，它将即时沟通、日历、云文档、云盘和工作台深度整合，通过开放、兼容的平台，让成员在任何地方都可实现沟通和协作，提升企业工作效率。

在应用商店搜索“飞书”并下载（见图 2-22），随后使用手机号、邮箱或 SSO（Single Sign On，单击登录）注册并登录，如图 2-23 所示。

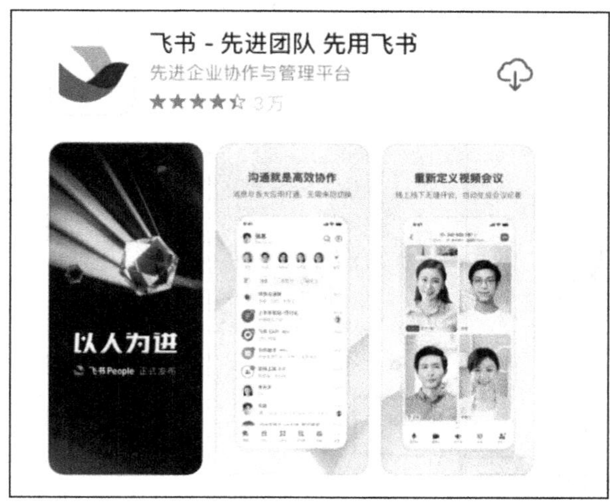

图 2-22

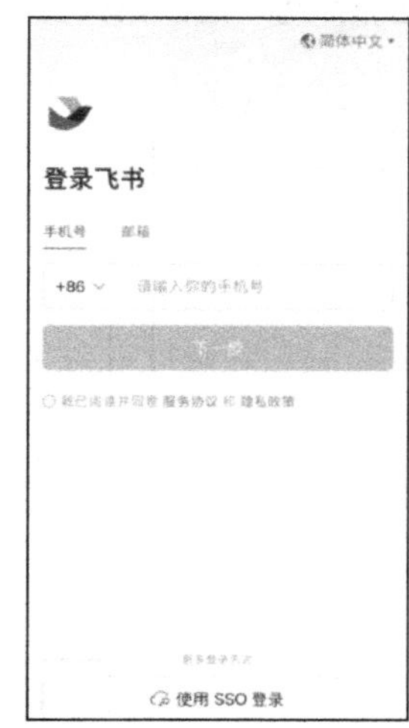

图 2-23

登录后，界面底部有“消息”“日历”“工作台”“云文档”“通讯录”5 个基本按钮（见图 2-24）；此外，还有一个“更多”按钮，点击可以进行视频会议及任务管理。

图 2-24

对新媒体运营者而言，飞书的价值主要体现在两个方面：文案沟通实时记录和多人协同打磨文案。

第一，文案沟通实时记录。

创作新媒体文案时，往往需要先沟通，再策划，最后行动。这就需要专人进行文案会议记录、会议内容传达。

借助飞书平台的“飞书妙记”功能，可以实时撰写会议纪要、采访笔记等，并将会议发言迅速转换成文字，提高工作效率。

进入团队群后，点击右上角的视频会议按钮并开始会议。待参会人员就位后，点击“录制”按钮，即可一边正常开会一边录制会议内容，如图 2-25 所示。

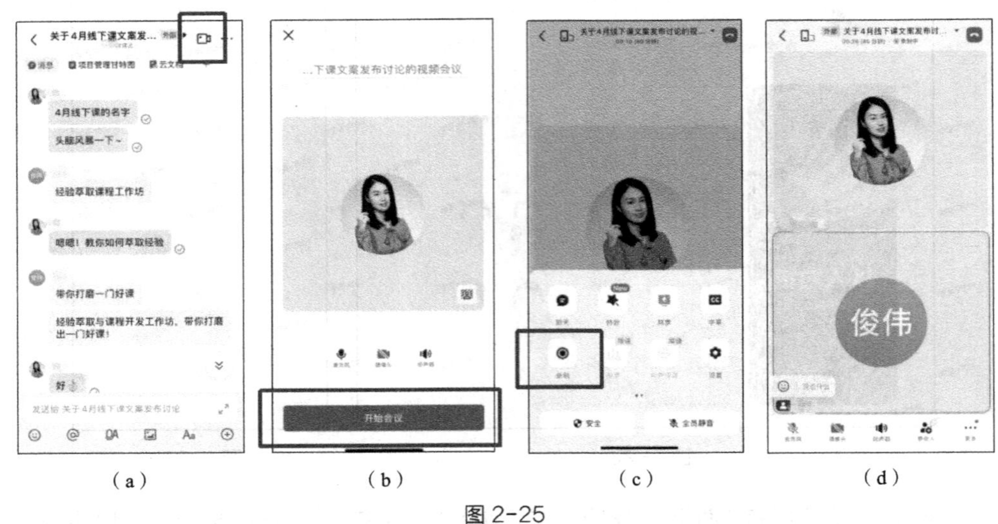

图 2-25

结束会议后，在“消息”界面的“视频会议助手”聊天框中会出现“会议录制已完成”的提示，如图 2-26 所示。

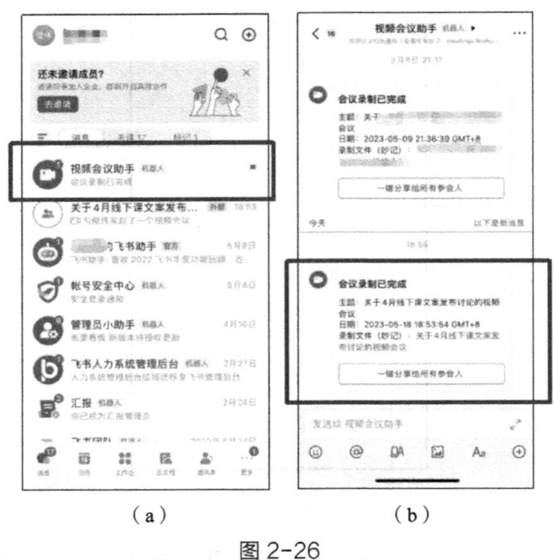

图 2-26

点击相应的会议主题，即可观看会议记录，且已经自动生成文字记录，可直接复制这些文字并粘贴到文档中，进行后续文档编辑，如图 2-27 所示。

图 2-27

第二，多人协同打磨文案。

较长的文案往往需要多个作者共同创作。在飞书平台，可以多人实时协同编辑在线文档，通过团队合作迅速完成文档编辑。

具体操作包括 3 个步骤。

（1）建立“云文档”。点击主界面下方的“云文档”按钮，选择“文档”，建立空白文档。此外，也可以直接套用现成的模板，如会议记录、工作周报、康奈尔笔记法、头脑风暴会议等，如图 2-28 所示。

（a）

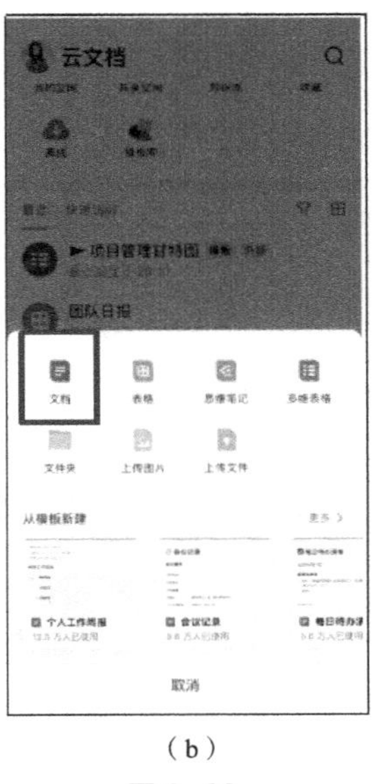

（b）

（c）

图 2-28

（2）创建协同文档。进入新建的文档后，点击右上角的 ··· 按钮，点击“分享”按钮，选择“邀请协作者”，可将文档直接发送到会议群，使参会人员参与协同编辑，如图 2-29

所示。此外，文案负责人也可以直接参与评论指出问题，@某一位编辑者，提醒其及时做出修改。

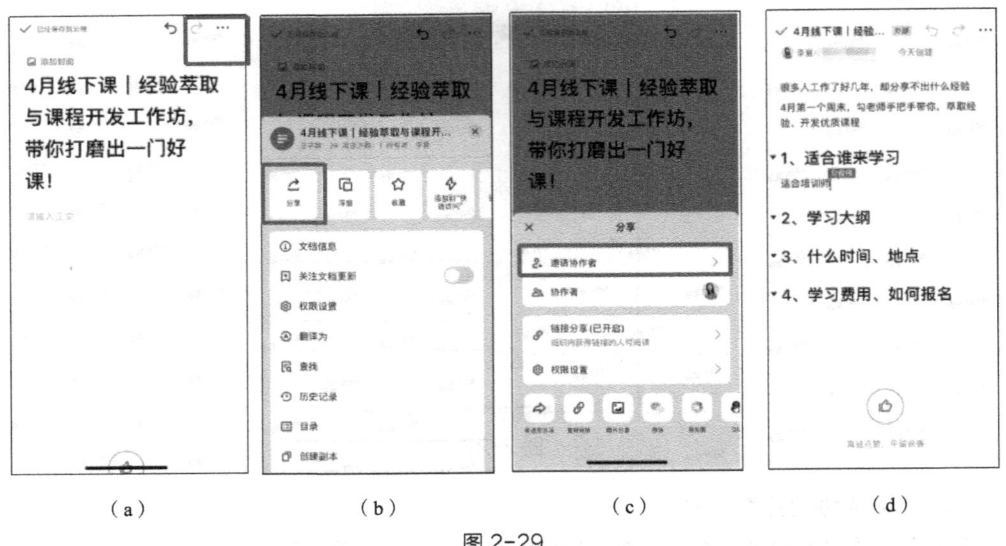

（a）（b）（c）（d）

图 2-29

（3）文案优化。文档编辑完成后，文案负责人可在下方“评论全文”框中输入建议，并可以@相关人员提醒其及时做出修改和调整，如图 2-30 所示。

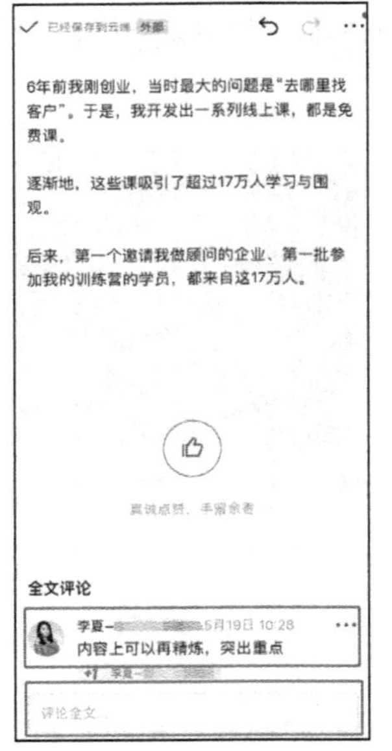

图 2-30

课堂练习

请创建一个飞书群并进行语音会议，以“青年强，则国家强”为会议主题进行语音交流讨论，待会议结束后导出文字记录。

思考与练习

1 新媒体文案创作有几个步骤？分别是什么？

2 如果你已经有一些关于文案的想法，打算把这些想法快速转换成文字，应该使用哪款工具？如何操作？

3 如果有一篇纸质的发言稿需要尽快转换为电子稿，应该使用哪款工具？怎样操作？

4 企业文案团队需要针对某篇文章进行协同处理时，可使用哪款工具？

PART 03

第3章 新媒体图片设计技术与应用

新媒体运营者在撰写文章、策划活动、社群宣传等场景下，往往都会用到图片，且对图片的质量也有一定要求，因为图片的质量会直接影响到用户的视觉感受。因此，运营者要学会选择适合的图片，并高效制作出满足各类平台需求的图片。

本章将介绍关于图片的设计与编辑的知识，以快速提升运营者的图片处理效率。

知识目标

- **了解高质量图片的获取平台及获取方式。**
- **掌握制作文章封面图的工具与使用方法。**
- **掌握切割图片和拼接长图的工具以及使用方法。**
- **掌握动图及表情包生成技术。**
- **了解 AI 图片处理工具的基本概念。**

能力目标

- **能够根据内容需求，进行封面图、九宫格图、长图和动图创作。**
- **具备图片搜索能力、多图整合能力和 AI 设计能力。**

素养目标

- **拓宽视野，深刻洞察人类发展的潮流，并将其融入新媒体内容设计中。**
- **实践没有止境，理论创新也没有止境，在工具的应用中提升自己的设计水平。**

3.1 如何找到高质量的图片

好的图片可以吸引用户的注意，提升用户的阅读体验。不过，不少运营新手往往只会简单地通过搜索引擎（如百度、搜狗、360 搜索、必应、雅虎等）搜索图片，这样做一方面搜到的图片不够清晰，另一方面会有侵权的风险。

3.1.1 高清可商用图片平台

高清可商用的图片指的是具有高清晰度且有版权授权的图片。在高清可商用图片平台上可以获取多种格式的图片，例如 PSD、AI、CDR、EPS 等，以满足不同的图片制作需求，新媒体运营者可以在以下网站获取高清可商用图片。

1. 摄图网

摄图网是一家为中小微企业、自媒体、设计师、运营者等提供图片下载功能的网站，网站内所有图片均有版权，图片种类有照片、设计模板、创意背景、插画、免抠元素、手机配图、GIF 动图、办公文档、视频音频，可以满足运营者对图片的各种需求，如图 3-1 所示。

图 3-1

2. 花瓣网

花瓣网是一家基于用户兴趣的素材分享网站，网站为用户提供了简单的采集工具，帮助用户将自己喜欢的图片重新组织和收藏起来，如图 3-2 所示。

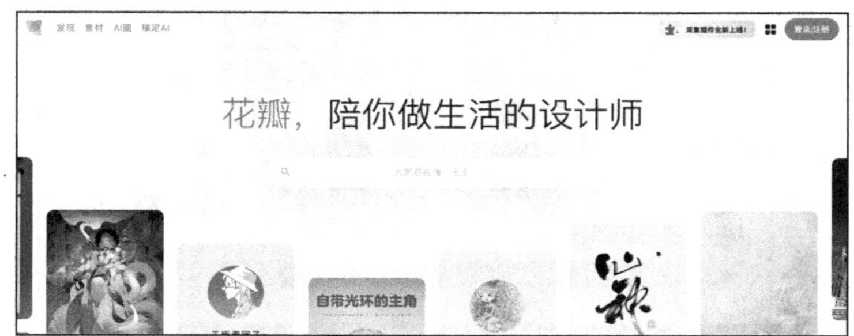

图 3-2

3. 站酷海洛

站酷海洛是站酷旗下的品牌，是一个一站式正版视觉内容平台。授权内容包含商业图片、艺术插画、矢量图、视频、音乐素材、字体等，如图 3-3 所示。

图 3-3

4. 昵图网

昵图网是一个原创素材共享平台，提供海量原创素材下载，包括摄影作品，设计素材，视频素材，PPT 模板，以及 PSD、AI、CDR、EPS 等格式的高清图片，如图 3-4 所示。

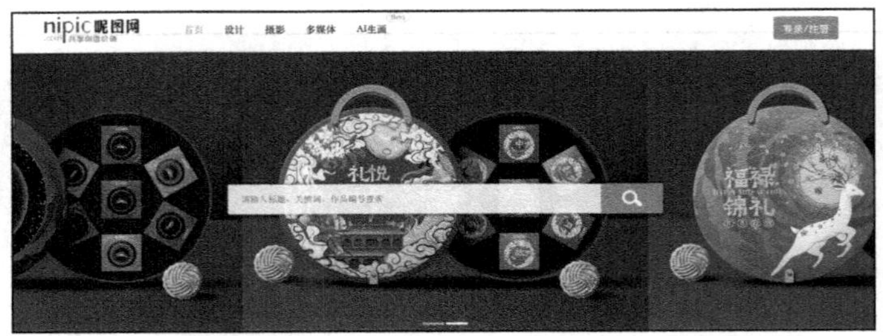

图 3-4

5. 中国新闻图片网

该网站由中国新闻社主办，是国内被授权发布各种官方时事新闻图片的网站之一，每天更新各类新闻图片，包含政治、经济、科技教育卫生、文化艺术、体育、社会生活、自然环境、历史资料等，用户可以在该网站下载大量有版权的珍贵图片，如图 3-5 所示。

图 3-5

3.1.2 如何获取高质量图片

了解了有哪些可以下载图片的网站之后，接下来就需要进行精准的搜索，找到合适的图片。运营者进入网站之后，常常会被五花八门的图片吸引，如果随便找图，如同大海捞针，效率很低，所以精准搜图尤为重要。

本书以摄图网为例，介绍 3 种常用的搜图方法。

1. 类目搜索法

类目搜索法指的是按照图片网站内的分类方式精准搜索和筛选图片。

运营者在 PC 端进入网站后，可以看到很多模板，运营者可以先浏览整个网站，以便找到需要的类别。

在摄图网首页单击“设计模板”，即可看到更精准的应用场景分类，有助于运营者精确找到可以用于海报、展架、名片、首图制作等的各类图片，如图 3-6 所示。

（a）

（b）

图 3-6

单击任意一个分类，如“海报设计”，即可进入更细化的页面，运营者可以根据自己的需要对分类、用途、场景、格式、排序、类型进行精准筛选，快速找到最合适的素材，如图 3-7 所示。

2. 关键词搜图法

关键词搜图法指的是使用图片关键词或相关词进行图片搜索的方法。

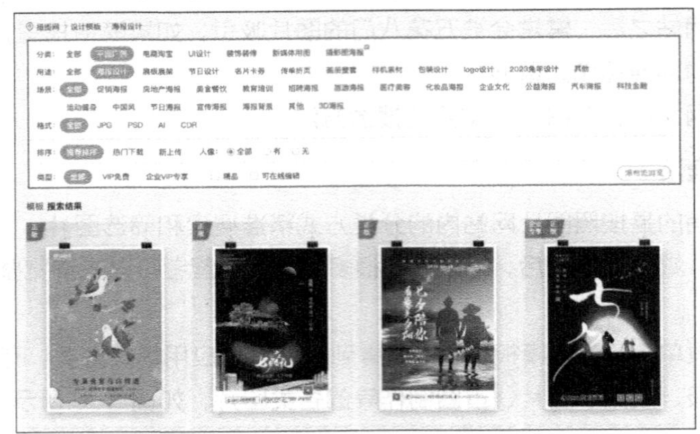

图 3-7

第一步：在 PC 端进入网站后，在“全部”下拉列表中，可以看到该网站能提供的所有图片或素材的分类，确定并选择需要的图片或素材类别，如图 3-8 所示。

图 3-8

第二步：在搜索框内输入关键词，随后单击按钮，即可找到相关的所有图片，如图 3-9 所示。

图 3-9

第三步：对颜色、版式和其他细节要求进行筛选，如图 3-10 所示。

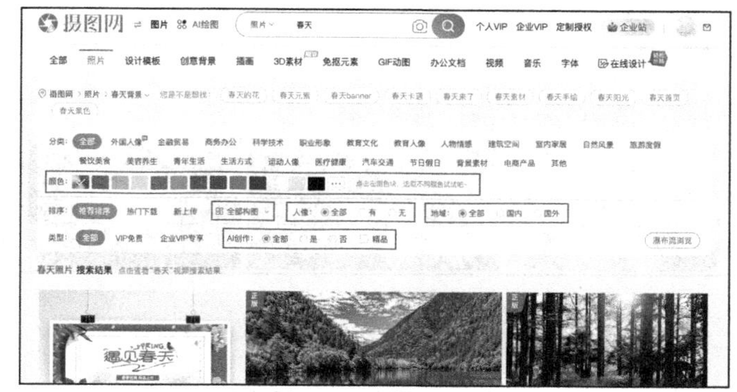

图 3-10

3. 以图搜图法

以图搜图法指的是根据已有图片搜索类似图片的方法。

通常，运营者在已经非常明确图片风格或者已经有类似的图片时，就可以使用以图搜图法搜索图片。将鼠标指针放在搜索框右侧的“📷”按钮上，显示“点击上传图片就能搜相似图”，如图 3-11 所示。

图 3-11

随后，在计算机的本地磁盘中选择需要上传的图片，单击“🔍”按钮，即可搜索到相似的图片，如图 3-12 所示。

（a）

图 3-12

（b）

图 3-12（续）

运营者需要先用 QQ 或微信账号登录网站，然后找到需要的模板，单击页面右上角的“立即下载”按钮下载选中图片，如图 3-13 所示。

（a）

（b）

图 3-13

在下载图片时，运营者需要对图片格式进行选择，以符合配图要求，图片常用格式、使用场景及特点如表 3-1 所示。

表 3-1 图片常用格式、使用场景及特点

常用格式	使用场景及特点
JPG JPEG	这是最常用的图片格式，可以直接用于配图，文件较小，下载速度快，是互联网上使用最广泛的图片格式
PNG	与 JPG 格式类似，网页中很多图片都是这种格式，其压缩比高于 GIF 格式，支持透明图像，可以利用 Alpha 通道调节图像的透明度
GIF	这种格式的图片最大的特点是不仅可以是一张静止的图片，还可以是动图，并且支持透明背景，适用于多种操作系统，其“体型”很小，网上很多小动图都是 GIF 格式
PSD	Photoshop 的专用图像格式，可以保存图片的完整信息，图层、通道、文字都可以被保存，文件一般较大
TIFF	这种格式的特点是图像格式复杂、存储信息多，正因为它存储的图像信息非常多，图像的质量也得以提高，故而非常有利于原稿的复制，常用于印刷
TGA	这种格式比较简单，属于一种图形、图像数据的通用格式，在多媒体领域有着很大影响，在做影视编辑时经常使用。可在 3ds Max 中输出 TGA 图片序列，然后将其导入 AE 里进行后期编辑
EPS	这种格式是用 PostScript 语言描述的一种 ASCII 文件格式，主要用于排版、打印等输出工作

课堂练习

请结合以上图片获取方法，为一篇以“坚持自信自立”为主题的文章配图。

3.2 怎样快速制作封面

新媒体运营者在各个平台发布文章或信息时，都会使用封面图。好的封面图可以提高内容的点击量，也可以提升用户的阅读体验，本节将学习制作封面的方法。

3.2.1 文章封面图制作的常用工具

不同的平台对封面图的要求不同，如果运营者只是随意找一张图片充当封面图，就容易遇到上传失败或者图片重要信息无法完全显示的情况，所以封面图需要调整成符合平台要求的图片。

常用的设计工具包括以下 3 种。

1. 创客贴

创客贴是一款多平台（Web、Mobile、Mac、Windows）极简图形编辑和平面设计工具。创客贴平台提供图片素材和设计模板，用户通过简单的操作就可以设计出海报、PPT、名片、邀请函等各类用途的作品。

创客贴主要提供社交媒体、广告印刷、工作文档、生活、广告横幅、电商 6 类设计场景，共有 60 余种设计模板。还可以实现设计稿云端存储，支持多人协作、共同完成设计，提供免费下载或分享设计文件，如图 3-14 所示。

图 3-14

2. Fotor 懒设计

Fotor 懒设计是一款在线平面设计工具和图片编辑器，有海量设计素材和模板，如图 3-15 所示。

图 3-15

该平台还设有 Fotor 设计学院，专门提供在线的海报、邀请函、贺卡、淘宝电商图、封面图等平面设计教程，可以协助运营者提升设计能力，如图 3-16 所示。

图 3-16

3. 易图网

易图网是一家集摄影交流社区和图片交易平台功能于一体的网站，作为一个原创图片交流交易平台，它可以让摄影爱好者的作品与商业应用对接，并为用图者提供更广泛的选择，如图 3-17 所示。

图 3-17

3.2.2 如何借助创客贴制作文章封面图

使用创客贴无须下载任何客户端，只需要让计算机处于连网状态，打开浏览器进入网站即可。使用创客贴制作封面图的步骤如下。

第一步：登录。可以使用微信账号、微博账号、微信企业账号等直接登录，如图 3-18 所示。

（a）

（b）

图 3-18

第二步：登录成功后自动跳转到选择模板页面，如图 3-19 所示。

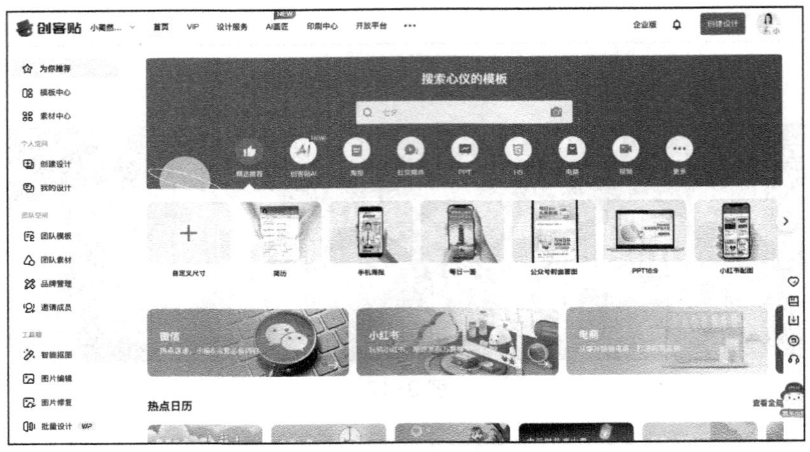

图 3-19

可以选择“自定义尺寸”的画布，制作出符合平台要求的图片，也可以单击页面左侧的“模板中心”，在众多场景中选择需要的模板，如图 3-20 所示。

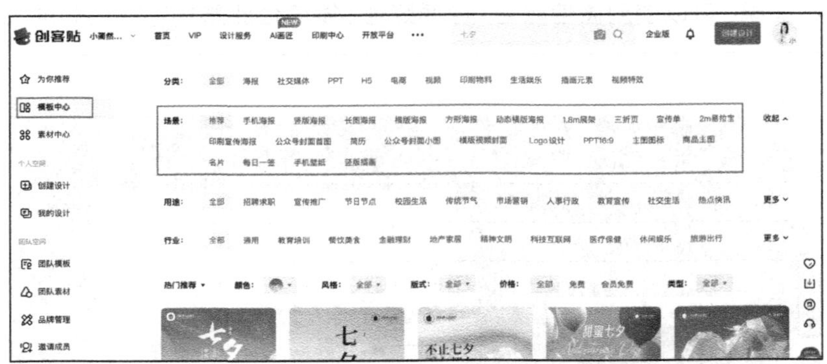

图 3-20

第三步：选择模板设计。单击场景中的“公众号封面首图”筛选出公众号封面首图模板，挑选合适的模板，或单击“开启空白画布”按钮，默认尺寸为 900 像素×383 像素。在挑选模板时，可以通过热门推荐、价格、类型、颜色进行挑选，精准找到适合的模板，如图 3-21 所示。

图 3-21

第四步：开始设计。选定某个模板之后，进入设计页面，右边部分为设计操作区，左边是工具栏，可以选择需要的模板、素材、文字、背景等，如图 3-22 所示。运营者可以对现有模板的文字、图片、背景等元素进行修改。

图 3-22

1. 文字修改

单击文字后可以直接对其进行修改，在设计区的上方会出现文字编辑按钮，可以对文字进行特效、字体、字号、样式（斜体、下划线、加粗）、对齐方式、字间距、行间距的处理，还可以将文字以图层的形式进行复制、上下层移动、透明度调整、镜面翻转、阴影处理等，如图 3-23 所示。

图 3-23

2. 图片修改

选中需要更换的图片，使用 Delete 键删除，然后在左侧工具栏中单击“上传”按钮，选择从计算机本地上传图片，也可以用手机上传图片，如图 3-24 所示。

单击“上传素材”按钮，跳转到本地磁盘，找到需要的图片后，单击“打开”按钮即可上传图片，如图 3-25（a）所示。可上传多张图片，上传后的图片会出现在工具栏中，如图 3-25（b）所示。单击需要的图片，图片将出现在设计区，可对其进行编辑。

图 3-24

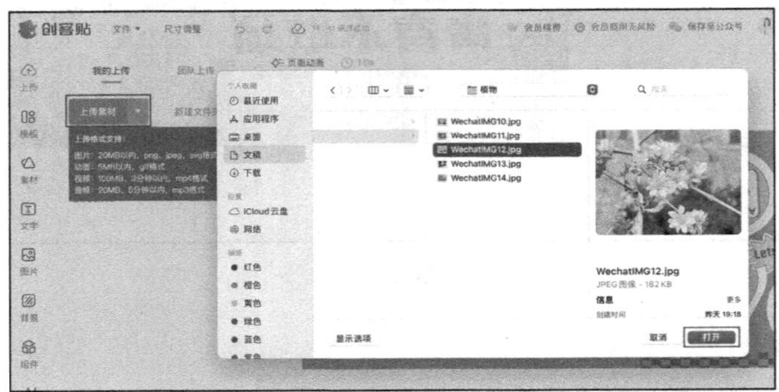

（a）

（b）

图 3-25

用手机上传图片要先扫码登录，可以使用微信或者手机扫一扫的功能，在手机上进入创客贴的上传界面，点击“上传图片”按钮，可以在手机的图库里寻找图片或者直接拍照，如图 3-26 所示。

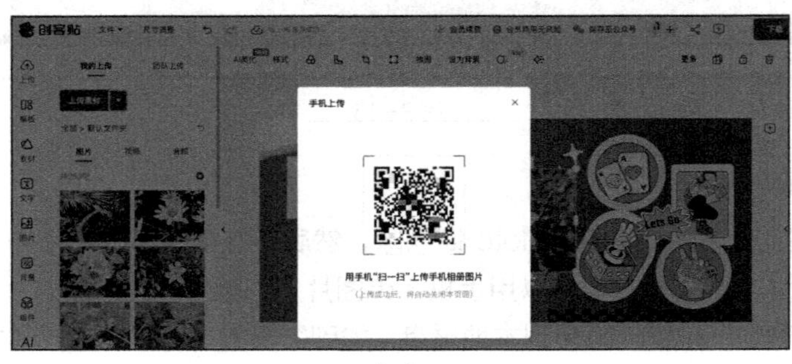

（a）

图 3-26

（b）

（c）

图 3-26（续）

在设计区的上方有处理图片的工具，分别是 AI 美化、样式、滤镜、尺寸、裁剪、变形缩放、换图、设为背景、抠图、动画，如图 3-27 所示。

图 3-27

3. 背景元素修改

单击左侧工具栏中的“背景”按钮，可以对背景的颜色和风格进行修改，也可以选择“自定义背景”，如图 3-28 所示。

图 3-28

4. 其他元素的增添

除了对原有的文字、图片、背景进行修改，还可以增添其他需要的元素，在工具栏中单击“素材”按钮，可以增加形状、线条、插图、图标等，还可以使用“边框”或者“容器”给文字和图片做一个轮廓造型，最后用素材拼出一个想要的封面图，如图 3-29 所示。

图 3-29

封面图制作完成后，网站会实时将图片进行保存，单击页面右上角的 5 个按钮可以选择将封面“保存至公众号”“添加协作者”“分享”“评论”和“下载”，如图 3-30 所示。

图 3-30

课堂练习

请为一篇关于“端午节有哪些风俗习惯”的文章制作一张封面图。

3.3 创意九宫格图及长图拼接

在新媒体运营工作中，常常需要将图片处理得有创意，其中九宫格图和长图拼接是常用的两种图片处理方式。

3.3.1 九宫格图和长图拼接的概念

九宫格图指的是用九张方格图片组成的宣传图。在微信朋友圈等平台，配图数量最多为9张，运营者可以借此发挥很多的创意，如图3-31所示。

长图拼接的做法刚好相反，九宫格图是将一张图片拆分成9张，而长图拼接是将多张图片拼在一起，构成新的图片。长图拼接常用于社群营销场景中，运营者需要将客户的好评或反馈截图搜集起来，随后拼接成长图，将其一次性呈现，如图3-32所示。

图3-31

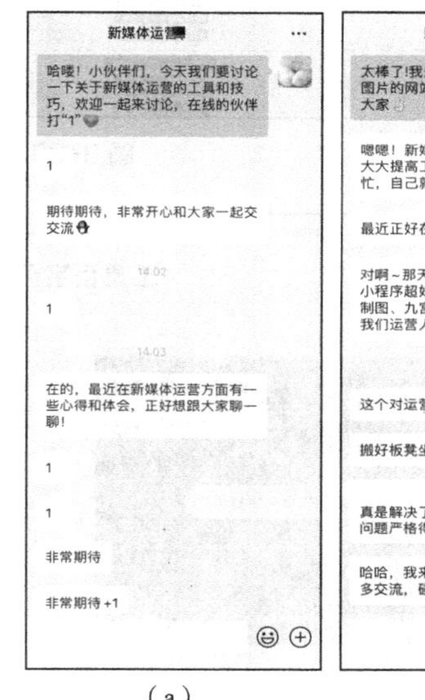

（a）

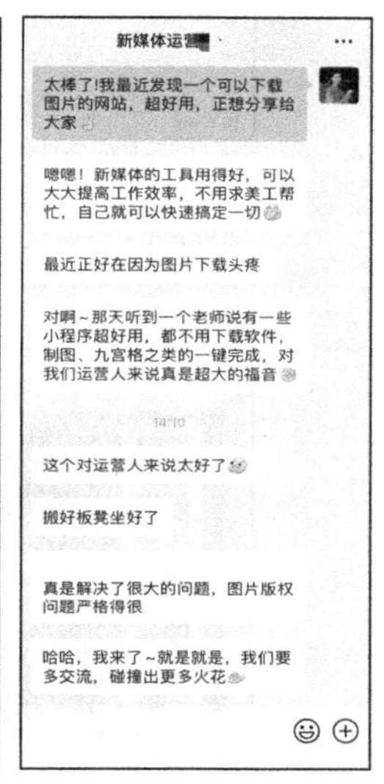

（b）

图3-32

3.3.2 九宫格图和长图拼接的工具

新媒体运营者制作九宫格图和长图拼接使用的工具主要有以下几种。

1. PC端PPT

对于能熟练使用Office的运营者来说，PPT强大的图片功能是非常方便的。运营者先在PPT中插入3×3的表格，然后插入大图进行多次剪裁替换，就可以得到九宫格图。相对来说，长图拼接更加容易，只需要把图片依次放入PPT，对准位置后合并即可。

使用PPT做九宫格图或长图拼接的好处是不需要额外再下载软件或插件，但使用PPT对于尺寸难以精准把握，且因为是手动操作，在一些细节的处理上会比较麻烦。

2. PC端网站

在PC端制作长图拼接可以使用创客贴或美图秀秀。

登录创客贴网站，选择“长图海报”，找到模板编辑长图，也可以选择“自定义尺寸”做出需要的长图，如图3-33所示。

登录美图秀秀网页版，选择“拼图”，即可将多张图片合并成一张图，如图3-34所示。

3. 手机软件

美图秀秀、稿定设计、拼立得等手机软件都可以直接制作拼接图片，如图3-35所示。

图 3-33

图 3-34

（a）

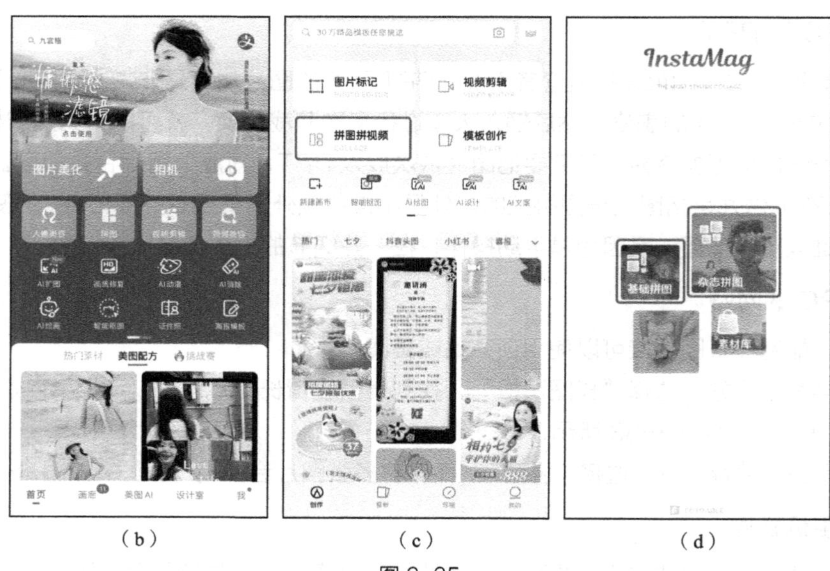

（b） （c） （d）

图 3-35

4. 微信小程序

很多微信小程序具有拼图和长图拼接的功能，如图 3-36 所示。

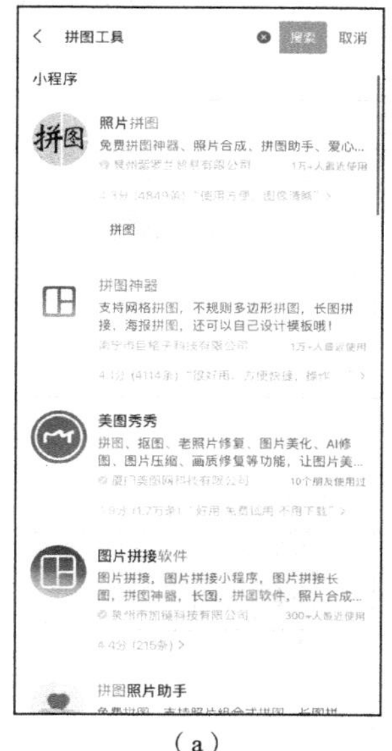

（a）

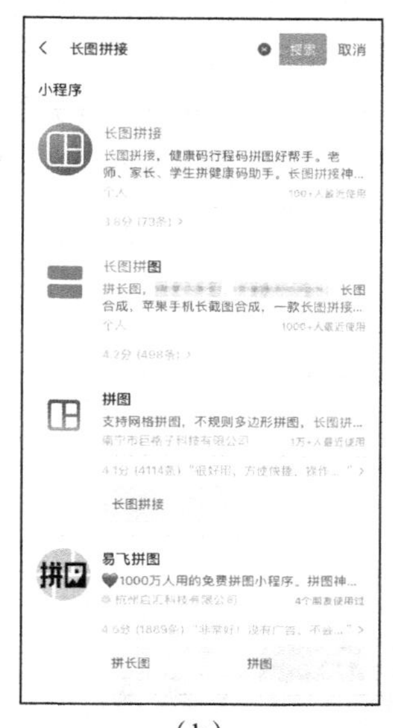

（b）

图 3-36

3.3.3 九宫格图和长图拼接的制作

“九宫格图制作”是一款微信小程序，可以帮助运营者用手机迅速制作出颇具创意的九宫格图片以及长图拼接，运营者不需要安装任何软件，可以直接在小程序中使用。

进入微信界面，在界面底端的“发现”中找到“小程序”，如图 3-37（a）所示。点击进入后，在搜索框内输入“九宫格图制作”即可找到该小程序，点击进入“九宫格图制作”小程序，如图 3-37（b）所示。

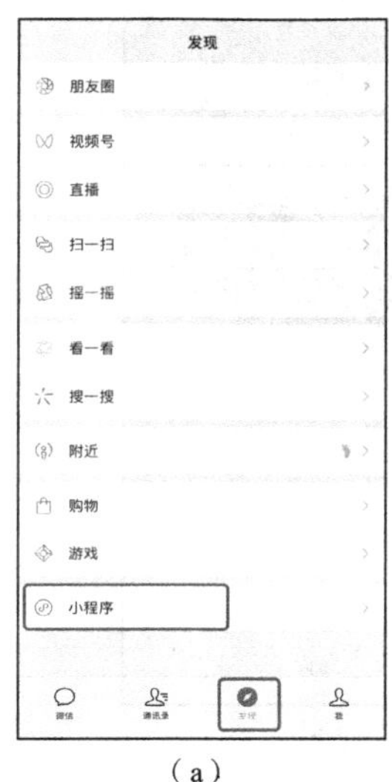

（a）

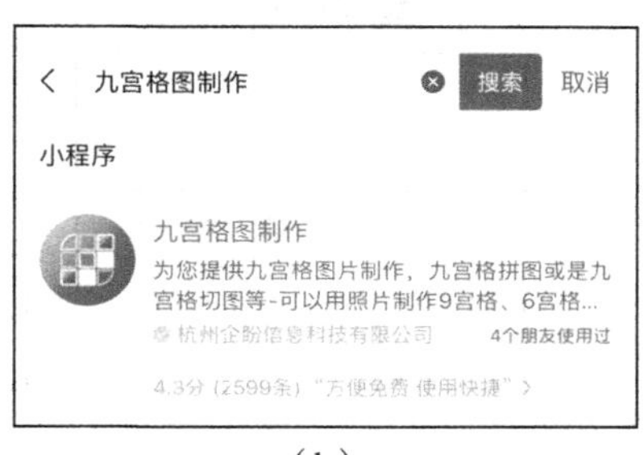

（b）

图 3-37

这款小程序有 15 个功能，分别为切九图、长图拼接、照片墙、九宫格海报、AI 换脸、证件水印、九宫格组合、加相框、符号文案、文字祝福、趣味头像、表情送福、画中画、照片情绪和文字图。其中，切九图、九宫格海报、九宫格组合均可用于九宫格图的制作，以下用“切九图”作为示范进行讲解。

第一步：选择“切九图”，进入操作界面，如图 3-38 所示。

第二步：导入图片。进入界面之后，点击界面左下角的“选择图片”按钮，然后从手机相册选择照片并导入，如图 3-39 所示。

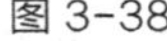

图 3-38

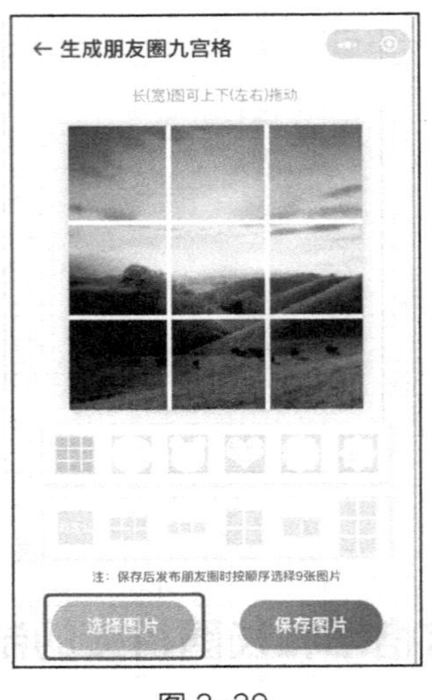

图 3-39

第三步：调整图片范围，完成切图。选择需要的图片之后，通过“长（宽）图可上下（左右）拖动”的方式，可以对所选择的图片进行位置的调整，还可以选择圆形、爱心等创意切图模板。点击图片可以替换、旋转图片和添加特效，如图 3-40 所示。

（a）

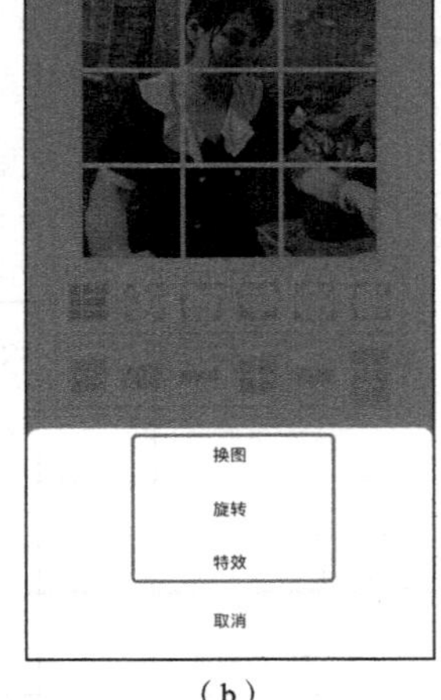

（b）

图 3-40

第四步：导出图片。确认九宫格图的预览图之后，就可以点击操作界面右下角的“保存图片”按钮，得到切好的 9 张图。如果对图片效果不满意，可以点击操作界面左下角的“选择图片”按钮，重新对图片进行选择和调整，如图 3-41 所示。

导出照片后，小程序会将 9 张图片保存到手机相册中，运营者在发布微信朋友圈或微博时可以依次选择图片，并将图片排成九宫格形式，如图 3-42 所示。

图 3-41

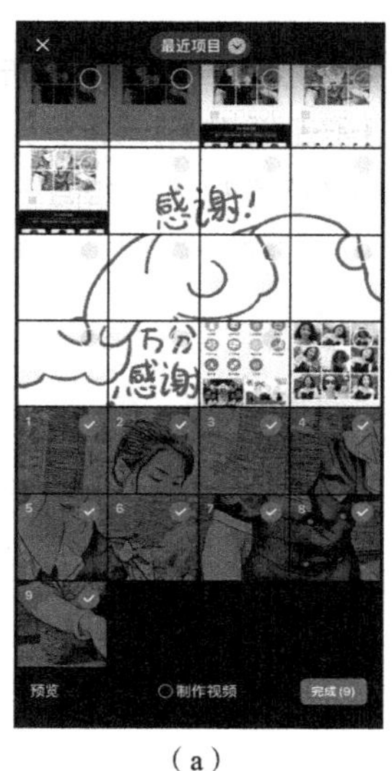

（a）

（b）

图 3-42

以上是微信小程序“九宫格图制作”的“切九图”操作步骤。此外，该小程序的“九宫格组合”功能也常在制作九宫格图片时使用，如图 3-43 所示。

点击进入“九宫格组合”之后，可以看到从“2 张图”到“9 张图”的各类组合模板。找到合适的模板后上传图片，图片导入后，拖动图片可调整位置，点击图片可换图、旋转和添加特效，调整并确定无误后保存图片，如图 3-44 所示。

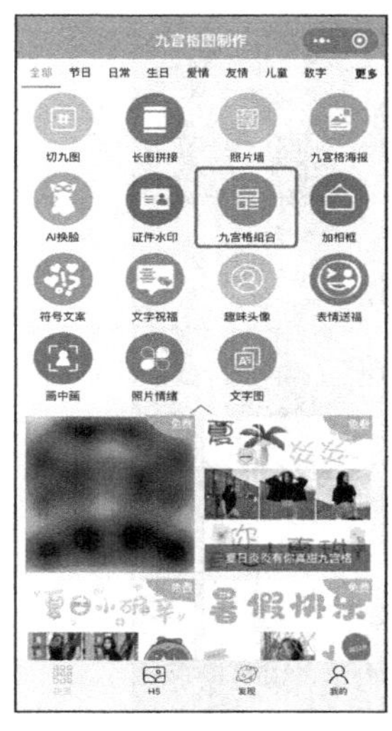

图 3-43

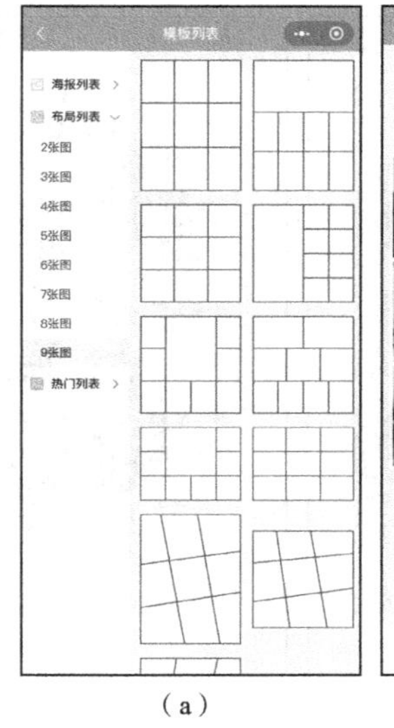

（a）

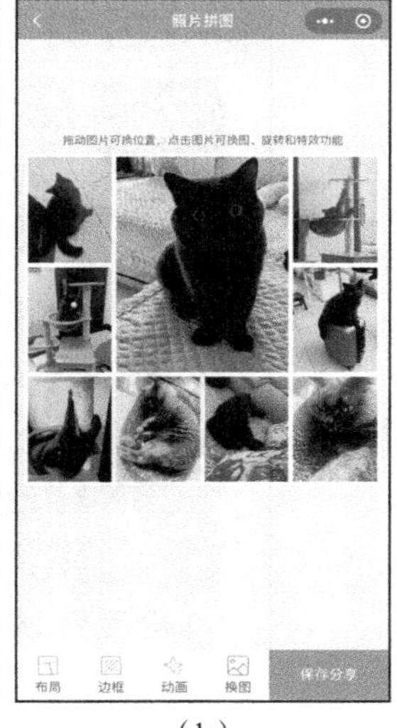

（b）

图 3-44

课堂练习

请拍摄你所在学校的校门照片，按照本节所讲的方法制作一套九宫格图。

使用微信小程序“九宫格图制作”制作长图也非常高效，在小程序中点击“长图拼接”按钮，如图 3-45 所示。

第一步：点击后进入操作界面，如图 3-46（a）所示。

第二步：点击＋按钮后从手机相册选择图片并上传，上传后可以长按图片并拖曳进行排序，随后进行竖向拼接、横向拼接或字幕拼接，如图 3-46（b）所示。

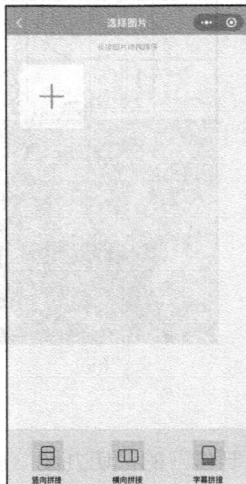

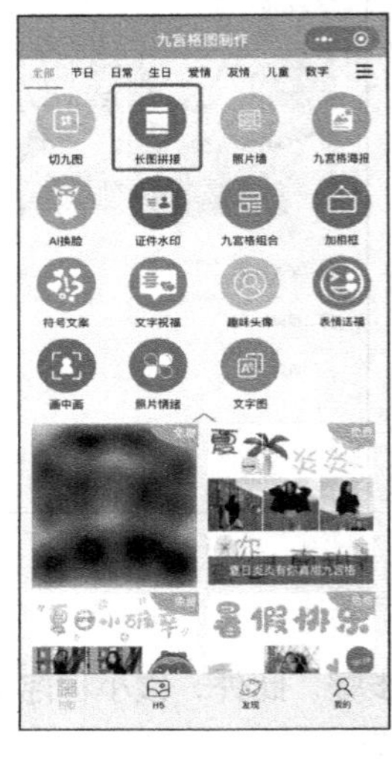

图 3-45

（a）

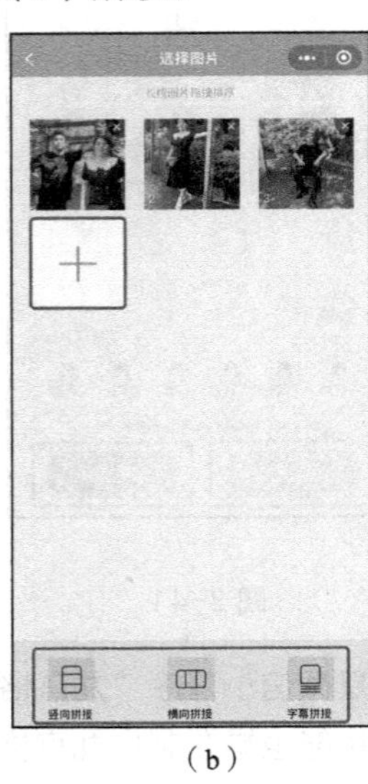

（b）

图 3-46

第三步：选好拼接方式后，可以得到拼接的图片。点击“剪裁”按钮，可以对每个图片进行裁剪，随后点击“保存”按钮，可将拼接后的图片保存到相册，如图 3-47 所示。

（a）

（b）

（c）

图 3-47

课堂练习

使用本节介绍的方法，找到你所在班级的微信群，将最近的 20 条聊天记录拼接成一个长图。

3.4 动图及表情包生成技术

新媒体运营者常常需要在微信群或微博中与粉丝互动，有趣的动图和表情包会让互动更个性化。本节将介绍动图和表情包的制作方法。

3.4.1 动图和表情包的概念

1. 动图

动图是指一组特定的静态图像以指定的频率切换而产生某种动态效果的图片。网络上常见的表现形式是 GIF 动图，运营者将多图层的图片按时间进行切换，从而使图片达到动图的效果。

GIF 动图的特点是图片文件小，易于随时保存调用。新媒体运营者使用动图可以使表达更生动，相比静止的图片，动图会更吸引用户。运营者可以在昵图网、摄图网、花瓣网等图片网站中直接下载动图，也可以从电影或视频中截取 GIF 动图作为文章配图。

2. 表情包

表情包是利用图片来表达感情的一种方式。在移动互联网时代，人们以时下流行的明星、动漫、影视截图为素材，加上相匹配的文字，表达特定的情感。

例如，新华社的官方公众号经常使用表情包作为配图，如图 3-48 所示。

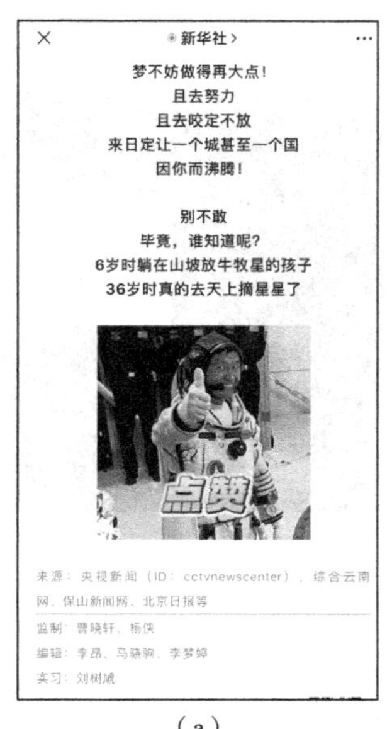

(a)

(b)

图 3-48

3.4.2 制作动图和表情包的工具

1. 计算机屏幕录制软件

GifCam 是一款 GIF 录制编辑软件。GifCam 的特点是在录制的过程中，运营者可以随意改变窗口大小、位置；可以全屏录制，还可增加文字；可显示/隐藏鼠标指针。录制停止后，运营者可再次单击“录制”按钮继续录制，如图 3-49 所示。

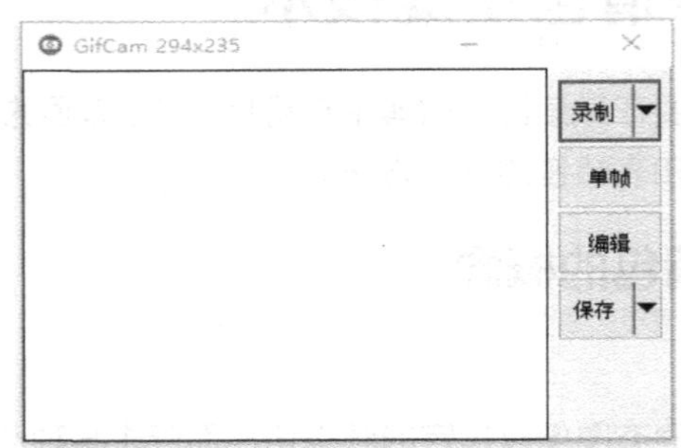

图 3-49

单击“单帧”按钮可以录制单帧：每当内容有变化时，形成新的帧；编辑状态下可查看每一帧，可以删除帧、增加/减少当前帧延时，保存 GIF 动图时，可以根据需要设置不同的色深和帧率。

2. 视频播放器

用视频播放器截取动图前要确保目标视频在本地计算机上，并在计算机中安装有 QQ 影音软件。随后使用 QQ 影音打开目标视频，在 QQ 影音界面右下角有一个按钮，单击该按钮，选择“动画”，即进入动画编辑界面，在该界面可以对动画的位置、时间、动画尺寸、动画速度进行调整。调整好后单击界面右下角的“预览”按钮，可保存 GIF 动画，如图 3-50 所示。

（a）

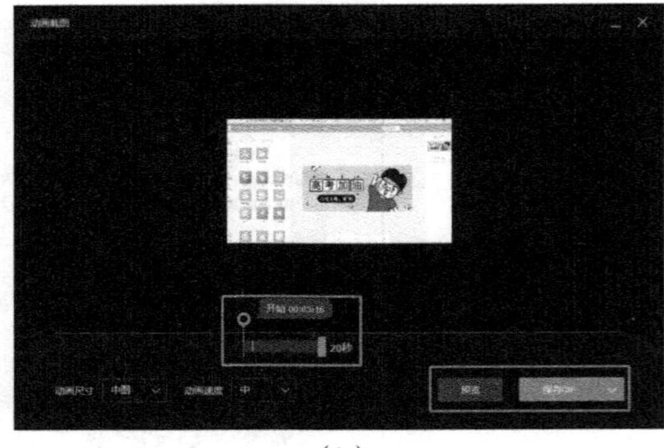

（b）

图 3-50

3. 手机软件

在手机应用商店里搜索“GIF”或“表情包”，即可搜索到相关的软件。这些软件都可以满足运营者对 GIF 动图和表情包的制作需求，如图 3-51 所示。

图 3-51

4. 微信小程序

在微信小程序中搜索“GIF”或“表情包”，即可搜索到相关的小程序，点击进入小程序即可使用，如图 3-52 所示。

（a）（b）

图 3-52

使用小程序制作动图非常便捷高效，但是使用小程序进行视频上传时通常只能上传时间比较短的视频，有的小程序只允许上传时长低于 25 秒的视频，此外，图片和文字处理的可选模板较少，不够精细，因此常在对图片要求不高的情况下使用，如图 3-53 所示。

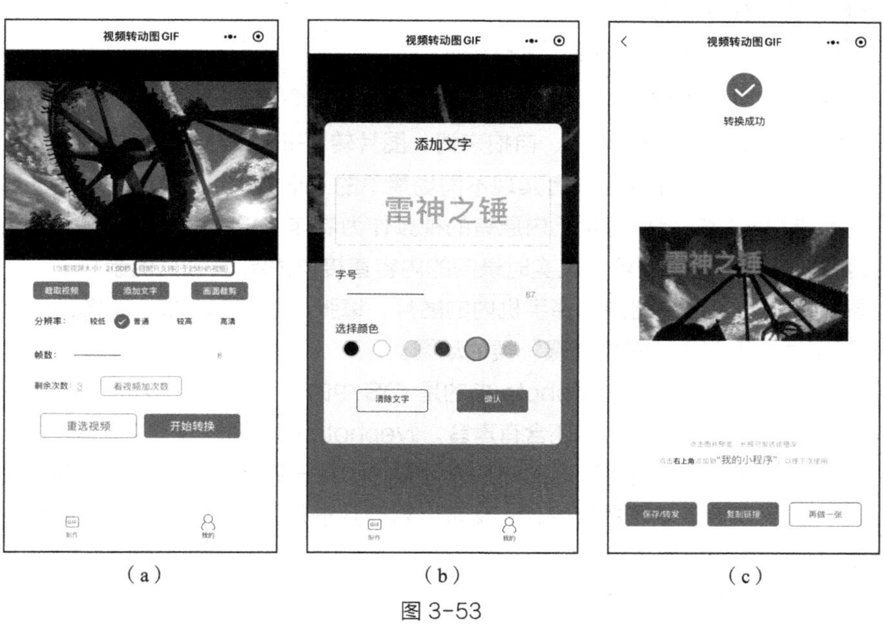

（a）（b）（c）

图 3-53

使用小程序“GIF 表情包制作大师”可制作表情包，选择视频或者照片后对其进行剪辑、添加文字、添加贴纸、调整速度、裁切等加工后，将直接生成表情包，可以发给朋友、收藏到微信或者保存到相册，如图 3-54 所示。但该小程序在画面细节处理上不够精细，运营者在对表情包画质要求不是很高的情况下可以使用。

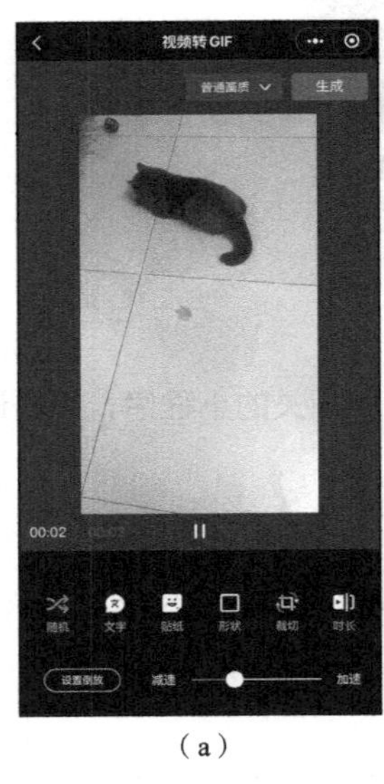

（a）

（b）

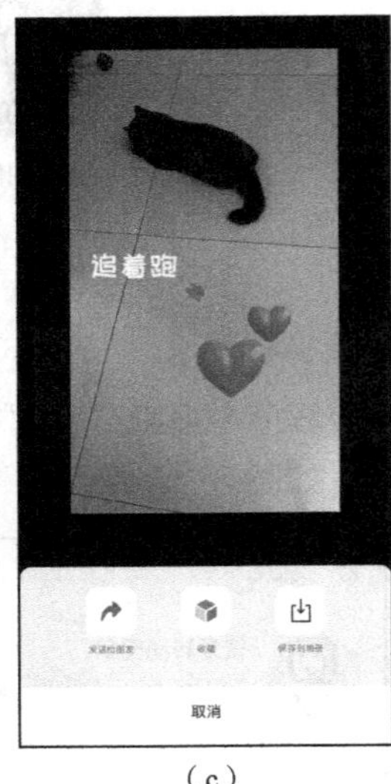

（c）

图 3-54

3.4.3 如何制作动图和表情包

想用手机制作动图和表情包，使用手机应用软件即可。手机应用软件可在手机应用商店下载，下载后能随时随地进行操作。

1. 使用手机软件制作动图

第一步：在手机上安装“GIF 制作”软件。

第二步：点击进入界面。

在界面中可以看到视频转 GIF、自拍表情、图片转 GIF、livephoto 转 GIF 及连拍转 GIF 等选项，这些功能可帮助运营者实现不同场景下的 GIF 制作，如图 3-55 所示。

① 视频转 GIF 指的是使用手机内原有的视频作为制作 GIF 的素材。

② 自拍表情指的是将使用手机实时录制的内容直接作为制作 GIF 的素材。

③ 图片转 GIF 指的是自由选择手机内的图片，每张图都作为一帧，将图片连续播放形成动图，通常适用于制作“操作步骤”类的动图。

④ livephoto 转 GIF 中的 livephoto 指的是 iOS 中的一个功能，启用此功能可以拍摄时间长度为 3 秒的动态照片，照片中还含有声音，livephoto 可作为制作 GIF 的素材。

⑤ 连拍转 GIF 指的是使用连拍的照片作为素材，每一张图作为一帧，使动图具有连贯性。它的好处是既保留了动图的连贯性，又可以对照片进行筛选，选择优质的照片，使动图的效果更好。

第三步：制作 GIF。

以视频转 GIF 为例，点击“视频转 GIF”按钮，从手机中找到目标视频并导入软件，进入编辑界面。在编辑界面的右下区域，可以看到这个视频的时长和帧数，点击“田”字形按钮可以显示所有帧的画面，选中画面使其变暗就可以将不需要的帧删除，点击“完成”按钮便重新回到编辑界面，如图 3-56 所示。

图 3-55

（a）

（b）

图 3-56

编辑界面中间最大的区域为“动图预览区”；其下方为“画面对应区”，可以和预览画面一一对应；最下方是“操作区”，这个区域有 15 个操作按钮，分别是速度、模板、文本、贴纸、裁剪、画布、抠图、背景、边框、滤镜、涂鸦、马赛克、Logo、调整和重置，如图 3-57 所示。

第四步：保存。

调整并预览完成后，点击屏幕右上方的“保存”按钮，即可进入分享/保存界面，保存时选择保存类型为“存动图”，然后选择需要的保存方式、循环次数及清晰度，将 GIF 动图保存到手机中即完成制作，如图 3-58 所示。

图 3-57

（a）

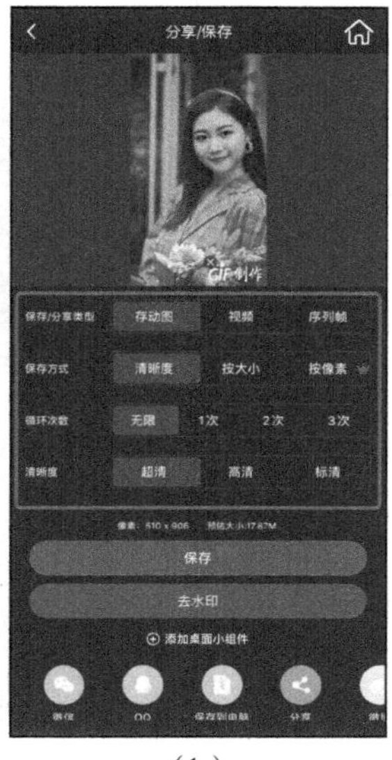

（b）

图 3-58

课堂练习

下载安装手机软件“GIF 制作”，拍摄 3～5 张操作说明图片，制作一张动图。

2．使用手机软件制作表情包

在手机应用商店里搜索“表情包”即可搜索到大量关于表情包制作的软件。下面以“Faceu 激萌”这款软件为例，介绍如何制作表情包，如图 3-59 所示。

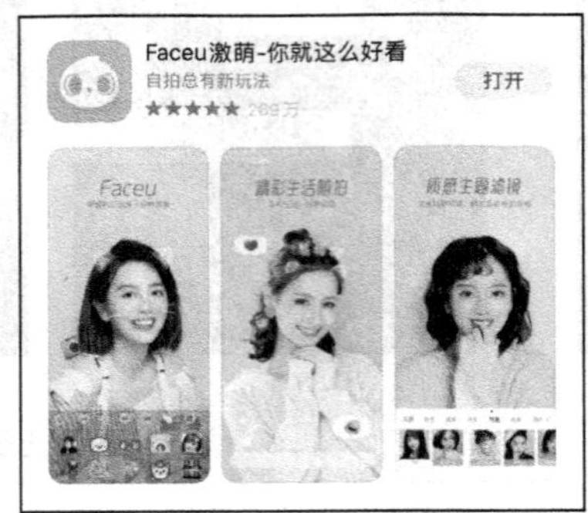

图 3-59

首先，搜索“Faceu 激萌”并将其下载安装到手机上。

其次，点击进入制作界面，就可以拍摄小视频并用来制作表情包了。此外，还可以增加有趣的贴纸、滤镜、美颜和字幕等，制作出独特的表情包，拍摄完成后依然可以对播放速度进行后期调整。

最后，点击“下载”或“分享”按钮即可完成制作，如图 3-60 所示。

（a）

（b）

图 3-60

课堂练习

下载安装手机软件“Faceu 激萌”，制作一个表情包并配上文字。

3.5 如何应用 AI 技术制作图片并润色细节

在制作图片时，用好 AI 图片处理工具，能极大地提升工作效率。

AI 图片处理工具是一种采用 AI 智能技术进行图片绘制、编辑和修复等操作的软件或平台。具体可以分为两类：专业 AI 图片处理工具和作图平台延伸 AI 工具，如表 3-2 所示。

表 3-2 AI 图片处理工具分类

类别	名称
专业 AI 图片处理工具	Imagen、NovelAI、Parti、即时 AI、Draft、梦幻 AI 画家等
作图平台延伸 AI 工具	Canva、创客贴、稿定设计、美图秀秀等

本节以稿定设计为例，介绍制作图片并润色细节的实操方法。

使用稿定设计前，需要先打开浏览器，搜索并登录稿定设计网站，如图 3-61 所示。

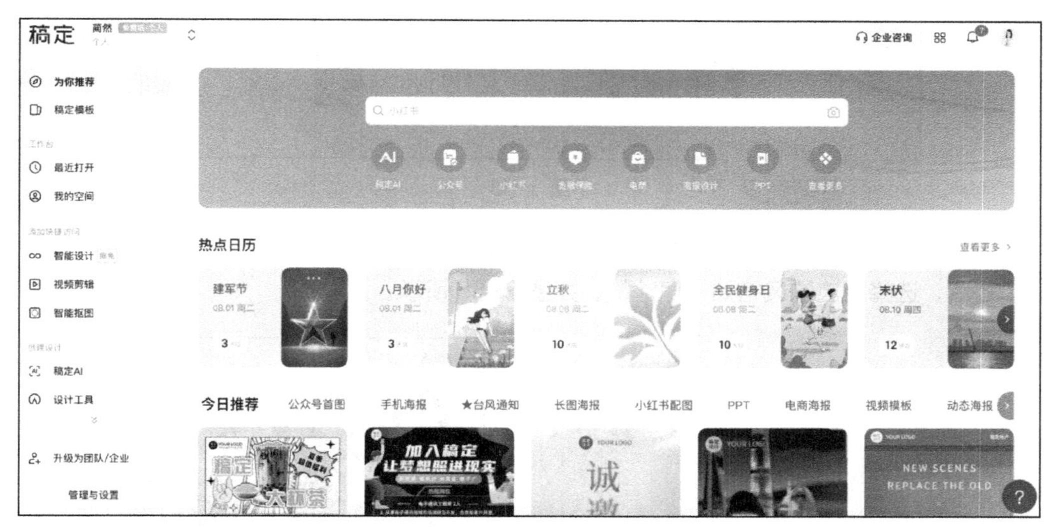

图 3-61

功能 1：灵感绘图。

灵感绘图功能是稿定设计中的一项 AI 功能，能够根据运营者所提供的图片描述和选择的风格自动生成符合要求的图片。例如，图片描述是“夕阳西下的公园”，平台会自动生成图片，如图 3-62 所示。

要使用灵感绘图功能，需要在稿定设计主页面左侧工具栏单击“稿定 AI”，随后单击“AI 创意工具”中的“灵感绘图”，如图 3-63 所示。

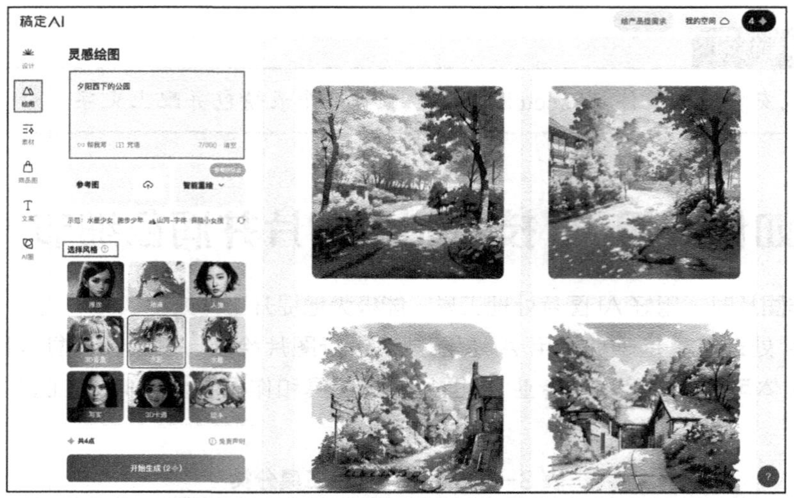

图 3-62

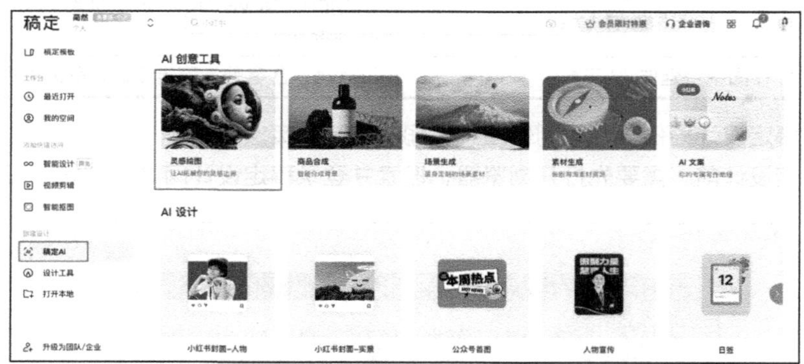

图 3-63

接着，输入图片描述如“夕阳下的家具”，如图 3-64 所示。

随后，选择相应的风格如“厚涂”，如图 3-65 所示。

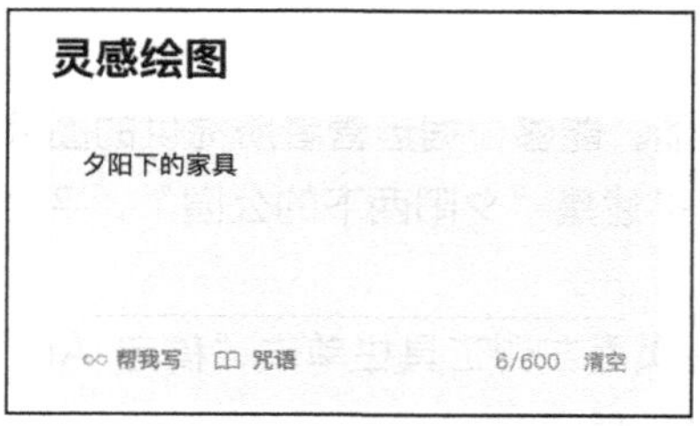

灵感绘图

夕阳下的家具

帮我写　咒语　6/600　清空

图 3-64

图 3-65

单击页面左下方的“开始生成”按钮，即可快速生成 AI 图片，如图 3-66 所示。

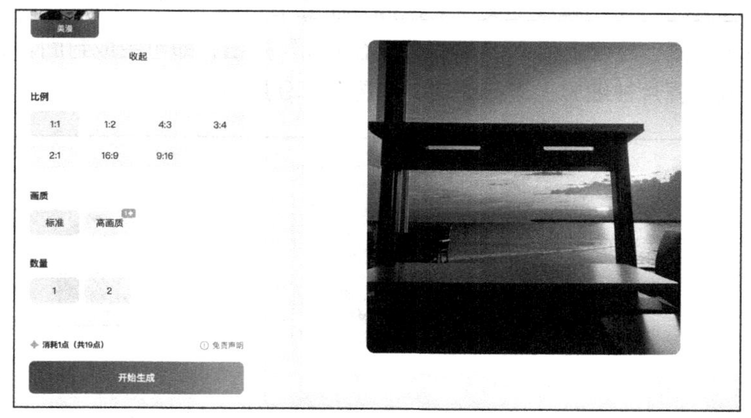

图 3-66

若运营者上传了参考图，选择“智能重绘”和“风格”后，可以将图片转换成各种风格，如图 3-67 所示。

图 3-67

功能 2：智能设计。

单击“绘图”上方的“设计”按钮，进入“智能设计”的操作页面，运营者可以通过该功能自动生成小红书封面、公众号首图、人物宣传海报、视频封面等图片，如图 3-68 所示。

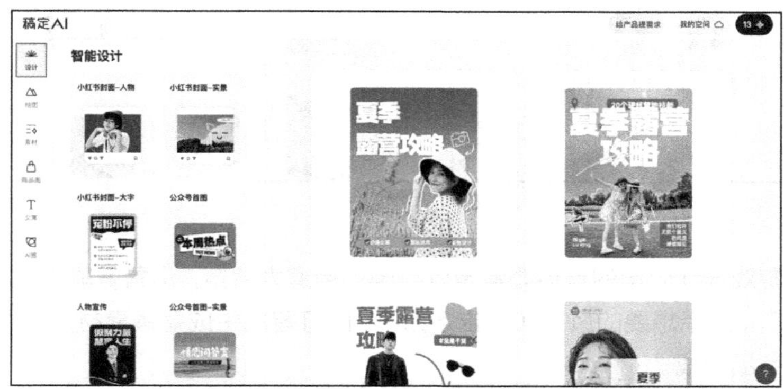

图 3-68

例如，小红书平台上的某美妆类运营者需要制作一个主题为“越来越美的 5 个好习惯”的封面，且副标题为“早了解早变美”。选择“小红书封面-人物”模板，输入主标题和副标题（如果有人物图，建议上传），点击“开始生成”按钮，即可生成封面。此外，运营者后续可以对生成的图片在细节上进行编辑，如图 3-69 所示。

图 3-69

功能 3：素材生成。

稿定设计不仅可以通过 AI 技术生成画作，还可以生成设计需要的素材和场景。单击“绘图”下方的“素材”按钮，进入“素材生成”的操作页面，运营者可以同使用“灵感绘图”一样，输入图片描述，选择风格并上传参考图，随后得到图片。

例如，某家具销售公司的运营者，需要在宣传海报上增加多角度的沙发图片，在图片描述区域输入“阳光下的沙发”即可，如图 3-70 所示。

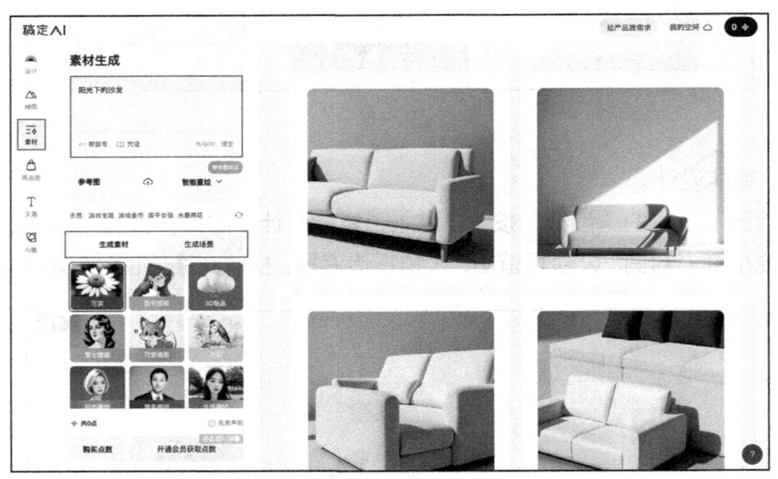

图 3-70

再如，某游戏设计公司的宣传图需要以英国的街道为背景，运营者输入对应的图片描述“英国的街道”，选择想要的风格如“吉卜力”，即可智能生成背景素材，如图 3-71 所示。

功能 4：商品合成。

除了设计常规的新媒体图片外，稿定设计还可以用于制作商品图。

图 3-71

单击“素材”下方的“商品图”按钮，进入操作页面，随后上传商品图片，如图 3-72 所示。

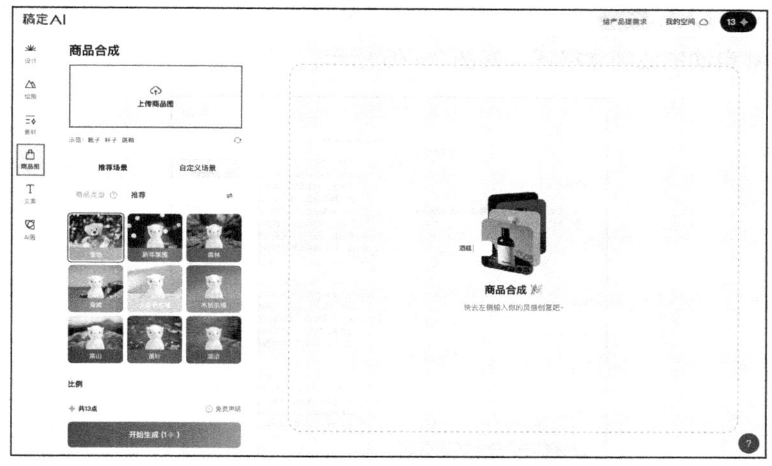

图 3-72

商品图上传后会自动抠除背景，如图 3-73 所示。

调整好商品构图后，可以选择“推荐场景”，并选择商品类型，如图 3-74 所示。

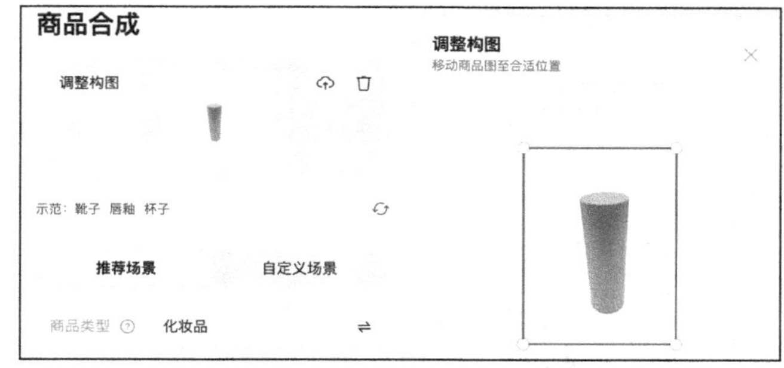

图 3-73

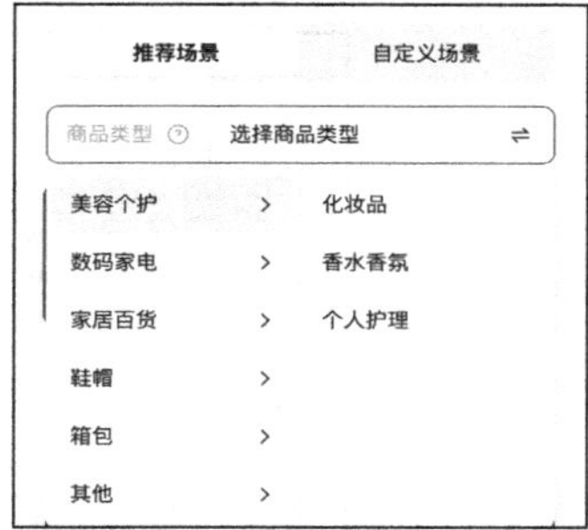

图 3-74

在确定好比例、画质和数量后，单击“开始生成”按钮，即可生成带有背景的商品图，如图 3-75 所示。

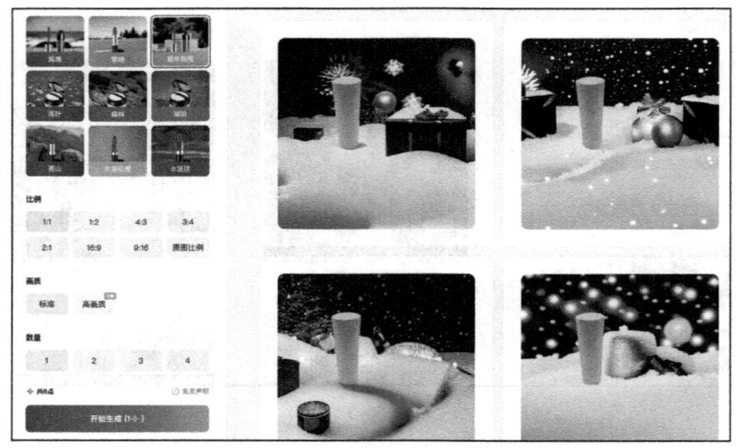

图 3-75

在生成商品图时，不仅可以选择推荐的场景，还能自定义场景。运营者需要单击“自定义场景”，随后输入场景描述，明确场景或场景内附属物品。此外，还可以使用“帮我写”的功能，由 AI 自动生成创意描述，如图 3-76 所示。

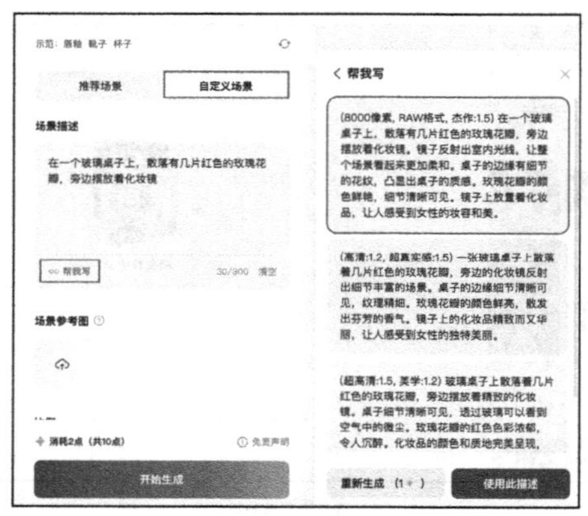

图 3-76

为了提升 AI 作图的精准度，运营者可以上传参考图。确定好比例、画质和数量后，单击“开始生成”按钮，即可生成商品图，如图 3-77 所示。

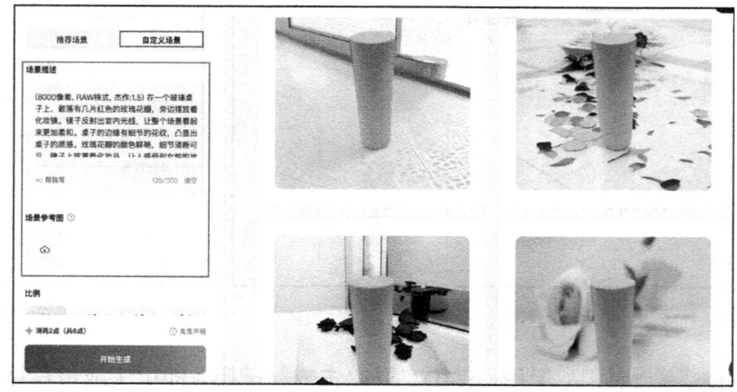

图 3-77

需要注意的是，AI 技术目前仍处于发展阶段，不同软件的功能和界面还在不断更新迭代。运营者需要亲自体验 AI 工具，才能真正提升作图效率，进而提升新媒体运营效果。

课堂练习

某学校近期将举办 100 周年校庆，需要在学校官方公众号发布一篇题为《百年校庆：真心爱才、悉心育才、倾心引才、精心用才》的文章。请你使用稿定设计的 AI 功能，制作封面图并润色细节。

思考与练习

1 高清可商用图片平台有哪些？如何在这些平台找到合适的图片？

2 文章封面图制作有哪些常用平台？它们有哪些特点？

3 创意九宫格图和长图分别应用于哪些场景？

4 什么是动图和表情包？有哪些制作工具？

5 AI 图片处理工具有哪些？如何生成一张 AI 图片？

PART 04

第 4 章

新媒体文章排版技术

新媒体运营者在编辑文案时需要对文章进行排版，好的排版可以突出重点、吸引用户注意，并给用户留下好的印象。

本章将介绍关于排版的原则和注意事项、排版常用的平台、常规排版、创意排版、文字云排版、插件排版等知识。

知识目标

- 了解文章排版的整体原则和注意事项。
- 了解常用的排版工具并掌握操作方法。
- 熟悉文字云排版的概念及生成步骤。
- 了解排版插件的使用方法。

能力目标

- 能够结合文章传播需求，完成“从文字到文章”的排版操作。
- 能够在常规排版的基础上，增加创意排版要素，进一步提升文章可读性。

素养目标

- 培养创新文化，营造创新氛围，在对文章排版时尝试新版式、新表达。
- 深入群众，了解用户喜闻乐见的内容形式并及时调整。

4.1 排版的原则和注意事项

排版指的是在版面布局上调整文字、图片、图形等可视化信息元素的位置、大小，使版面布局条理化的过程。

以往排版常用于报纸、杂志等平面媒体，对新媒体而言，排版的应用范围更广，既可以是公众号、简书、豆瓣等新媒体平台排版，又可以是海报、H5 等宣传排版。优质的排版可以提升读者的视觉体验，统一的排版可以建立统一的品牌形象，使信息能更好地在用户中传播。

4.1.1 排版布局

新媒体平台的排版分为常规排版和创意排版两种。

1. 常规排版

常规排版主要用于以图文结合为主的新媒体文章，如公众号、简书、豆瓣等公众平台的内容，如图 4-1 所示。常规排版主要为了突出内容，让读者关注内容本身，所以不需要太复杂，清晰明了即可。

图 4-1

2. 创意排版

创意排版就是包含各种奇思妙想的排版方式，形式不受限制，可以是对某段文字或图片的特殊排版，也可以是对整篇文章的特殊处理，用于突出重点内容。常见的新媒体创意排版有滑动样式、弹幕样式、文字云样式等，如图 4-2 所示。

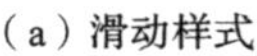
（a）滑动样式

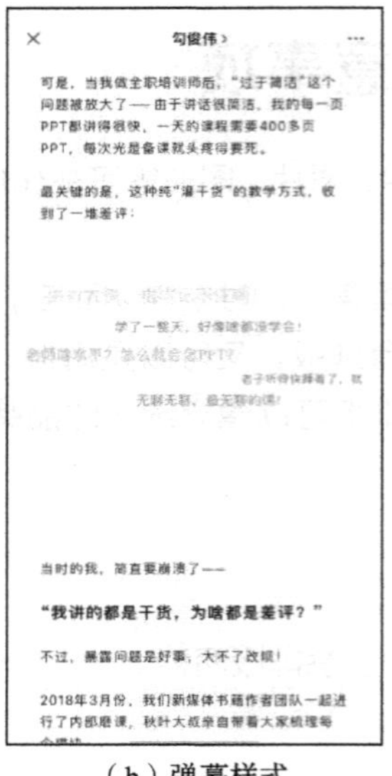

（b）弹幕样式

（c）文字云样式

图 4-2

4.1.2 排版布局的原则

新媒体排版的整体布局如同一个房间的整体设计，而运营者就是设计师，需要对这个“房间”的整体风格、房间布置、颜色搭配、功能需求进行统一设计，才能得到既满足用户需求又赏心悦目的成果。以微信公众号为例，运营者在排版布局上要注意以下 4 个原则。

1. 风格统一

风格统一指的是运营者在同一个平台要保持排版风格固定，这样可以提高辨识度、统一品牌形象，运营者也可以避免在排版上过度分心。

风格不统一的排版主要指的是在配色、分割线、符号、引导关注等元素上不固定（见图 4-3），运营者在使用一些网站的设计模板对公众号文章进行排版时，很容易使用过多的元素，把不同线条、箭头、文字框、特效等堆砌在一起，弄得人眼花缭乱。而且，如果每一篇文章都更换模板，会导致公众号的整体形象无法统一。

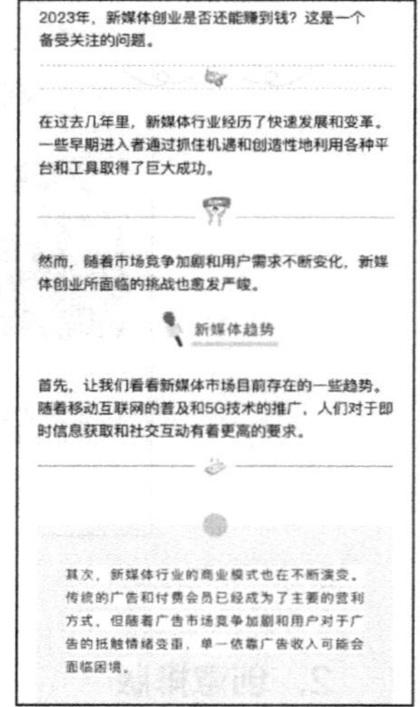

图 4-3

所以运营者可以提前做出一个设计模板，选出可能需要的所有元素，如字体、字号、颜色、符号、小标题元素、引用标志、引导关注、引导阅读原文等，这样每次排版时都可以直接导入模板，既能保持品牌形象的统一，又能提高操作效率。

2. 文字格式统一

文字排版的格式统一，主要是指字体、字号、字间距、行间距等的设置统一。部分新媒体运营者对整体风格的把控较弱，怕过度排版导致不协调，又担心过于单调影响阅读，此时可以先从文字整体排版入手。整体排版过分拥挤或过分松散，都会影响读者的阅读体验，如图 4-4 所示。

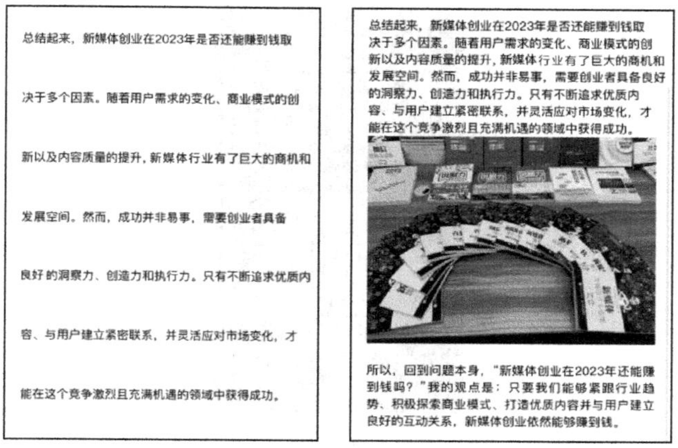

总结起来，新媒体创业在2023年是否还能赚到钱取

决于多个因素。随着用户需求的变化、商业模式的创

新以及内容质量的提升，新媒体行业有了巨大的商机和

发展空间。然而，成功并非易事，需要创业者具备

良好的洞察力、创造力和执行力。只有不断追求优质内

容、与用户建立紧密联系，并灵活应对市场变化，才

能在这个竞争激烈且充满机遇的领域中获得成功。

（a）过分松散

总结起来，新媒体创业在2023年是否还能赚到钱取决于多个因素。随着用户需求的变化、商业模式的创新以及内容质量的提升，新媒体行业有了巨大的商机和发展空间。然而，成功并非易事，需要创业者具备良好的洞察力、创造力和执行力。只有不断追求优质内容、与用户建立紧密联系，并灵活应对市场变化，才能在这个竞争激烈且充满机遇的领域中获得成功。

所以，回到问题本身，"新媒体创业在2023年还能赚到钱吗？"我的观点是：只要我们能够紧跟行业趋势、积极探索商业模式、打造优质内容并与用户建立良好的互动关系，新媒体创业依然能够赚到钱。

（b）过分拥挤

图 4-4

因此，进行文字排版时可以将表 4-1 作为参考来进行设置，这个排版设置适合使用手机阅读的用户。

表 4-1　文字排版时的参考参数

参数	说明	示例
字号	正文可以设置为 14 号，小标题可以设置为 18 号	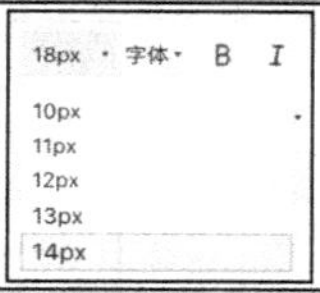 18px · 字体 · B I 10px 11px 12px 13px 14px
缩进	两端缩进 16	 两端缩进 0（默认） 8 16 32 48
字间距	1～2 倍	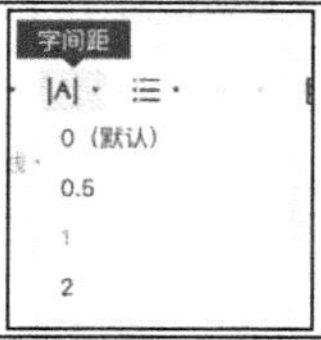 字间距 0（默认） 0.5 1 2
行间距	1.5～1.75 倍	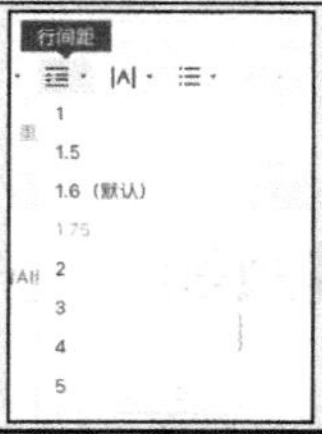 行间距 1 1.5 1.6（默认） 1.75 2 3 4 5

3. 突出重点

在排版时运营者需要避免过度排版。过度排版会喧宾夺主，扰乱读者的阅读思路，让读者的阅读体验变差，如图 4-5 所示。公众号排版中对于重点内容需要突出强调，如小标题、金句、观点、优惠政策等。这些需要特别强调、突出的内容通常会采用不同的字体、字号或者用特殊的元素框起来，以吸引读者的注意。

图 4-5

4. 适当留白

留白原是指书画创作中，为使整个作品看上去更加协调、精美，有意留下空白，给人想象的空间。新媒体排版也需要适当留白，采用类似诗歌的排版。另外，如果正文的文字部分无法留白，那么可以选择有留白或者非方形的图片，使整个界面产生留白的效果，提升读者的视觉体验，如图 4-6 所示。

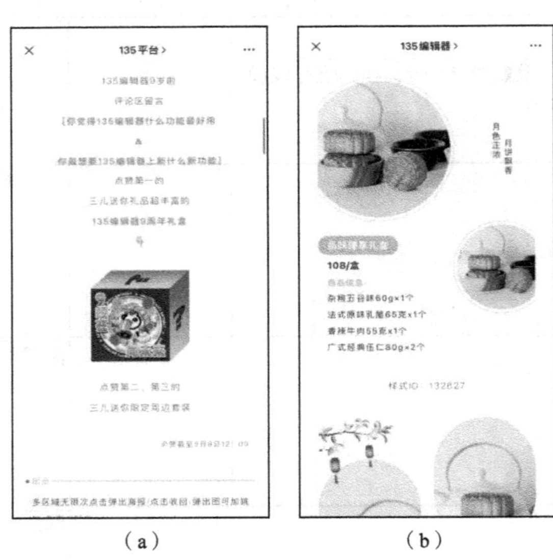

（a）　　（b）

图 4-6

4.1.3 排版配色

赏心悦目的排版离不开好的配色。新媒体文章中的色彩通常会出现在小标题、重点文字、文字背景色、符号以及配图上，如果色彩混乱、随意，就会使整个画面缺乏重点、阅读体验差。所以新媒体运营者进行公众号排版时通常要遵循 4 个配色原则。

1. 页面色彩不超过 3 种

这个原则是配色中最常见的原则之一，颜色太多会显得混乱，导致无法突出重点。建议页面色彩不超过 3 种。

2. 要有主色调

运营者可以结合品牌颜色来确定主色调，以建立一致的品牌形象，例如，麦当劳会让人联想到大红色，星巴克会让人联想到墨绿色。新媒体运营者可以将品牌 Logo 的主色调作为公众号平台主色调，建立品牌一致性。同样，排版中的辅助配色也可以选择品牌 Logo 的辅助色，以更好地保证品牌一致性。

3. 色系搭配

运营者可以利用色系搭配，常见的有同色系、近色系、对比色系搭配。

同色系指的是同一个色系里的两个或多个不同颜色，只要明度、纯度、色相是协调的，不同颜色的搭配能够体现出一种渐变的层次感。例如，大红色和玫红色、黑色和灰色、墨绿色和草绿色等，这样的配色会使整个版面看起来和谐、统一。

近色系是色环中相近的颜色，一般在色环上相邻 90° 的范围内选色，如图 4-7 所示。红色和橙色、黄色和绿色、蓝色和绿色等都是近似色，这样的颜色搭配比较柔和。

对比色系就是采用色调反差大的色彩配色，例如，红色配绿色、黄色配紫色，这样的配色会产生强烈的对比，给用户带来强烈的视觉冲击。

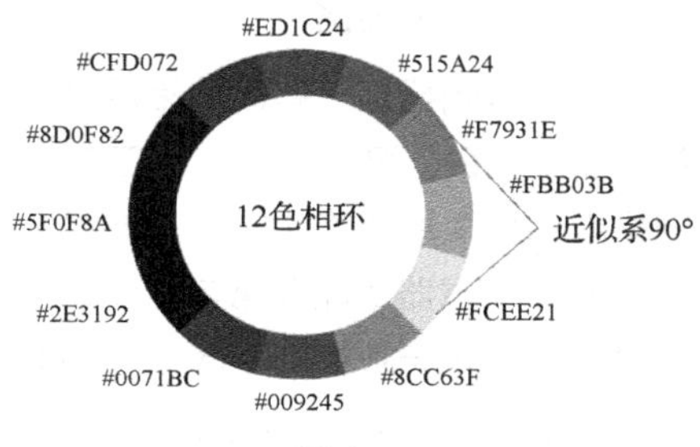

图 4-7

4. 符合品牌气质

符合品牌气质指的是配色和品牌的内容尽可能吻合，不同的内容使用不同风格的色彩，职场内容或专业知识类的内容可以选择商务风格的色彩，如黑色、灰色、深蓝色、暗红色；情感类文章可使用暖色调，如饱和度较低的粉色、橘色；励志类的文章，可以选择饱和度高的色调，如红色、宝蓝色等。

色彩和品牌的搭配在广告学中很有讲究，每种色彩都有自己的含义。

红色：主观感受是大胆、激情、有力、刺激、积极、动感等。

黄色：主观感受是理性、乐观、自信、创意、活泼等。

橘色：主观感受是快乐、正能量、社交、友好、热情、阳光等。

绿色：主观感受是鲜活、生命、和谐、环境、新生、成长等。

蓝色：主观感受是保守、稳重、可靠、诚信、平静、安全、冷酷等。

紫色：主观感受是神秘、创意、独特、权威等。

粉色：主观感受是随和、童真、多元化、浪漫等。

不同的色彩给用户的主观感受是不同的，运营者也可以按照色彩的含义、想带给用户的主观感受来挑选自己需要的色彩。

除了文字和色彩之外，还要特别注意以下 3 点。

（1）首行无须缩进。在新媒体文章里，排版无须像编辑正式文件那样首行缩进两个字符，新媒体文章首行不空字符。

（2）段落之间空一行。如果一屏内的文字太多，会让用户感到视觉疲劳，所以给文字过多的文章排版时，段落之间要空一行。

（3）多分段。正文段落不超过一屏，每两屏内至少有一张图片，这样不会造成用户阅读疲惫，可引导用户继续阅读。

课堂练习

找一篇所运营的公众号的文章，在公众号后台调整字号、字间距、行间距，并为文章的小标题、重点句子选择字体颜色或文字背景颜色。

4.2 排版常用的工具

排版往往需要借助网站工具，以下是新媒体运营者常用的5个排版工具。

1. 135编辑器

135编辑器是一款简单易用的在线图文排版工具，主要应用于微信文章、企业网站及邮箱等多个平台，可进行个性化定制。其官网平台提供了丰富精美的样式和模板，有秒刷、一键排版和全文换色等功能，功能强大，能像拼积木一样组合出排版风格独特的文章。

135编辑器功能非常丰富，模板的质量也非常高，可以根据配色方案调整素材的颜色，可以一键插入无版权图、图标、动图等，上手简单、易学，如图4-8所示。

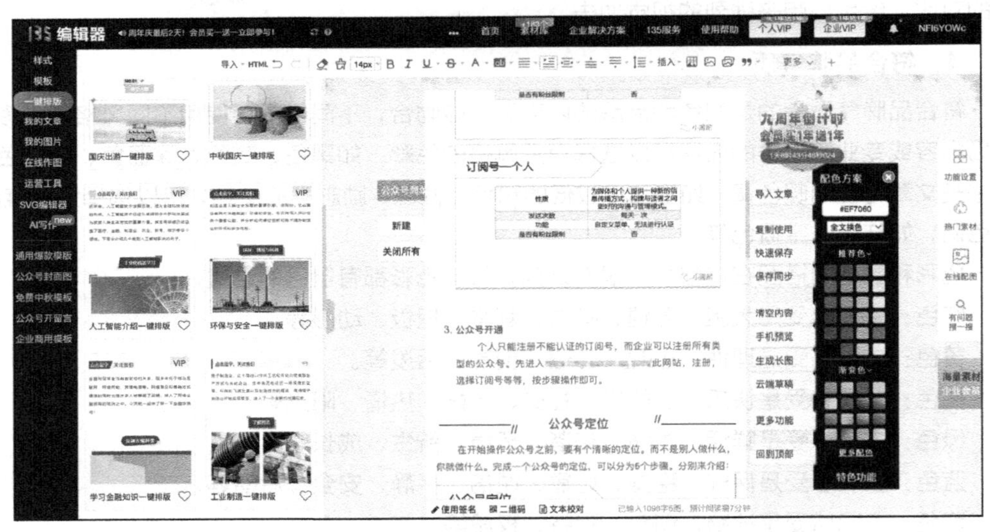

图4-8

2. 秀米

秀米平台主要分为两个大的模块：秀米图文排版和H5。秀米图文排版模块是专门为微信公众号文章提供文本内容美化的图文编辑工具，有丰富的页面模板、独有的秀米组件；H5模块提供在线动态H5海报制作工具，运营者通过此模块，可以快速制作出精美的电子微刊、电子贺卡等，如图4-9所示。

运营者可以在秀米平台自由添加、收藏模板和文字，编辑完图文并保存后可以直接将其同步到公众号；运营者还可以将秀米的排版共享给其他人，进行团队协作。

(a)

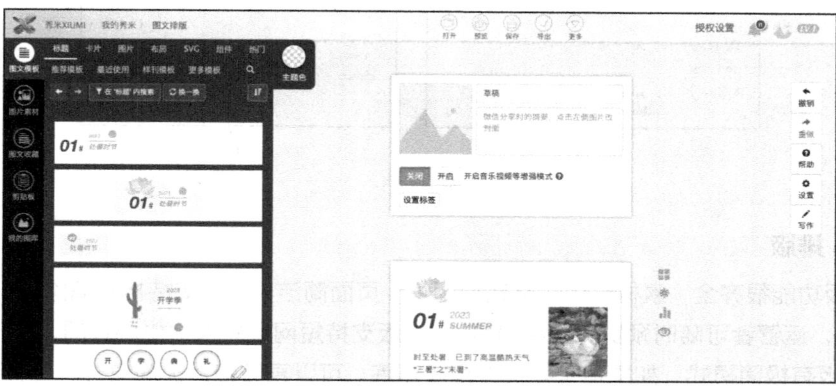

(b)

图 4-9

3. 96 微信编辑器

96 微信编辑器是一款专业的微信公众平台在线编辑排版工具，提供手机界面预览功能，可以让运营者在进行内容排版、文本编辑、素材编辑时更加方便，其功能与 135 编辑器类似，素材样式丰富，可供运营者挑选，如图 4-10 所示。

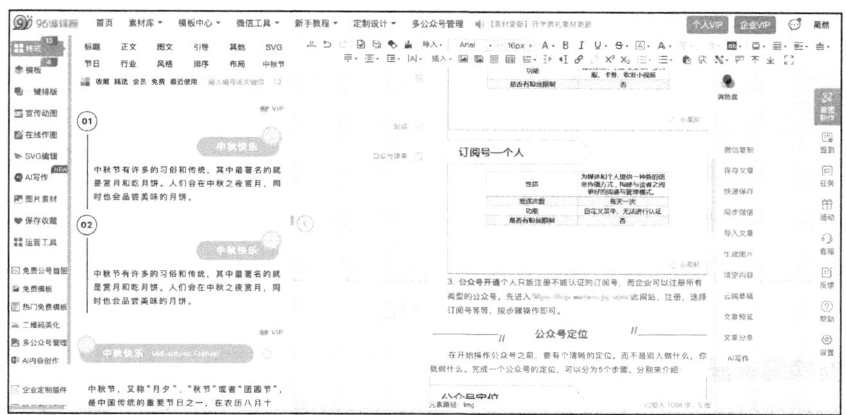

图 4-10

96 编辑器的素材多为明亮色系，常包含小花、卡通等元素，如图 4-11 所示。

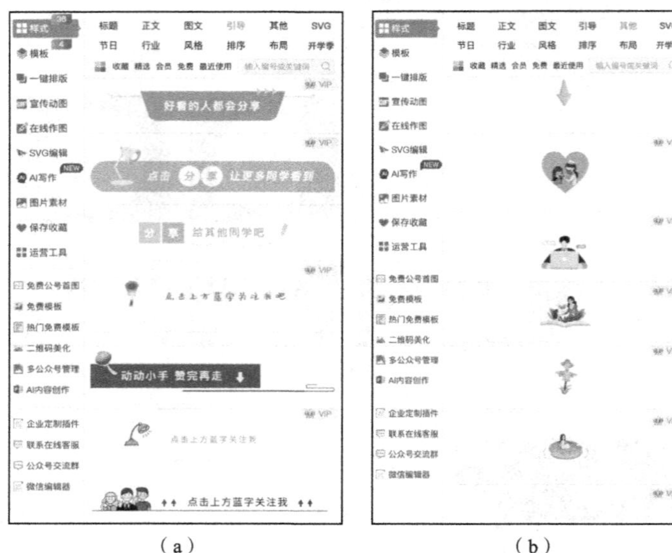

（a）　　　　（b）

图 4-11

4. i 排版

i 排版功能很齐全，素材整体风格轻松明快，页面简洁干净，支持格式清除与一键排版。在编辑时，运营者可随时预览和保存草稿，i 排版支持短网址转换、生成长图。

i 排版有极简模式，如果运营者操作比较熟练，可以直接使用极简模式，使页面更加清爽，如图 4-12 所示。

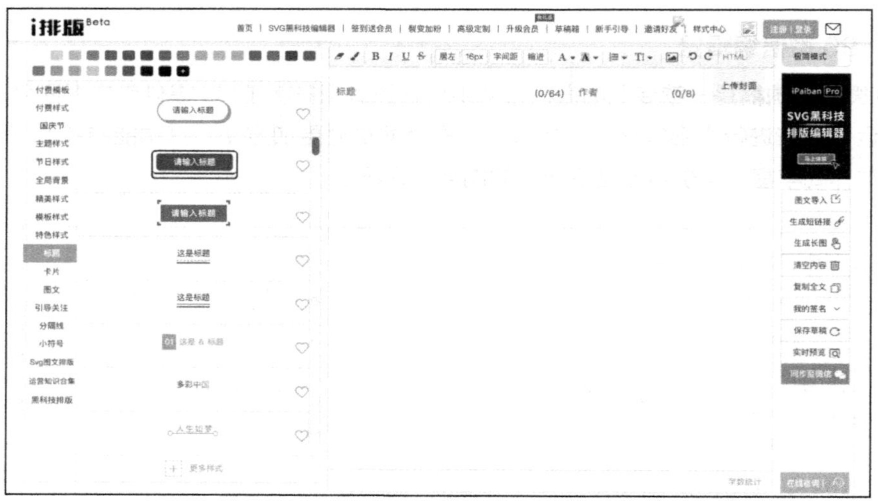

图 4-12

5. 新榜编辑器

新榜编辑器同样有丰富的样式和模板，可进行海量图片在线搜索、一键同步多平台，还有大量文章可供参考。

新榜编辑器与其他排版工具的不同之处在于其有可下载的客户端，可以用计算机打开客户端直接操作编辑；在功能上支持多平台一键发布，如支持微信公众平台、微博、腾讯内容开放平台等同步发布。

其“什么值得写”功能包含 4 个模块，分别是：10W+、微信原创、我的榜单、专属微信，如图 4-13 所示。

图 4-13

10W+：运营者可以看到全网阅读量达 10 万以上的文章，并且可以根据需要筛选不同板块的文章。

微信原创：运营者可以看到原创账号发布的优质内容。

我的榜单：运营者可以添加自己关注的公众号，看到自己的榜样、竞争对手的动态。

专属微信：运营者可以管理多个微信公众号、微博账号等，随时关注自己的文章数据。

另外，新榜编辑器的“互动”素材板块可以为运营者提供很多创意排版，如弹幕、隐藏、滚动、手机外形图、红包互动、微信交流互动等，且操作方便简单，运营者使用互动素材能提升用户与品牌间的互动。

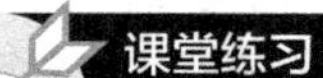

课堂练习

登录以上平台，重点了解 135 编辑器和新榜编辑器的操作技巧。

4.3 排版常见类型

赏心悦目的排版可以大大提升读者的阅读兴趣。新媒体排版包括两种类别：常规排版、创意排版。

4.3.1 常规排版

下面以 135 编辑器为例进行常规排版。

使用 135 编辑器无须下载任何客户端，只要计算机处于联网状态，打开浏览器进入网站即可。

第一步：打开网站登录账号。

打开网站后，可以直接使用账号登录，或使用第三方账号如 QQ、微博、头条账号登录。

主界面分为 4 个区域，从左到右依次为："菜单栏""样式展示区""编辑区""操作按钮区"。"菜单栏"包括样式、模板、一键排版、我的文章、运营工具等，单击后会在"样式展示区"看到该分类的素材。寻找需要的样式并单击，该样式将出现在"编辑区"。使用"操作按钮区"的功能键可对"编辑区"的文章直接执行复制、清空、预览等操作，如图 4-14 所示。

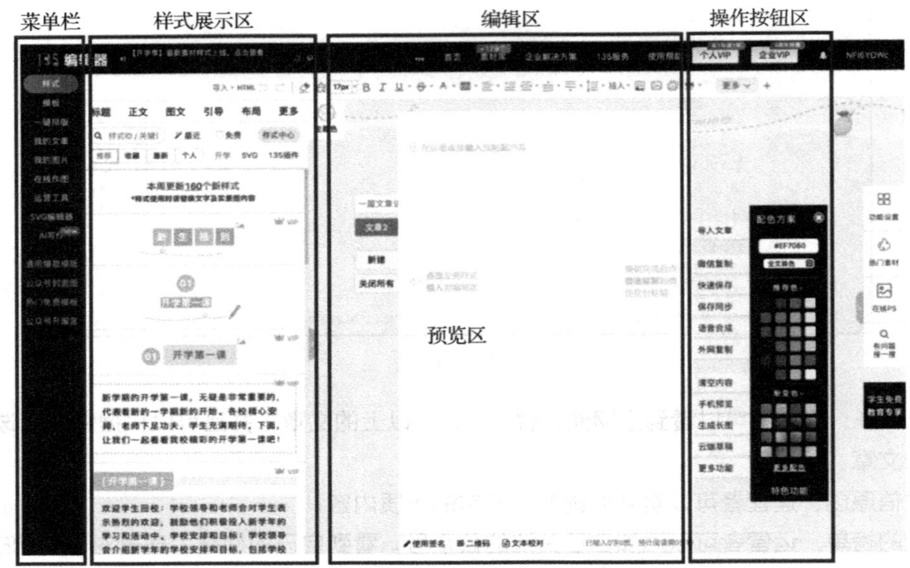

图 4-14

第二步：导入文章。

将文章导入"编辑区"通常有两种方法：如果文章还未发布，可直接把准备好的原文复制粘贴到"编辑区"；如果需要导入之前已经发布过的文章，或者是引用某篇文章，可在"操作按钮区"选择"导入文章"，输入文章链接，找到原文并将其导入"编辑区"进行修改，如图 4-15 所示。

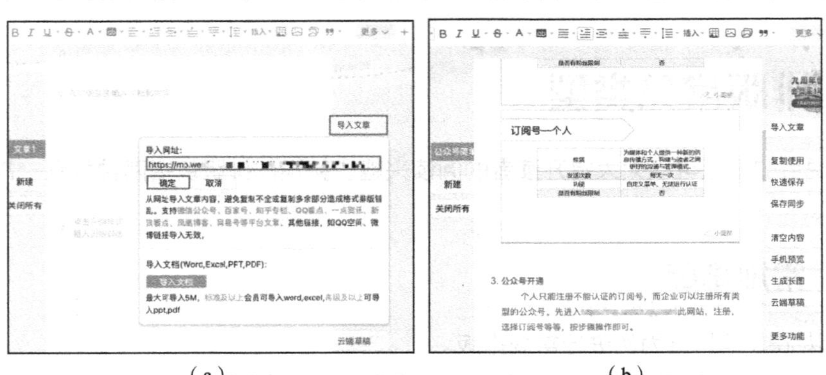

（a）　　（b）

图 4-15

第三步：套用模板。

在“菜单栏”选择“一键排版”可以看到各类模板，单击“预览”按钮可单独看到文章的整体风格和细节搭配，找到喜欢的风格后选择“一键排版”或“秒刷”即可直接套用到全文，如图 4-16 所示。

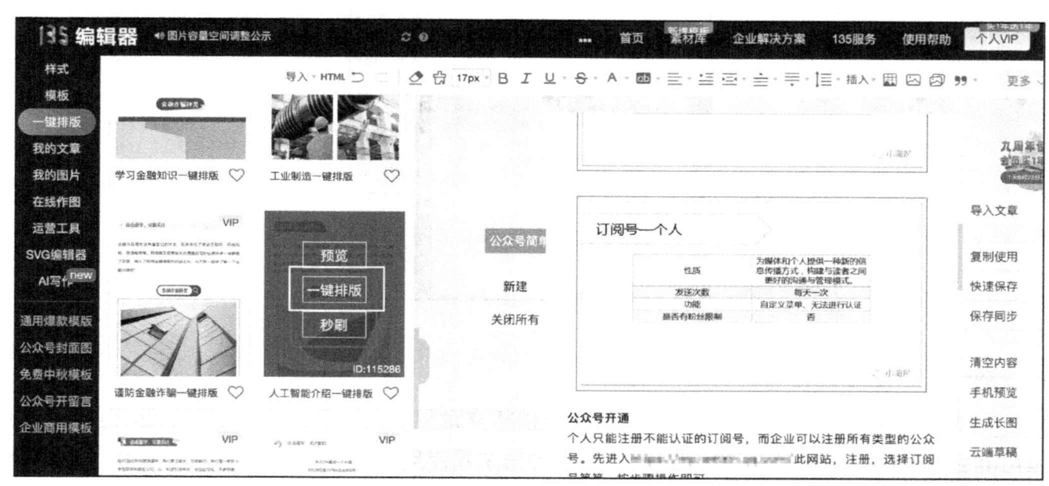

图 4-16

第四步：细节微调。

整体排版完成后就是对细节的微调，如调整字体，增加图片、符号、分割线、二维码等元素。在“菜单栏”选择“样式”，可以看到其中有标题、正文、图文、引导、布局等选项，如图 4-17 所示。单击需要的元素即可进入“编辑区”，进入“编辑区”后也可以对其文字、颜色再次做调整，直到得到需要的样式。

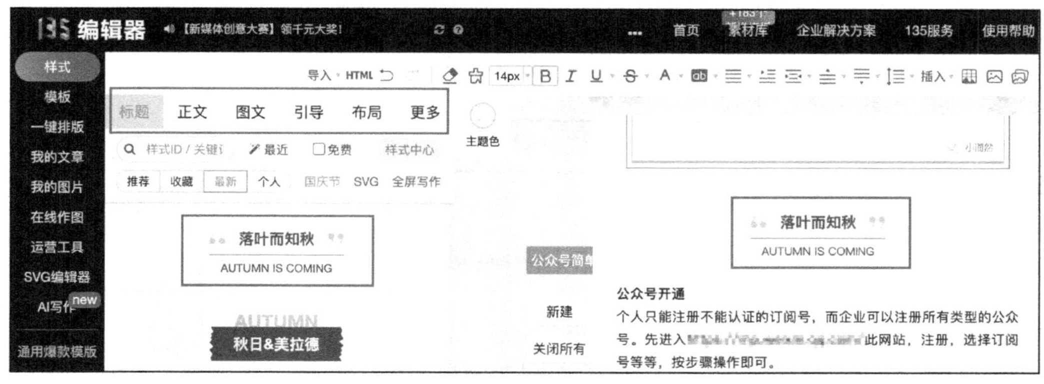

图 4-17

第五步：手机预览。

排版好的文章最终是在手机屏幕上呈现给用户的，所以运营者发布之前一定要进行手机预览，以便再做调整。在“操作按钮区”选择“手机预览”，即可出现使用手机阅读的模拟界面，也可以扫码在手机上观看文章，运营者可以直观地体验到不同手机用户的视觉感受，做更精细的调整，如图 4-18 所示。

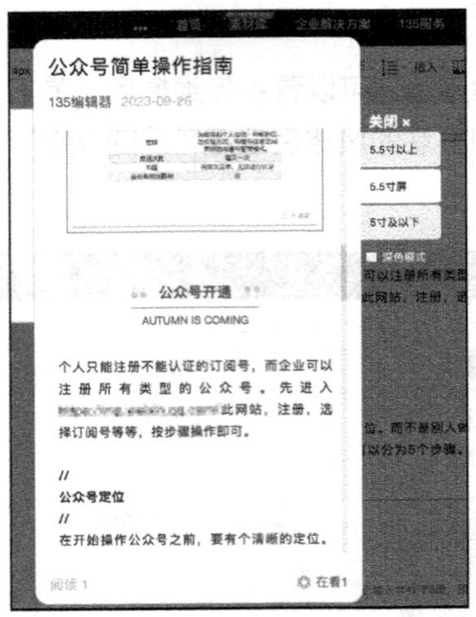

图 4-18

第六步：同步公众号。

同步公众号有两种方法。第一种方法是直接将文章复制粘贴到微信公众号的编辑页面，但是可能会有部分格式在复制后出现变化；第二种方法是使用 135 编辑器同步到公众号，选择“操作按钮区”中的“保存同步”将弹出页面，单击“授权微信公众号”绑定需要同步的公众号，即可将文章同步保存到公众号后台的“图文素材”中，如图 4-19 所示。

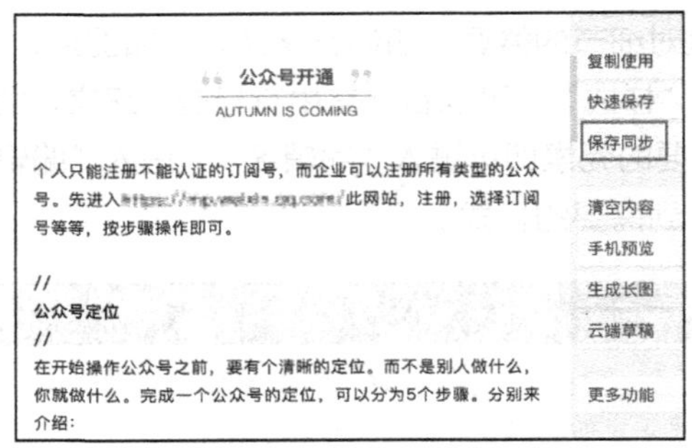

（a）

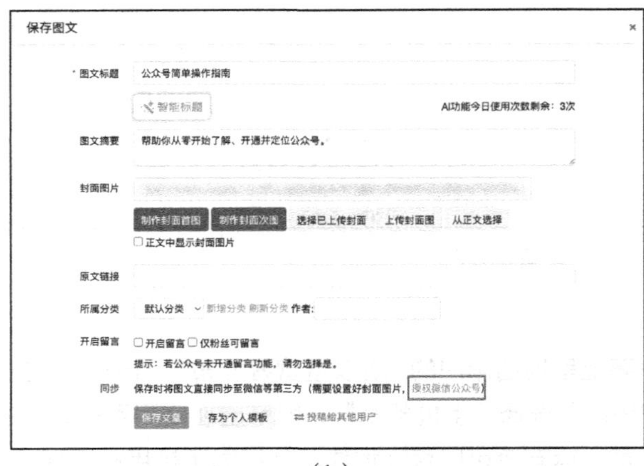

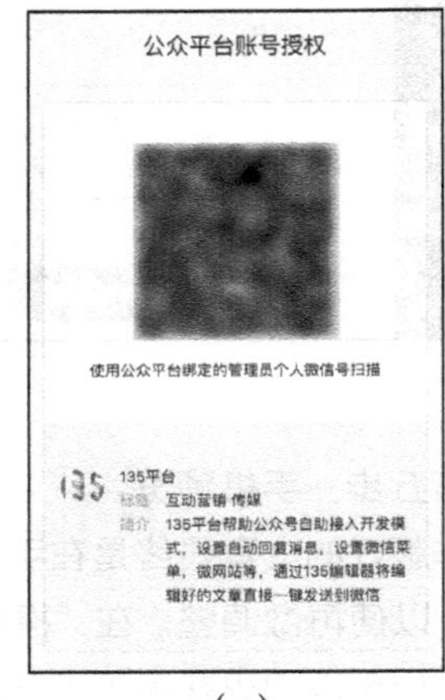

（b）　　　　（c）

图 4-19

选择一篇文章，导入 135 编辑器，完成排版，并同步到自己的公众号。

4.3.2 创意排版

在做好常规排版的基础上想要进一步吸引用户，运营者可以加入创意排版，如动图、音乐、视频类元素，吸引用户的注意，引发双向沟通。

1. 弹幕排版

“弹幕”源于日本视频网站 niconico 动画，后来弹幕为更多国内网民所知，是因为国内的 Bilibili（B 站）和 AcFun（A 站）引进了这个形式。弹幕就是在视频播放过程中，用户发表的评论从视频上飘过的形式。

这种可以在公众号里随意“漂浮”的样式，能给用户一种眼前一亮的感觉，如图 4-20 所示。

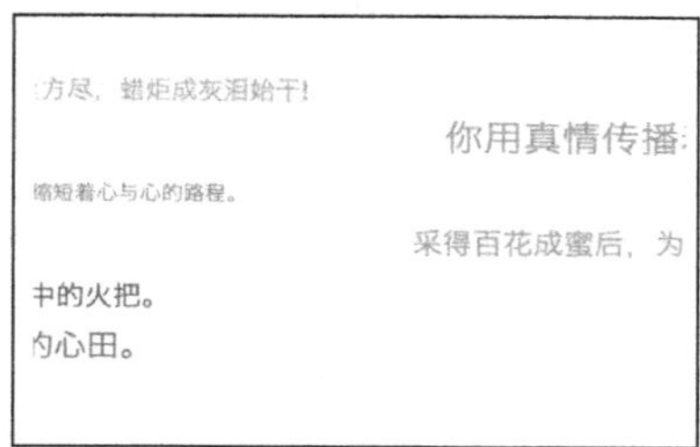

图 4-20

使用 135 编辑器制作弹幕包含以下 3 步。

第一步：找到弹幕素材。

从页面上端菜单中的“素材库”中找到“SVG 互动素材”[见图 4-21（a）]，进入 SVG 互动式专题，选择“弹幕”[见图 4-21（b）]，即可找到所有弹幕的素材。所有弹幕素材都有动态预览，且素材下方都有使用说明。

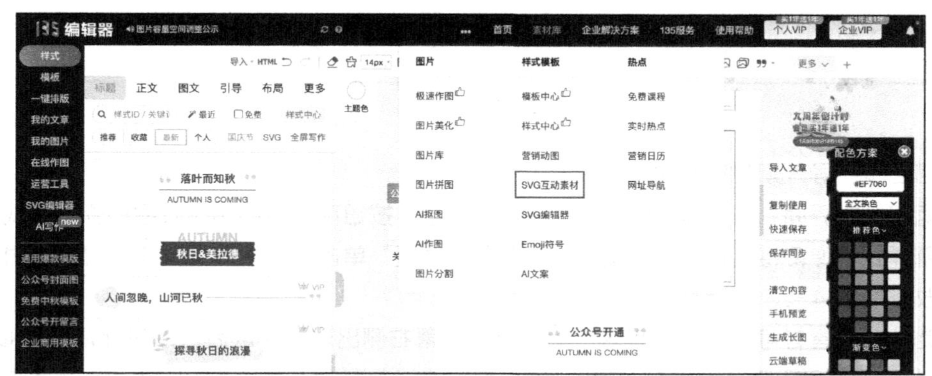

（a）

图 4-21

（b）

图 4-21（续）

第二步：选择需要的弹幕类型并收藏。

135 编辑器中的弹幕素材类型比较多，可以先筛选可能需要的弹幕类型。在素材左下角有“收藏”按钮，单击即可收藏素材，这样在使用的时候可以更方便地查找，如图 4-22 所示。

图 4-22

第三步：导入素材并修改。

返回编辑界面，在“样式展示区”单击“收藏”按钮可以看到刚刚收藏的弹幕样式，单击弹幕样式，弹幕将出现在“编辑区”。在“编辑区”单击正在滚动的文字，可直接对其进行修改，如图 4-23 所示。

此外，运营者可单击“编辑区”的弹幕，弹幕右侧出现修改区后可以对弹幕进行修改；也可以单击“编辑 SVG/动画”按钮，进入弹幕的修改页面，对弹幕的图片、文字等进行修改，如图 4-24 所示。

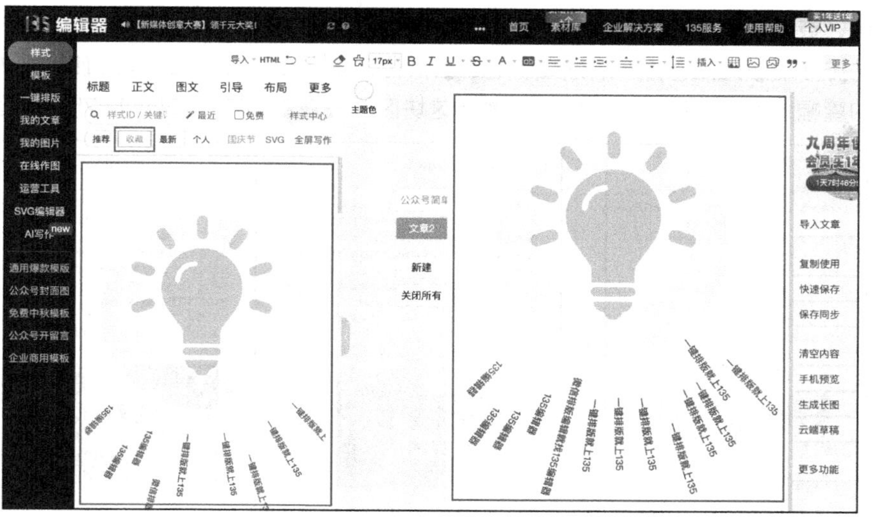

图 4-23

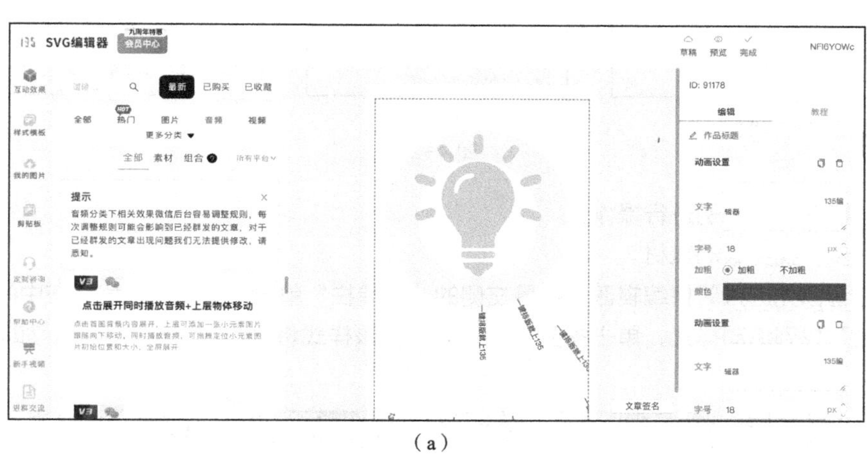

（a）

（b）

图 4-24

2. 滚动排版

滚动排版指的是将大段的文字或者图片集中在屏幕的一块区域。读者可以上下或左右滚动该区域，查看完整内容。

滚动排版的好处是，将一部分文字或者图片内容集中在一个区域，从而使这些内容不占用过多的篇幅。读者可以自由选择是否滑动这块区域去查看内容，如图 4-25 所示。

（a）

（b）

（c）

图 4-25

以新榜编辑器为例进行操作。

第一步：找到滚动素材。

运营者首先进入新榜编辑器，在最左侧的“菜单栏”单击“互动”按钮，在中间的“样式展示区”找到滚动样式，单击需要的滚动样式，该样式将出现在“编辑区”，如图 4-26 所示。

图 4-26

第二步：上传图片。

运营者在“编辑区”单击滚动素材中的任意图片后，可在“样式展示区”看到供上传更换的图片。可通过本地上传或选择网络图片的方式将图片上传到新榜编辑器平台，选好图片后单击“确定”按钮，如图 4-27 所示，图片即出现在“样式展示区”。

图 4-27

第三步：更换图片。

在“样式展示区”单击准备更换的图片，即可在“编辑区”看到图片预览，依次更换所有的图片即可，如图 4-28 所示。

图 4-28

在使用滚动排版时，需要注意 3 点：第一，图片须保持尺寸一致，否则会参差不齐；第二，图片的尺寸应为 500 像素×500 像素以上，否则可能会造成图片不清晰；第三，图片不要太大，否则会导致读者在浏览时加载太慢。

3. 花式排版

花式排版指的是以互动样式为主的一些非同寻常的排版，让读者在点击或滑动屏幕时的画面产生变化，给原本平淡的图文排版增添趣味性，从而让读者对公众号产生更多的兴趣。目前主要有以下 5 种花式排版样式。

第一种：空白样式。

读者点击空白区域时，就会有文字或者图片慢慢地显现出来，充分满足读者的探索欲和好奇心。利用这种空白样式，运营者还可以设计很多互动环节，如猜谜语、选择题、藏红包口令或读者福利等。该样式在新榜编辑器中的使用非常方便，在“样式展示区”找到空白样式单击，其将出现在“编辑区”，如图 4-29（a）所示，单击“HTML”按钮，可通过修改代码的方式修改文字、调整高度，如图 4-29（b）和图 4-29（c）所示。

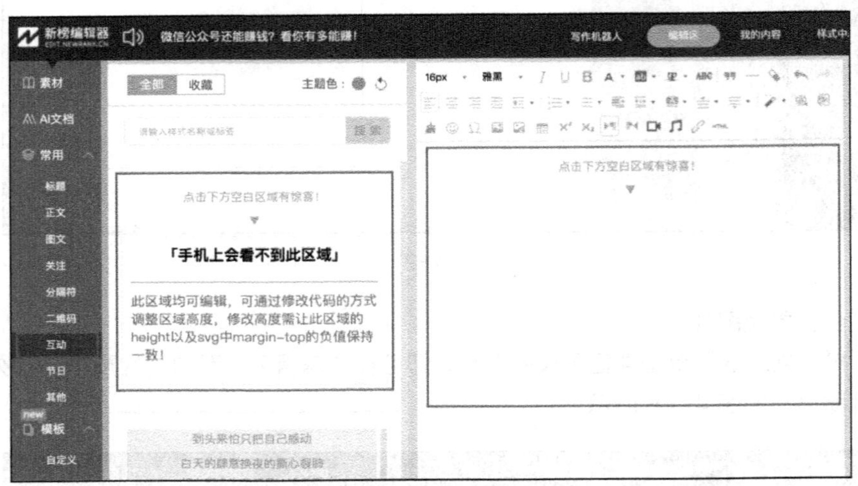

（a）

（b）　　　　　　　　　　　　　　　　（c）

图 4-29

第二种：红包互动。

这是一种点击红包后会出现其他画面的样式，常常用于隐藏惊喜、福利或搞笑内容，增强读者的参与感，如图 4-30 所示。

修改红包互动的素材也需要在“HTML”中更改代码。具体操作为在“编辑区”单击“HTML”按钮，进入代码区，找到文字后进行更改即可，如图 4-31 所示。

（a）

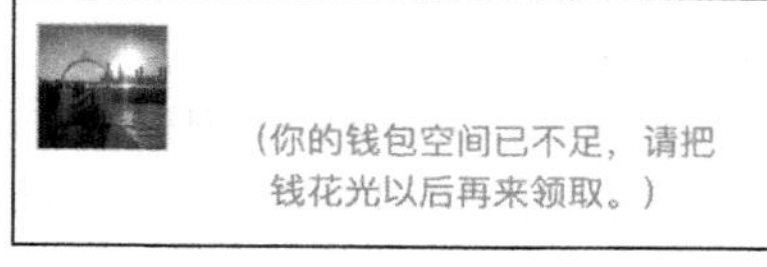

（b）

图 4-30

```
            </section>
            <section style="margin-left:15px;">
                <section style="width: 200px; height:
90px; background-image:
url(&quot;https://imgedit.newrank.cn/edit/upload/photo/20
23/09/13/c482c8d75a5043f6b6d5824bf6649fb4.png&quot;);
background-repeat: no-repeat; background-size: 100% auto;
overflow: hidden;">
                    <svg width="100%" height="90"
xmlns="http://www.w3.org/2000/svg">
                        <g style="width: 100%; height:
100px; opacity: 0;" data-width="100%">
                            <rect width="100%"
height="300" style="fill: white;"></rect>
                            <text x="50%" y="20"
height="30" style="color: rgb(222, 125, 135); text-
anchor: middle; font-weight:bold;"
fill="rgb(222,125,135)">
                                你获得了一亿元
                            </text>
                            <text x="50%" y="50"
height="30" style="color: rgb(222, 125, 135); text-
anchor: middle; font-size:14px;" fill="rgb(222,125,135)">
                                （你的钱包空间已不足，请把
                            </text>
                            <text x="50%" y="70"
height="30" style="color: rgb(222, 125, 135); text-
anchor: middle; font-size:14px;" fill="rgb(222,125,135)">
                                钱花光以后再来领取。）
                            </text>
                            <animate
attributename="opacity" from="0" to="1" begin="click"
dur="1s" fill="freeze" additive="sum"></animate>
                        </g>
                    </svg>
                </section>
            </section>
        </section>
    </section>
</section>
```

图 4-31

第三种：手机屏幕模拟。

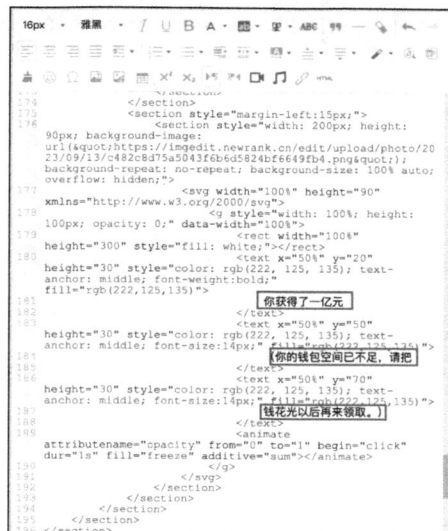

这是一种类似于“画中画”的样式（见图 4-32），这种样式能充分引起读者的注意，可以放一些需要重点关注的内容。例如，将活动细节、时间安排等非常重要却占用篇幅较长的内容放在这样的样式里，能充分引起读者的注意，对此不感兴趣的读者可以选择不翻看，这也是非常人性化的设计。

（a）

（b）

图 4-32

第四种：情境对话互动。

这是一种模拟微信聊天的样式，选中素材后可以直接更改对话内容，模拟微信对话，如图 4-33 所示。用这种提问加回答的形式，显得真实且具有新意。

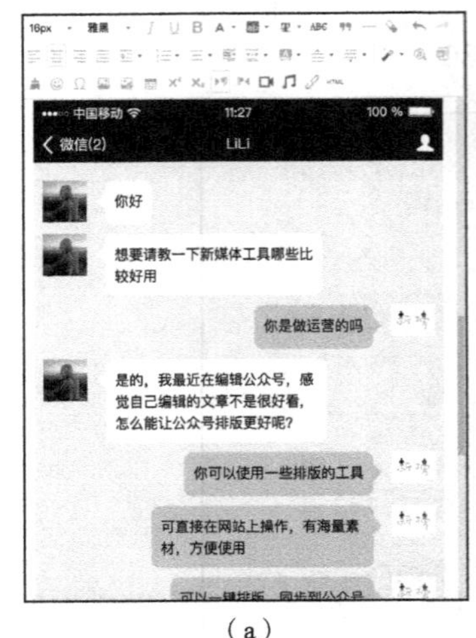

（a）

（b）

图 4-33

第五种：拼图互动。

这是一种九宫格拼图的样式，每个格子里都可以放入 2～3 张图片，读者可在格子里左右滑动找到该位置正确的图片，最终将九宫格中的图片拼成一张大图。拼图互动也可用于制造惊喜，拼出给读者的奖励，或者拼出某个时下流行的卡通人物等，这样既增强了读者的参与感，又让公众号的内容更有意思，如图 4-34 所示。

图 4-34

运营者可使用新榜编辑器进行操作，非常方便，直接在“编辑区”换图即可。要注意的是，需要先用九宫格切图的软件将原图切成 9 张，再导入图片。

课堂练习

请以“弘扬中华传统美德”为主题拍摄系列照片，并使用滚动样式进行排版。

4.4 文字云排版

文字云是一种文字的呈现形式，以图形化排版来表达某个概念或形象。其中，文字是围绕着表现主题展开的关键词，图形是以主题为核心的相关图片，文字和图形在表达内容和形象上互相补充，非常有创意，可以在公众号的文章排版中使用，也可以单独应用在微博、微信等平台，如图 4-35 所示。

图 4-35

运营者可以直接在“比格设计”网页上制作文字云样式的文件。比格设计是一款一站式、多场景、智能化的在线图片编辑平台，其中包含词云生成器。

运营者在网页的左侧菜单栏单击“更多”下拉按钮，选择“词云”，进入词云页面，单击“立即使用”按钮即可进入文字云编辑制作页面，如图 4-36 所示。

（a）

（b）

图 4-36

比格设计词云生成器的整个操作界面分为两个区域，左侧是菜单区，右侧是预览区，如图 4-37 所示。主要操作部分在左侧菜单区，其中只有两个选项设置，分别是“形状”和“文本”。

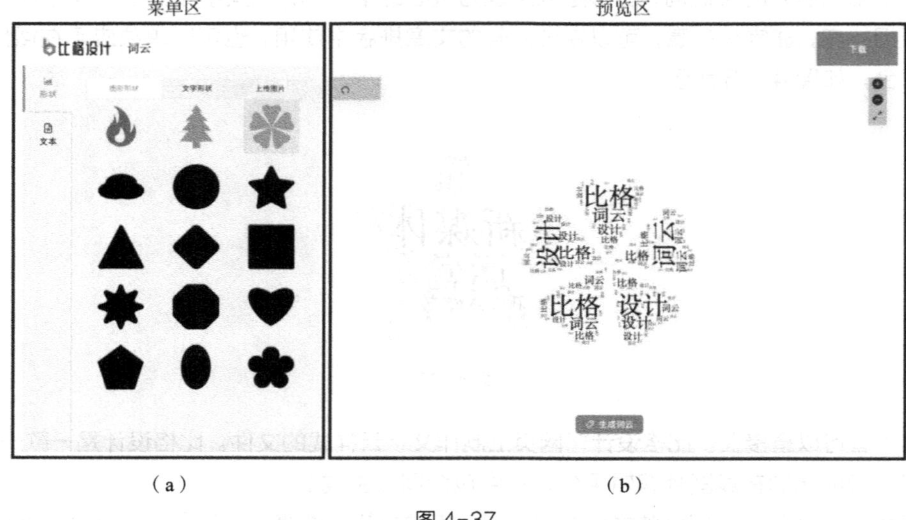

（a）　　（b）

图 4-37

1. 形状

单击“形状”按钮可以看到形状设置包括 3 种，分别是“图形形状”“文字形状”和“上传图片”。

系统自带的“图形形状”有 15 种，如图 4-38 所示。

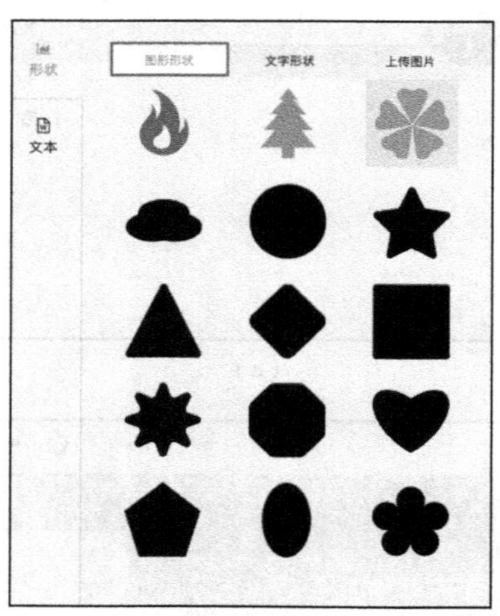

图 4-38

“文字形状”是将样式设置成文字形式。选择字体和颜色，单击预览区的“生成词云”按钮，就可以生成文字样式的文字云文件了，如图 4-39 所示。

“上传图片”指的是从计算机文件夹上传自己的图片，将文字按照图片的形状和颜色进行排版，如图 4-40 所示。

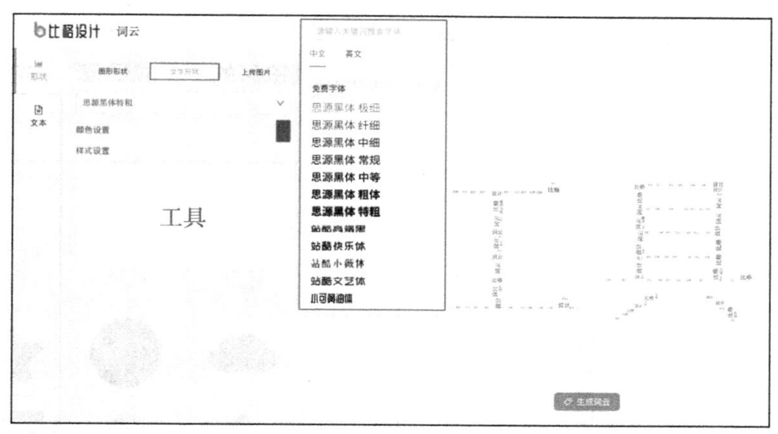

图 4-39

图 4-40

2. 文本

单击左侧菜单栏的“文本”按钮可以进行文本添加操作。

在输入框内输入文本，按“Enter”键逐个添加，添加后需要选择字体、词频、颜色和文字数量（文字数量越多，词云内容越密集）。若要输入的内容太多，可以选择批量导入，如图 4-41 所示。

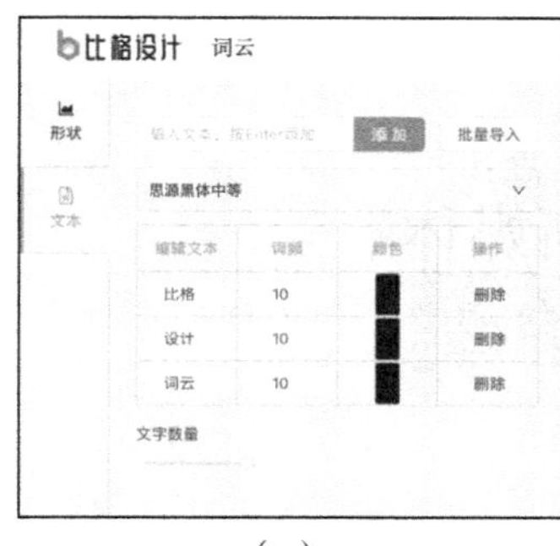

（a）

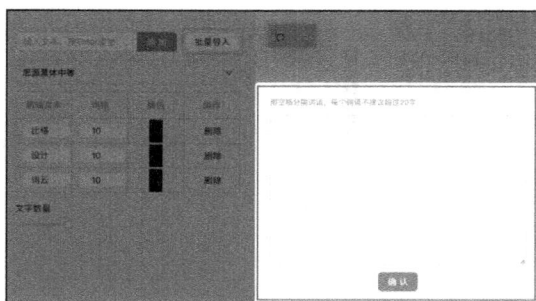

（b）

图 4-41

例如，运营者要呈现的文字是“新媒体”“运营”“工具”“效率”，在调整好字体、词频、颜色、文字数量后，选定“图形形状”并单击预览区的“生成词云”按钮，即可生成文字云文件，如图 4-42 所示。

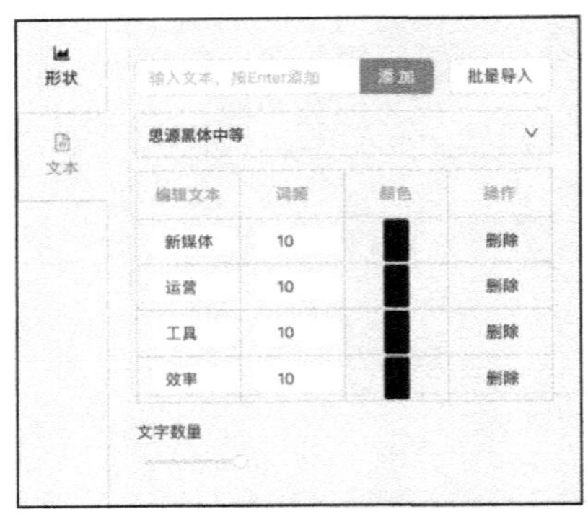

（a）

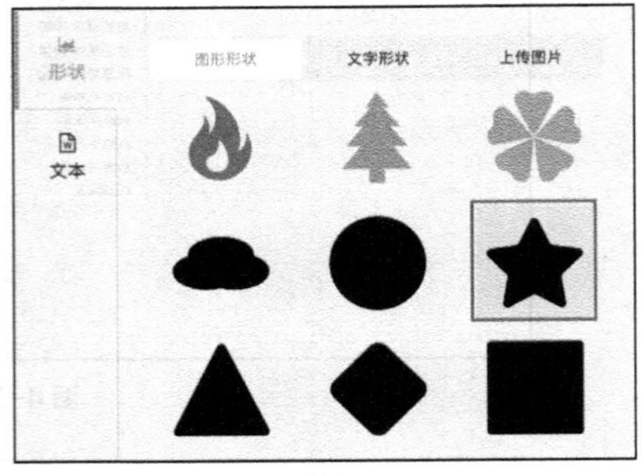

（b）

（c）

图 4-42

最后，单击页面右上角的“下载”按钮，文字云的图片就保存到计算机了，如图 4-43 所示。

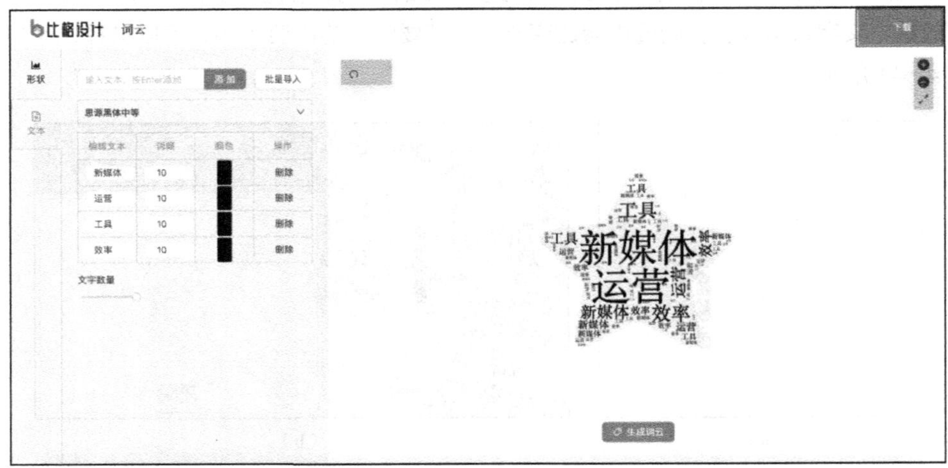

图 4-43

课堂练习

请将“降碳”“减污”“扩绿”“增长”“生态优先”“节约集约”“绿色低碳发展”作为文字内容，制作一张文字云图片。

4.5 插件排版的使用

插件排版指的是在公众号后台安装排版插件，运营者登录公众号后即可进行同步使用。使用插件排版无须再登录其他网页，直接在公众号后台操作即可，避免了云端保存不及时造成内容丢失或者格式在复制过程中出现乱码的问题。以下以“壹伴”为例展示如何使用和管理插件。

4.5.1 “壹伴”微信编辑器插件的使用方法

运营者使用“壹伴”微信编辑器插件可以一键完成微信排版，该插件还具有多公众号管理、定时群发、一键图文转载、GIF 动图一键上传、公众号数据分析、公众号运营等功能。具体使用步骤如下。

第一步：安装插件。

登录网站，单击页面中的“安装小插件”按钮，在弹出的页面选择对应的浏览器，单击“直接下载安装”按钮，然后根据弹出的安装教程操作，完成安装，如图 4-44 所示。

（a）

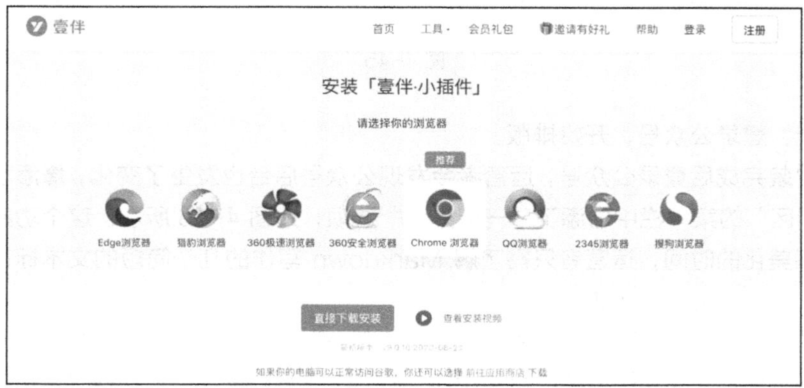

（b）

图 4-44

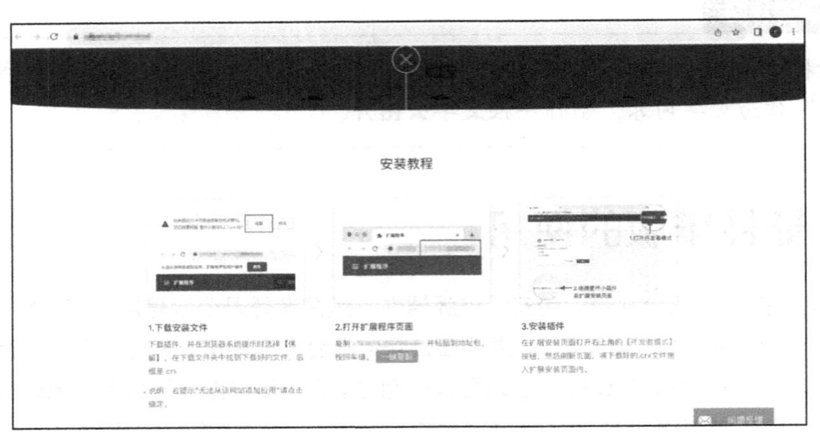

（c）

图 4-44（续）

第二步：扫码登录。

使用微信扫码登录，并单击“立即授权”按钮，如图 4-45 所示。

（a）

（b）

图 4-45

第三步：登录公众号，开始排版。

插件安装完成后登录公众号，运营者会发现公众号后台也发生了变化，增添了很多的功能，“编辑区”的菜单栏中增添了“一键排版”选项，如图 4-46 所示。这个功能可以节省排版和文章美化的时间，运营者只需了解 Markdown 写作的几个简短的文本标记，就能轻松完成对文章的一键渲染和美化。

选择“一键排版”就可以对文章进行排版，“一键排版”包含了对标题、分割线、正文、引用、强调、图片、底部签名等内容的设计。此外，还可以单击“导入样式”按钮，将自己的样式导入素材库，如图 4-47 所示。

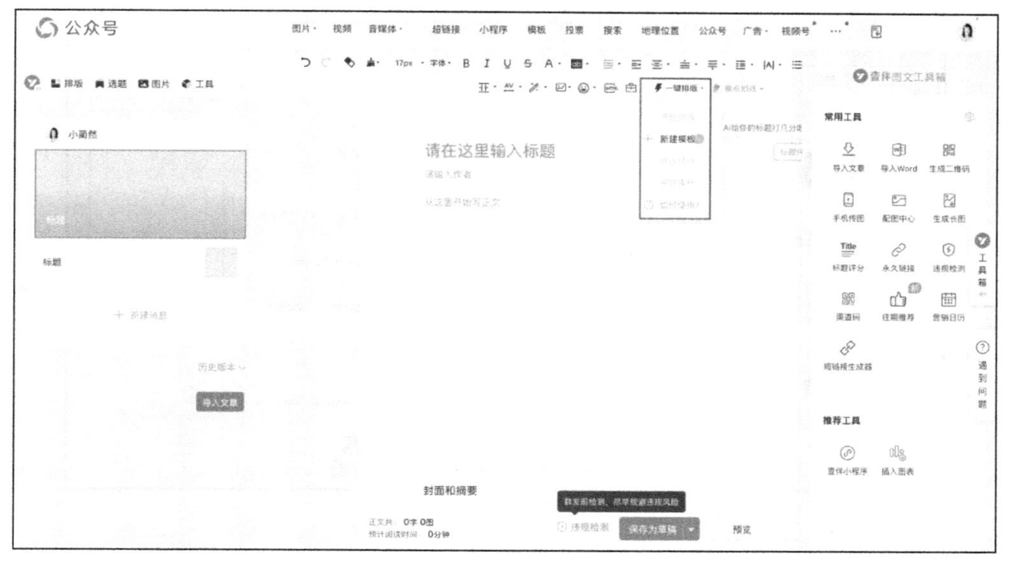

图 4-46

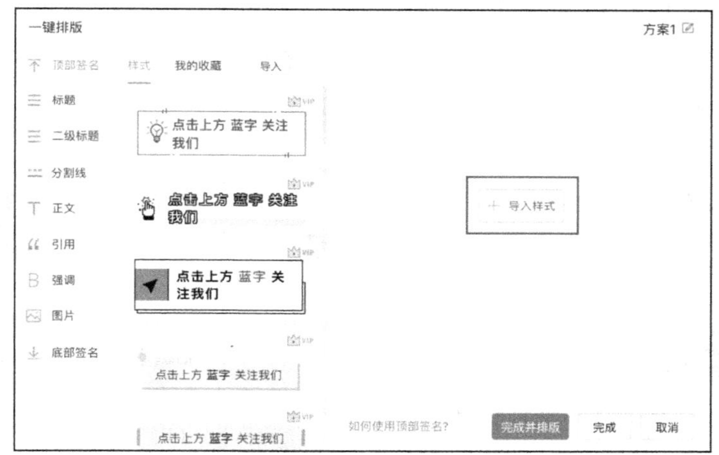

图 4-47

需要注意的是，为了高效排版，壹伴的排版程序能准确识别文章中不同的 Markdown 元素。例如，在段落前加上“#”符号，标记为一级标题；在段落前加上“##”符号，标记为二级标题，还可通过类似的方式，标记引用、加粗等内容。

第四步：细节微调。

完成“一键排版”后，如果需要对细节进行微调或者增加配图等，可以在编辑页面进行其他操作。单击“编辑区”左侧的“展开”按钮即可看到排版、选题、图片和工具对应的素材，“排版”当中的模板、背景、动效、标题等选项的使用方法和 135 编辑器基本一致。

另外，在“编辑区”的右侧还有工具箱，打开后有导入文章、导入 Word、生成二维码、手机传图、配图中心、生成长图、标题评分、永久链接、违规检测、渠道码、往期推荐、营销日历、短链接生成器、插入图表的按钮。这些常用的功能在微信公众号后台就可以找到，大大提升了运营者的排版效率，如图 4-48 所示。

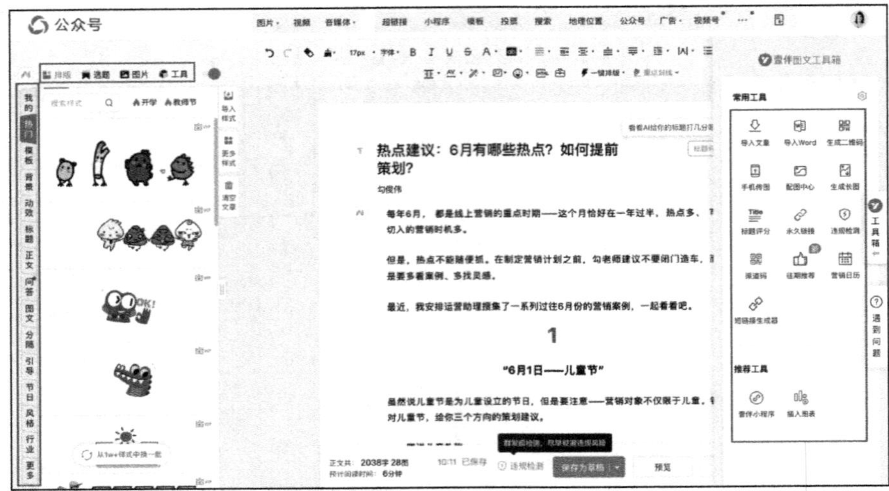

图 4-48

值得一提的是，运营者可以在“配图中心”直接添加 GIF 动图、无版权图、表情包等，不用再登录网站查找图片，如图 4-49 所示。

（a）

（b）

图 4-49

4.5.2 使用“壹伴”插件管理平台数据

新媒体运营者不仅需要编辑、发布文章，还要在文章发布后对平台数据进行监控，以便更好地优化内容。

安装“壹伴”插件之后，可以在浏览器的收藏夹旁边找到“壹伴”的图标，单击此按钮后可以看到“工具”“账号”“消息”“设置”按钮。其中“工具”包含为运营者提供便利的快捷操作；“账号”可以向运营者提供多个账号的粉丝情况；“消息”可以提供实时更新的后台消息，私信内容或者公众号后台系统消息均可显示；“设置”则提供“壹伴”插件的基本设置，如图 4-50 所示。

在各类功能中，“工具”的可操作部分较多，其中可使用的工具包含“常用功能”“壹伴服务”“新功能介绍”，这为运营者提供了一个管理平台。

下面介绍“壹伴”插件的 4 个功能。

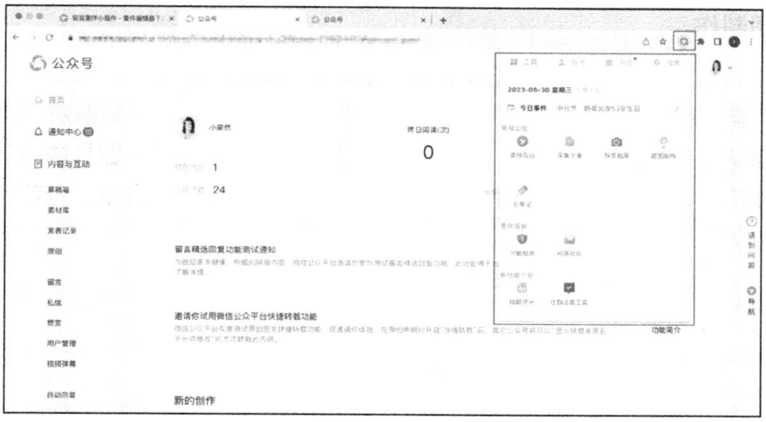

图 4-50

1. 采集文章

运营者有时需要转载某篇文章或者复制某段文字，直接复制容易出现格式的问题，“壹伴”插件提供的“采集文章”的工具可以直接将文章保存到公众号后台素材库中。具体操作是，首先在浏览器中打开需要采集的文章，在文章右侧会出现“壹伴”插件的操作选项，单击“采集图文”按钮，选择需要采集文章的公众号即可，如图 4-51 所示。

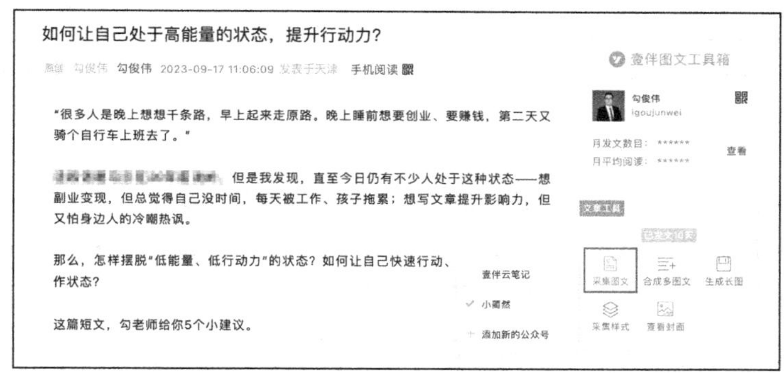

图 4-51

登录微信公众号后台，在“近期草稿”中就能找到刚刚采集的文章（见图 4-52），单击进入可直接编辑，非常高效。同时在对文章的处理上，“壹伴”插件还可以选择合成多图文、生成长图、采集样式等操作。

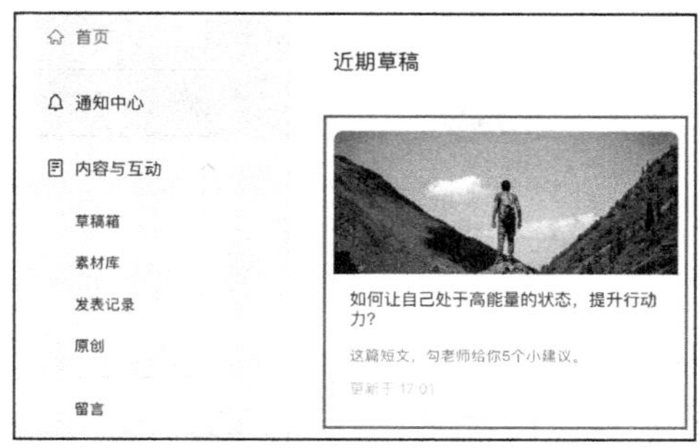

图 4-52

2. 题图制作

很多运营者认为公众号封面图的制作是比较费时间的部分，特别是在修改封面背景图和文字的时候，需要另外设计配图。“壹伴”的“题图制作”工具很好地解决了这个问题，它能帮助运营者快速制作图片。单击“题图制作”按钮，弹出“壹伴·图片中心”窗口，选择图片时可以使用自己图库的图片，可以从现有的“无版权图库”中选择，也可以选择“纯色背景”，如图 4-53 所示。

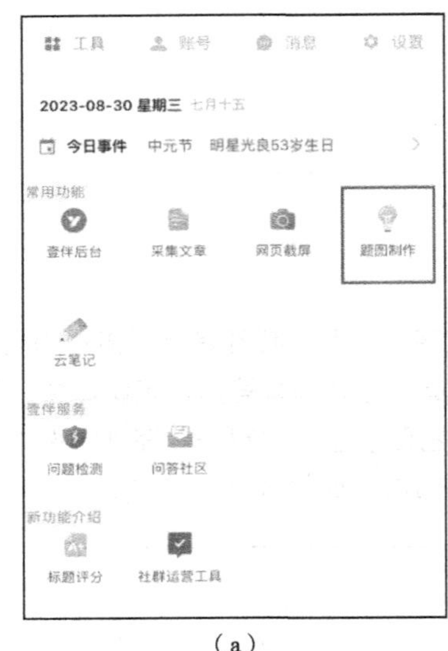

（a）

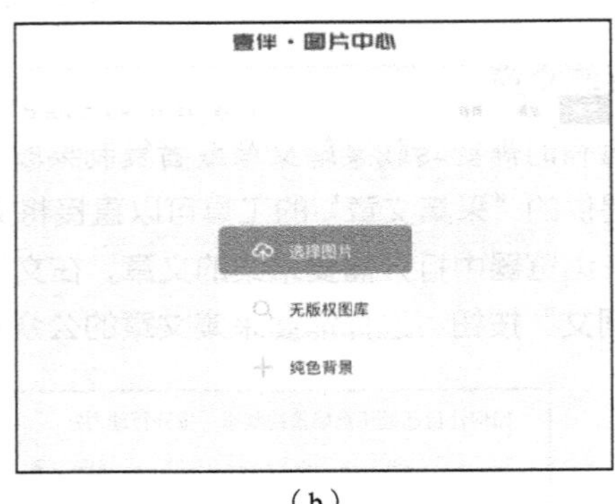

（b）

图 4-53

选择好图片后进入编辑界面，开始设计图片。选择设计“头条”“次条”“正文”图片时，可以直接套用提供的模板，另外还可以从右侧菜单中选择插入文字、图片、直线、箭头等元素，确定设计完成后单击“保存图片”按钮即可，如图 4-54 所示。

图 4-54

3. 数据管理：导出 Excel

新媒体运营者需要时刻关注后台的数据，并对一段时间的数据进行对比和分析，以便找到用户偏好，更好地调整内容。在“壹伴”插件的后台可以将图文数据导出，更直观地查看和比对数据。

具体做法是：登录公众号后台，在主页找到“我的工具栏”，可以看到这里有图文分析和粉丝分析工具。需要导出图文数据时，先筛选需要查看的日期范围，再单击“导出图文数据”按钮即可，如图 4-55（a）和图 4-55（b）所示。

生成的 Excel 里面包含文章的多组数据对比，图 4-55（c）所示为部分数据对比。Excel 表中包含阅读量、点赞数、留言数以及渠道来源、“涨粉”情况等方面的对比数据，为运营者提供了详尽的数据资料。

（a）

（b）

标题	图文	日期	小时	分钟	送达人数	阅读量	阅读人数	公众号消	朋友圈(误	聊天会话	历史消息	搜一搜	看一看精	其它		分享量	分享人数	会话分享	从公众号	其他渠道	原文页阅	收
前期涨粉	1	2023/8/10	5	9	146	276	0	0	0	0	0	0	0	0	0	0	0	0	0	0	0	
月薪2万的	1	2023/8/8	4	49	136	263	0	0	0	0	0	0	0	0	0	0	0	0	0	0	0	
公众号策	1	2023/8/4	15	9	154	333	0	0	0	0	0	0	0	0	0	0	0	0	0	0	0	
公众号简	1	2023/8/1	13	0	132	293	0	0	0	0	0	0	0	0	0	0	0	0	0	0	0	

由于微信对数据的调整，“会话分享至朋友圈”、“从公众号分享到朋友圈”、“其他渠道分享至朋友圈”、“原文页阅读人数”与“收藏数”五个数据，自2019/08/19后将不再提供

标题	收藏数	在看数	点赞数	留言数	打开率	图文分享	朋友圈打	在看率	留言率	送达阅读	当日涨粉	当日掉粉	当日净增	次日涨粉	次日掉粉	次日净增	分享产生	分享阅读	阅读后关	100%阅读
前期涨粉	0	2	4	3	0.00%					0.00%	2	0	2	1	0	1	0	0	0	0
月薪2万的	0	2	8	1	0.00%					0.00%	0	0	0	0	0	0	0	0	0	0
公众号策	0	2	7	0	0.00%					0.00%	2	0	2	0	0	0	0	0	0	0
公众号简	0	2	4	1	0.00%					0.00%	12	1	11	2	0	2	0	0	0	0

（c）

图 4-55

4. 多账号切换

运营者打开“壹伴后台”后，可以清晰地看到每个公众号的数据情况及后台信息，这大大节省了反复登录的时间，提高了运营效率，如图 4-56 所示。

课堂练习

安装“壹伴”插件，并使用插件提供的模板编辑一篇公众号文章。

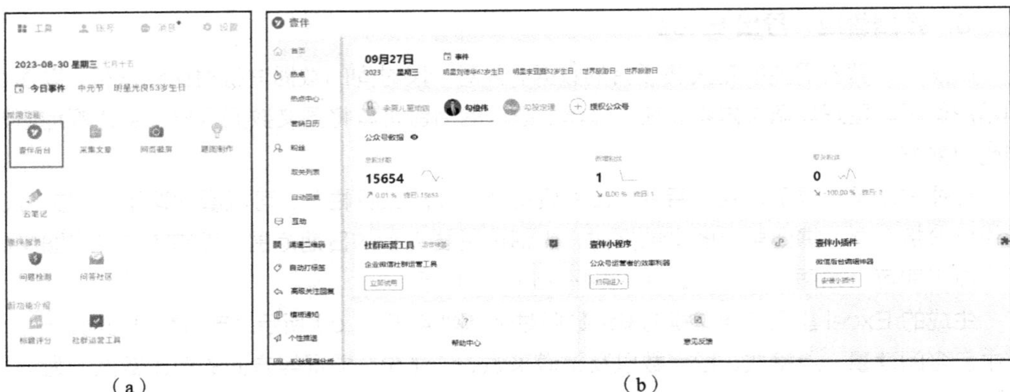

（a）（b）

图 4-56

思考与练习

1 新媒体排版的整体布局有哪些原则？
2 常用的排版工具有哪些？
3 常规排版与创意排版有什么区别？
4 如何围绕主题关键词，生成文字云图？
5 什么是插件排版？如何使用插件？

PART 05

第 5 章 新媒体视频拍摄与剪辑应用

步入 5G 时代，越来越多的人喜欢在手机上浏览视频，特别是抖音、快手、视频号等平台上发布的短视频。因此，运营者也需要学会简单的视频拍摄和剪辑操作，让品牌更好地呈现在用户面前，从而让品牌得到更高的曝光度。

本章将介绍视频的分类及发布平台、视频制作的流程、制作方法和工具，以及短视频的剪辑、后期制作技术等内容。

知识目标

- **了解新媒体视频的分类及发布平台概况。**
- **了解手机摄影的基本原则与视频制作流程。**
- **掌握抖音、快手与剪映的基本操作。**
- **熟悉直播工具的类别以及操作步骤。**

能力目标

- **能够根据前期策划，完成视频拍摄与剪辑。**
- **能够结合需求，选择合适的直播工具完成直播。**

素养目标

- **深入开展社会主义核心价值观宣传教育。**
- **坚持以人民为中心的创作导向，推出更多增强人民精神力量的优秀作品。**

5.1 视频的分类及发布平台

新媒体运营者在进行视频类内容传播时，需要先了解视频的分类和发布平台，随后才能够根据平台定位拍摄具体内容，从而吸引精准用户。

5.1.1 新媒体视频分类及趋势

新媒体视频按照时间长短可以分为三大类：长视频、微视频、短视频。

长视频通常是指时长超过 30 分钟的视频；在 5 分钟到 30 分钟之间的视频可以划分为“微视频”，通常以 Vlog（Video Log，视频博客）的形式出现；短视频通常是指时长在 5 分钟以内的视频。

中国互联网络信息中心（China Internet Network Information Center，CNNIC）发布的第 52 次《中国互联网络发展状况统计报告》显示：我国网民规模达 10.79 亿，短视频用户规模达 10.26 亿，约占网民整体的 95.2%。所以目前谈到的视频营销，多指短视频营销。

短视频，又称为“短片视频”，是一种互联网视频内容的传播方式，一般是在新媒体平台上进行传播，适合用户在短时休闲状态下观看。这类视频时长从几秒到几分钟不等，但一般控制在 5 分钟以内，是高频推送的视频传播形式。短视频之所以受到大众的喜爱，是因为以下几点。

第一，成本低。短视频制作成本相对较低，用手机就可以完成视频的拍摄和剪辑，且更新周期短。

第二，传播快。一方面，这类视频可以在各大平台上进行推送；另一方面，运营者可以通过微信群或者朋友圈将短视频进行快速传播。

第三，强展示。短视频可能只有 10 秒、15 秒，但信息含量非常高，可以立体、形象地展现内容。

第四，多渠道。短视频可以充分利用平台的流量优势，引流获客，或者进行低成本营销。

随着移动互联网的发展，短视频的制作也成为新媒体运营者的一个必备的技能。

5.1.2 视频发布平台类别

视频发布平台可以分为以下 4 种：传统型平台、社区型平台、内容型平台及短视频平台，如表 5-1 所示。

表 5-1 视频发布平台分类

分类	网站
传统型平台	优酷、腾讯视频、爱奇艺、西瓜视频、百度好看等
社区型平台	微博、微信公众号、最右、即刻等
内容型平台	头条号、百家号、大鱼号、企鹅号、趣头条、网易号、新浪看点、搜狐视频、一点号等
短视频平台	抖音、微信视频号、快手、美拍、梨视频等

传统型平台是指新闻媒体类的视频传播平台，通常是纯视频平台，不限视频的时长，对视频的质量有一定要求，如优酷、腾讯视频、爱奇艺、西瓜视频、好看视频等。

社区型平台主要是指用户以内容为媒介认识其他用户的新媒体平台，包括微博、微信公众号、最右、即刻等平台。

内容型平台是指基于信息流的内容平台，平时可以发布图文信息及视频信息，运营者也可以在内容型平台宣传品牌，其中可包含多种元素，将文字、图片、视频融合在一起多角度进行宣传，包括头条号、百家号、大鱼号等平台。

短视频平台具有社交属性强、创作门槛低、观看时长短和场景便捷等特点，更加符合移动互联网时代的碎片化阅读习惯，包括抖音、微信视频号、快手、美拍等平台。

课堂练习

从以上视频平台中选择你感兴趣的3种，登录网页或下载客户端进行体验，并说说它们有什么不同。

5.2 视频制作的流程

为了让视频能够高效拍摄，运营者需要提前策划主题、撰写脚本。视频制作有4个步骤，包括主题策划、脚本撰写、视频创作和视频处理，如图5-1所示。

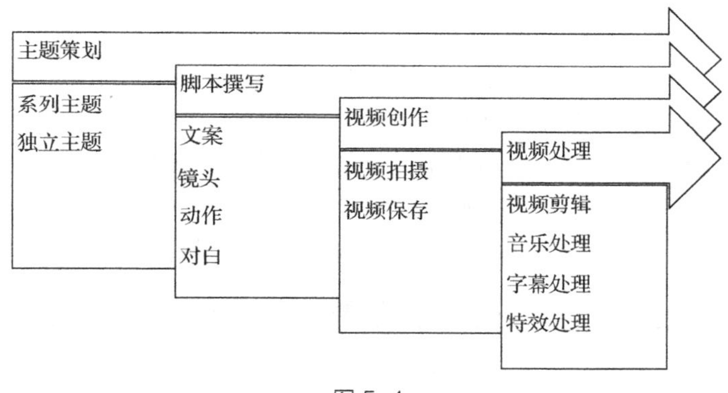

图5-1

1. 主题策划

运营者在拍摄视频之前需要确定拍摄的主题，无论是娱乐、美食、读书，还是干货分享等，都需要根据品牌特点策划拍摄的主题和大致方向。

主题的策划分两种类型，一种是系列主题，另一种是独立主题。

系列主题是指针对品牌的一系列视频创作，通常风格一致，例如办公软件技巧的系列教学，如图5-2（a）所示；独立主题是针对单个视频的策划，例如新闻事件的报道，因为每条新闻都不尽相同，所以视频的策划方向、主题风格也不同，如图5-2（b）所示。

（a）

（b）

图 5-2

2. 脚本撰写

脚本是指表演戏剧、拍摄电影时的底本，它是故事的发展大纲，用以确定故事的发展方向。在脚本中，需要明确故事发生的时间、地点、角色、台词、动作、故事情节等。这些细节需要运营者在脚本上清楚地记录下来。

即便是 1 分钟的短视频，运营者在练习拍摄之前也要写脚本，为故事确定一个大致的情节，这样可以精准拍摄，也方便后续剪辑。

当然，新媒体运营者在写脚本时不用过于精细，通常拍摄脚本由拍摄提纲、镜头展现、文案脚本和动作/台词设计构成。例如，为学校运动会制作一段宣传短视频，情节包含比赛现场、裁判评判瞬间、啦啦队助威、后勤的准备、上台领奖，如表 5-2 所示。

表 5-2　校运动会短视频拍摄脚本

分镜头	拍摄提纲	镜头展现	文案脚本	动作/台词设计
1	比赛现场	高位拍摄 由远到近 瞬间拍摄	××学校第×届秋季运动会开始啦	动作：跑步起跑、跳高起跳、铅球扔出的瞬间
2	裁判评判瞬间	近景个人 慢速+反复	各学院激烈角逐	动作：吹哨、举牌、成绩公布的瞬间
3	啦啦队助威	整体跳操 个人镜头	……	……
4	后勤的准备	近景个人镜头 2 倍速	……	……
5	上台领奖	颁奖顺序拍摄、 获奖者个人镜头	……	……

3. 视频创作

这一步包含视频的拍摄和保存。

视频可以直接使用手机原相机拍摄，也可以使用工具类短视频软件拍摄。运营者可通过工具拍摄短视频或照片后将素材直接保存在手机中。如果直接使用手机拍摄，注意可以将手机的视频分辨率调整到“1080p HD，60fps”或“4K，30fps”，如图 5-3 所示。

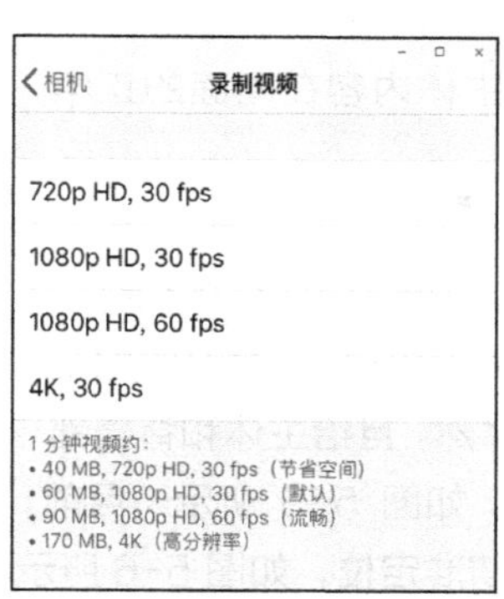

图 5-3

运营者使用工具类短视频软件进行拍摄前，需要先在手机上安装应用软件，如抖音、快手、美拍等。

4. 视频处理

视频的处理包括视频剪辑，及字幕、配音、背景音乐、动作特效处理等。新媒体运营者可以通过剪映、会声会影、爱剪辑等软件实现高效剪辑。

课堂练习

学校准备开迎新晚会，学生会和各班级正在紧锣密鼓地准备着。你作为新媒体运营者，需要拍摄一段宣传短片，展示现场的排练准备工作，请尝试为这一段视频写脚本。

5.3 手机摄影的基本原则

想要拍摄出一个优质的新媒体视频，必须掌握相关工具。不过，在拍摄前，运营者需要对手机摄影有所了解，掌握构图、光位、色彩等模块的基本原则和设计方法，使新媒体视频看上去具有一定的专业水准。

1. 构图设计

构图是一个造型艺术术语，即绘画时根据题材和主题思想的要求，把要表现的内容适当地组织起来，构成一个协调的完整画面。

在摄影中，构图可以决定观看者第一时间看到照片或视频时视线落在的位置。成功的构图能使作品内容主次分明、赏心悦目；反之，就会影响作品的效果，使其缺乏层次感，整个作品不知所云。

构图的类型有很多，如九宫格构图、对比构图、对称构图、框架构图、中心构图、对角线和三角形构图、均衡式构图、黄金三角形构图、黄金螺旋构图等。

新媒体运营者最常用的是以下 3 种。

（1）中心构图

中心构图就是将主体放在画面中心，可以重点突出主体，常用于个体或整体的展现，例如用在培训、演讲、表演等场景。拍摄者只需要保证主体内容在画面的正中心即可，如图 5-4 所示。

图 5-4

（2）九宫格构图

九宫格构图也叫三分法构图，即用横竖各两条线组成的“井”字把画面分成九宫格，将主体对焦到横纵线的交点上，使拍摄出的画面主体一目了然，且给主体和背景都留出了空间，画面整体赏心悦目，如图 5-5 所示。目前，大多数带有拍照功能的手机都有九宫格辅助线功能，方便拍摄时精准定位，如图 5-6 所示。

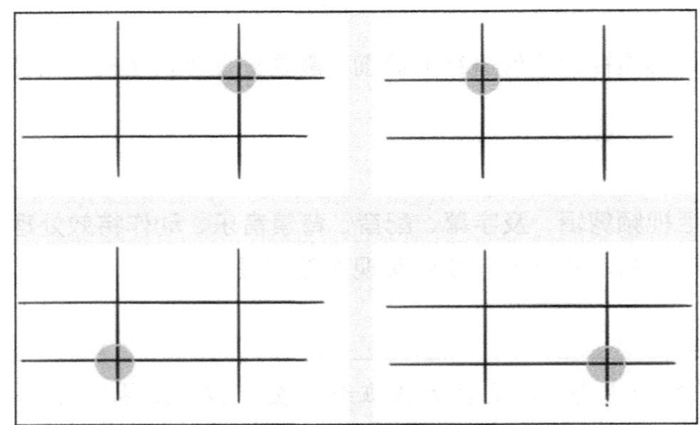
图 5-5

（a）

（b）

（c）

图 5-6

（3）对比构图

在拍摄时，为了凸显主体的特点，可以使用对比构图的方式，例如颜色对比、动静对比、明暗对比和虚实对比等，如图 5-7 所示。

（a）颜色对比

（b）动静对比

（c）明暗对比

（d）虚实对比

图 5-7

2. 光位设计

光位是指光源与主体的位置关系，不同的光位会使主体产生不同的光影变化，从而产生不同的画面效果。拍摄时主要采用的光位有 3 种：顺光、逆光、侧光。

（1）顺光

拍摄者背对太阳，从摄影机后面投射来的光线即顺光。顺光的最大特点是被摄体受光均匀，色彩更加真实、饱和。顺光是常用的光位，在人像摄影中，顺光常作辅助光，如图 5-8 所示。不过，顺光拍摄的画面因为缺乏空间感和立体感，不利于表现被摄体的质感。

图 5-8

（2）逆光

逆光是被摄主体恰好处于光源和摄影机之间时，从被摄主体背后投射来的光线。很多初学者都会尽量避免逆光拍摄，因为在逆光环境下拍摄，容易出现曝光不足的画面。逆光环境会使被摄主体正对拍摄者的一面几乎背光，而光源区域和主体的背光区域会形成强烈的明暗反差。

一般在日出日落的时候逆光拍摄剪影的效果很好，这种剪影效果往往都具有独特的艺术魅力，如图 5-9 所示。

（a）

（b）

图 5-9

（3）侧光

侧光是指光线从被摄主体的左侧或右侧射来。在侧光环境下，主体会有一半受光，另一半处于阴影区域，从而产生明暗对比的效果。通常，受光面负责展现被摄主体的色彩、结构等细节特征，而阴影区域则负责为画面增添光影变化和立体感，如图 5-10 所示。

（a）

（b）

图 5-10

3. 色彩设计

画面的色彩可以给人带来不同的视觉感受。冷暖是人们对颜色的色彩感受，暖调是指选用红色、橙色、黄色等暖色作为画面的主色调，使画面有着视觉的扩张感，能给用户温暖、热情、活力、兴奋的视觉感受；而冷调以蓝色、青色、绿色等色彩为主，画面具有和暖调相反的视觉压缩感，给人干净、清爽、清雅、深邃的视觉感受，如图 5-11 所示。

图 5-11

拍摄中可根据产品或内容的特点运用色彩搭配，需要注意以下 3 个方面。

（1）色彩的运用要有一定的目的性，为表现主题而服务，而不仅仅是表现色彩。

（2）拍摄的时候应该有整体的观念，一个画面通常有多种颜色搭配。

（3）色彩要避免等量分布，否则画面会显得呆板；画面中的色块应该有大小、主次、深浅的区分，用色要尽可能简洁大方。

除了拍摄使用的相机或者手机之外，运营者还可以配备相关的拍摄辅助设备，如背景板、三脚架、补光灯、收音设备。其中，背景板可以为室内拍摄提供不同场景，三脚架可以让拍摄更加稳定，补光灯可以给拍摄提供不同的光位，收音设备可以录制优质现场音效。

此外，为了方便后续剪辑，推荐架设 2～3 个机位，可以从不同角度拍摄——用一台相机从正面拍摄视频，另外一台或两台拍摄其他角度以及近景细节，这样后期处理时可以让画面细节更丰富。

课堂练习

尝试用手机逆光拍摄照片或视频，并使用九宫格构图。

5.4 视频的拍摄方法和后期制作工具

新媒体运营者需要熟练掌握抖音、快手、剪映等常见工具的操作方法，提升视频内容的创作效率以及稳定性，最终把内容清晰、结构完整的视频呈现在用户面前。

5.4.1 视频拍摄与剪辑工具一览

视频工具主要分为两类：拍摄工具和制作工具。其中，拍摄工具主要用于前期拍摄并生成原始视频；而制作工具主要用于后期剪辑并生成待发布视频。

1. 拍摄工具

视频的拍摄可以通过计算机录屏、摄像机或手机软件拍摄等方式来实现，其中最常用的是手机软件，便于随时拍摄、随时处理。

（1）抖音

抖音是字节跳动公司旗下的一款音乐创意短视频社交类软件，运营者可直接用软件拍摄短视频，随后生成作品并在平台分享，如图 5-12 所示。

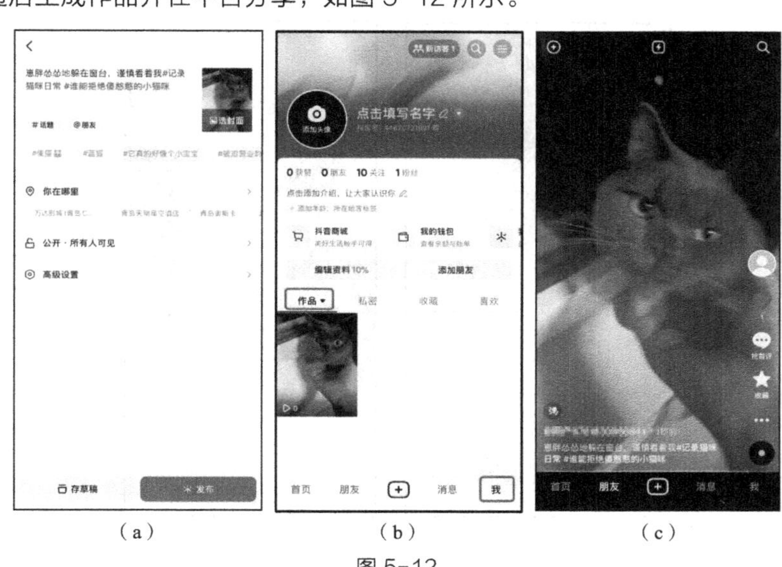

（a）（b）（c）

图 5-12

抖音用户以一二线城市的年轻人为主，偏潮流化、个性化、才艺化的内容更受欢迎。运营者可以使用抖音丰富的配乐、特效、贴纸、变声等功能，拍出有创意的短视频内容。

（2）快手

快手软件诞生于 2011 年 3 月，最初是一款用来制作、分享 GIF 图片的手机应用。2012 年 11 月，快手从纯粹的工具应用转型为短视频社区，如图 5-13 所示。

（a）

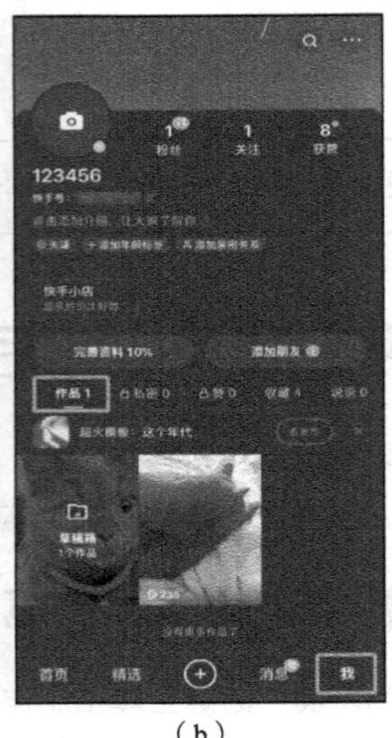

（b）

图 5-13

快手覆盖的用户年龄段广且视频风格接地气，以记录日常生活为主，在快手平台更受欢迎的往往是美食制作、乡村生活、生活妙招等内容。

（3）美图秀秀

美图秀秀在影像类应用中保持领先优势。使用美图秀秀，运营者不仅可以修图，还可以拍照、拍视频，甚至剪辑视频，如图 5-14 所示。

（a）

（b）

图 5-14

与前两款软件相比，美图秀秀美颜功能更丰富，对拍摄口播类、真人出镜类视频的运营者非常友好。

（4）ProMovie

ProMovie 是一款专业摄影软件，内置多种拍摄模式，拍摄效果更真实。运营者可以随时随地拍摄记录精彩瞬间，如图 5-15 所示。

ProMovie 可以让运营者精确调整曝光、对焦、帧率等参数，从而录制专业级视频，如图 5-16 所示。

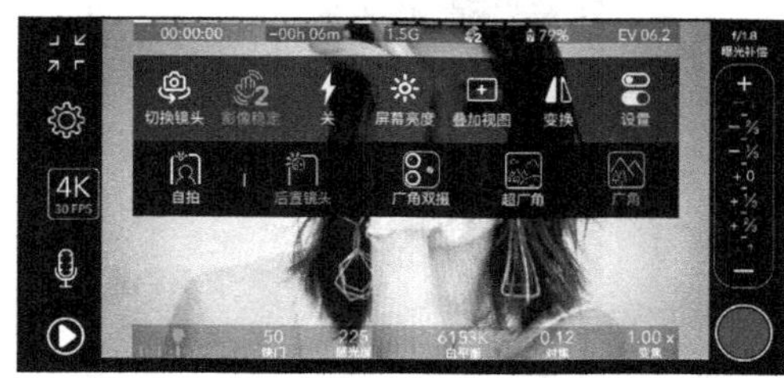

图 5-15

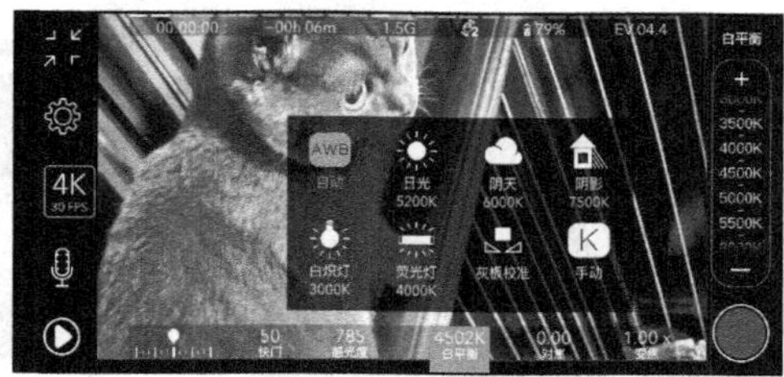

图 5-16

2. 制作工具

（1）剪映

剪映是由抖音官方推出的一款视频制作工具，它除了具有视频剪辑功能外，还有一键成片、图文成片、拍摄、创作脚本、录屏、提词器等功能。

运营者在剪映中导入素材后，可以根据需要选择对应的功能选项进行编辑，如“剪辑”“音频”“文本”“贴纸”“画中画”等，如图 5-17 所示。

（a）

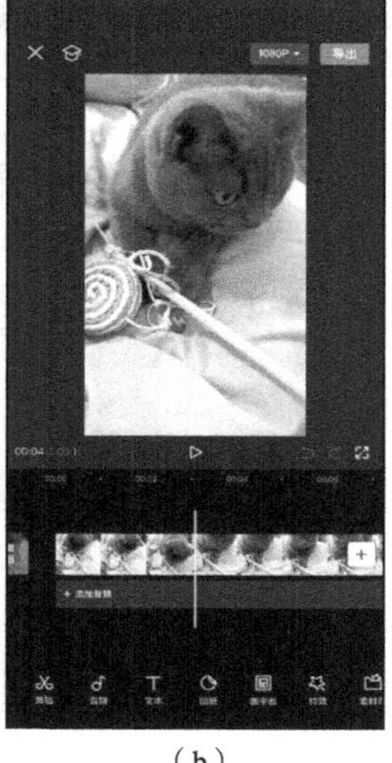

（b）

图 5-17

（2）快影

快影是快手公司旗下的一款视频拍摄、编辑、制作软件，有着丰富的贴纸、音乐和模板，剪辑操作简单易学，适合制作 30 秒以上的视频，如图 5-18 所示。

（a）　　（b）　　（c）

图 5-18

（3）爱剪辑

爱剪辑是一款简单实用的视频剪辑软件，常用于 PC 端视频剪辑，且支持众多视频格式，如图 5-19 所示。

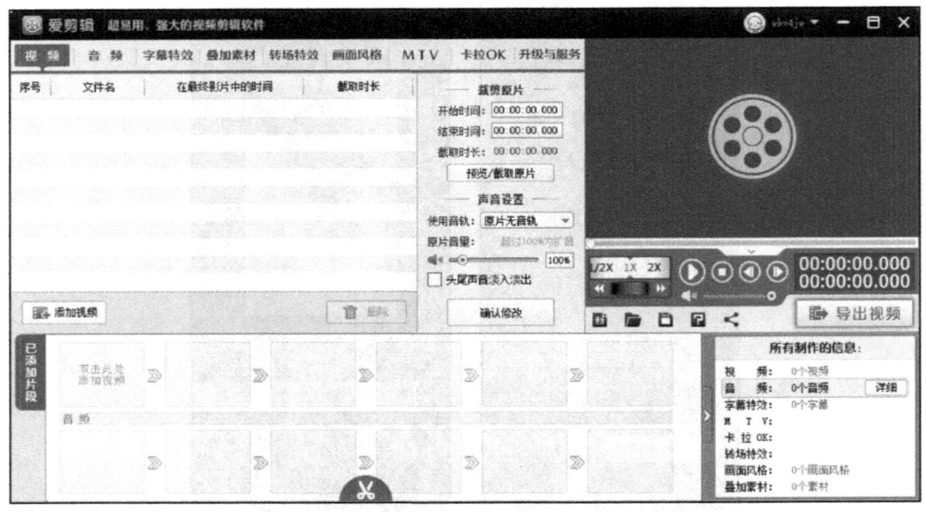

图 5-19

（4）会声会影

会声会影是加拿大 Corel 公司出品的一款视频编辑软件，具有图像抓取和编辑功能，提供多种编制功能与效果，可导出多种常见的视频格式，甚至可以直接制作 DVD 和 VCD，如图 5-20 所示。

图 5-20

5.4.2 如何使用抖音拍摄视频

使用抖音进行短视频拍摄，首先要在手机应用商店查找“抖音”并下载安装，如图 5-21 所示；随后用手机号码、头条账号、QQ 号、微信号、微博号等登录，如图 5-22 所示。

图 5-21

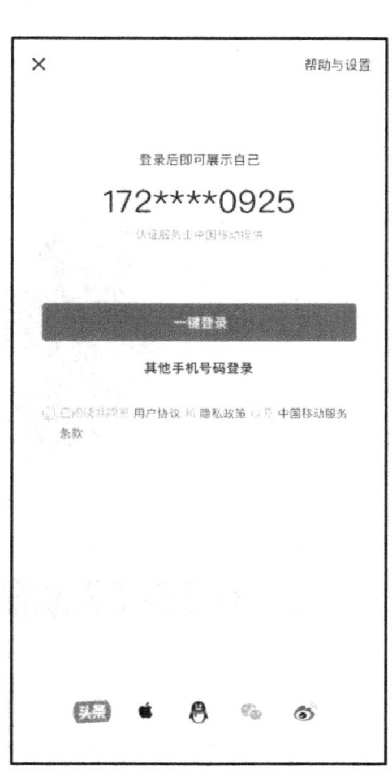

图 5-22

进入抖音主界面后，在屏幕的底端有 5 个按钮，分别是“首页”“朋友”“”“消息”“我”，如图 5-23 所示。其中“首页”中是系统推送的视频，通常后台会根据用户的观看习惯推送用户喜欢的视频，推送的内容具有随机性。

图 5-23

了解了整个界面之后，就可以开始拍摄了。

第一步：点击拍摄。

点击操作栏中间的按钮，进入拍摄界面。屏幕内有多个操作按钮，下方是时长选择按钮，右侧是画面处理按钮，上方为选择音乐按钮，如图 5-24 所示。

（a）

（b）

图 5-24

先选择视频的时长，根据账号的权限，可以选择“15 秒”“60 秒”“3 分钟”其中的一个按钮。选择好需要拍摄的时长后，点击中间的按钮即可拍摄，其中点击为拍照，长按则为录制视频。另外，可以分段拍摄，松开按钮即可暂停拍摄，长按则继续拍摄。

第二步：画面处理。

拍摄完成后，可以选择对画面进行进一步的编辑，编辑内容包括特效、文字、滤镜和贴纸，其中特效又包含滤镜、识别、分屏、转场和时间特效。

例如，点击“滤镜”按钮，即可看到滤镜特效展示，按住特效即可预览，移动画面到需要添加特效的位置，点击所需特效即可将其加入画面，如图 5-25 所示。

（a）

（b）

图 5-25

“装饰”特效中主要是人脸识别的特效，例如分身、熊猫、微笑大头等，均为抖音自创的搞笑特效，可以增加视频的趣味性；“分屏”特效可以将屏幕分成两屏、三屏、四屏等；“转场”特效特指在分段视频中间增加转场的特效，例如电视开关机、卷动、横线等，使分段视频更顺畅地过渡；“时间”特效是针对某一段画面的动作设置，例如时光倒流、反复、慢动作，可以对某一帧或某一段需要重点强调的视频做处理，加深用户对视频的印象，如图 5-26 所示。

（a）装饰：人脸特效

（b）分屏：多屏特效

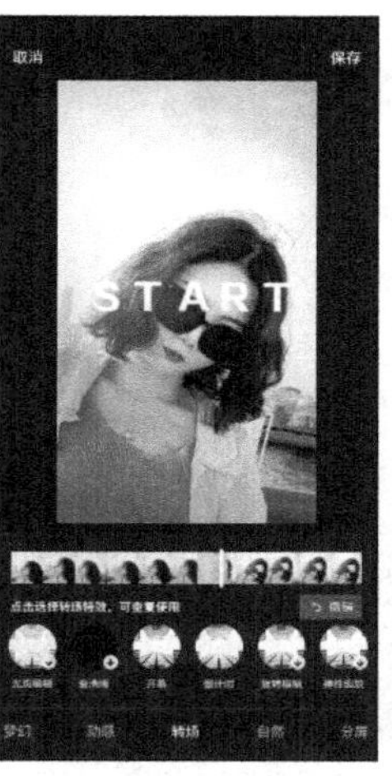

（c）转场：视频连接

（d）时间：时光倒流、反复、慢动作

图 5-26

第三步：添加文字。

为了对视频内容进行补充和解说，通常会在视频中添加标题或字幕。在抖音平台可以直接添加，点击按钮进入文字编辑界面，输入文字再对文字效果进行处理，例如改变颜色、排列方式、艺术字效果等，点击右上角的“完成”按钮即可进行预览。点击界面上的文字，可以直接调整文字的字体、方向和大小，非常简单高效，如图 5-27 所示。

（a）“文字”按钮

（b）输入文字查看字体效果

（c）调整字体、方向及大小

图 5-27

第四步：插入音乐。

点击右上角的按钮进入音乐选择的页面，抖音平台会为这段视频推荐匹配的音频；此外，也可以在音乐库里选择合适的音频。选定音乐之后，可调节背景音乐的音量大小，如图 5-28 所示。

（a）

（b）

图 5-28

第五步：发布视频。

编辑完成之后，点击“下一步”按钮即可进入发布界面，编辑视频文案、添加位置、设置观看权限，点击“发布”按钮发布到抖音平台。如果对视频不是很满意，可以点击左下角的“存草稿”按钮将视频保存在草稿箱，后续再补充编辑，待满意后再发布，如图 5-29 所示。

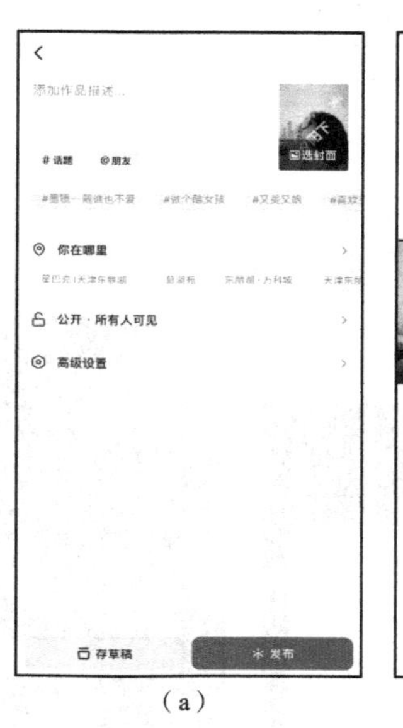

（a）

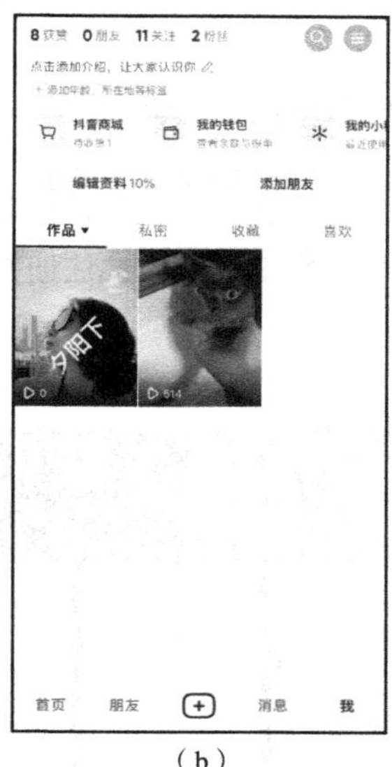

（b）

图 5-29

需要注意的是，如果运营者在观看抖音时发现了非常喜欢的视频，希望使用其音乐或特效，可以点击右下角的按钮，进入之后就能看到同款音乐的合集，界面的上方会显示音乐来源，点击“收藏音乐”按钮即可将音乐收藏起来，也可以直接点击下方的“拍同款”按钮，进行原创视频的拍摄，如图 5-30 所示。

（a）

（b）

图 5-30

课堂练习

假设你是一家餐厅的新媒体运营者，现需要拍摄一段 15 秒的视频引流。视频中要介绍餐厅的环境、菜品、特色、目前优惠活动等。要求其中至少包含 3 段视频转场，同时为其加入文字、背景音乐、特效等。

5.4.3 快手有哪些拍摄技巧

要使用快手软件，运营者可以在手机应用商店查找“快手”并下载安装，随后通过手机号码、微信号、QQ 号、微博号等方式注册并登录，如图 5-31 所示。

（a）

（b）

图 5-31

第一步：点击拍摄。

在快手界面中点击操作栏中的“ ”按钮，进入拍摄界面。界面右侧有“翻转”“倒计时”“挑战”“灵感”等按钮，如图 5-32 所示。

图 5-32

点击右侧不同的按钮，可以实现不同的拍摄创意。点击“翻转”按钮，可以选择使用手机前镜头或后镜头；点击“倒计时”按钮，在拍摄前会有3～7秒的缓冲时间；点击“挑战”按钮，可以设置或随机选择主题并发布主题视频；点击“灵感”按钮，系统会根据识别到的人或事物推荐更多玩法。

第二步：模式选择。

在快手的拍摄界面（见图5-32），运营者可以在屏幕下方选择不同的拍摄模式，有“图文”“多段拍”“随手拍”“模板”“开直播”。常用的是“多段拍”和“随手拍”，其中“多段拍”可以选择“1分钟”或“5分钟”内的拍摄，拍摄时可以中途暂停并录制多段；而选择“随手拍”，最长可以拍摄11.5秒的视频。

第三步：画面处理。

视频拍摄完成后，点击不同的功能按钮，进行画面处理，如图5-33所示。

点击“美化”按钮，可以进行美颜、美妆等美化操作；点击“封面”按钮，可以选择视频中合适的画面作为封面，还可以给封面添加文字；此外还有画质增强、贴纸、特效、涂鸦等多项编辑功能。

第四步：发布视频。

视频编辑完成后，点击“下一步”按钮即可进入发布界面，随后编辑视频标题和描述。此外，运营者可以在此界面点击“@朋友”，让快手好友第一时间看到；也可以点击“#话题”或“所在位置”，获得更多话题流量或同城流量。

相关信息填写或勾选完后，点击下方的“发布”按钮，即可完成视频发布，如图5-34所示。

图5-33

图5-34

在了解了基础的拍摄功能后，运营者还需要掌握快手的进阶技巧，进一步提升拍摄质量。

（1）变换景别

运营者在拍摄过程中可尝试使用不同的角度和景别，提高视频内容的可看性。例如某美食类账号在介绍具体的产品时使用近景、中景、特写等多个拍摄景别，让用户有身临其境的感觉，如图5-35所示。

（a）（b）

图 5-35

（2）营造氛围

运营者在拍摄过程中，可以在镜头前放置摆件或已完成的产品，增强视频内容的氛围感，如图 5-36 所示。

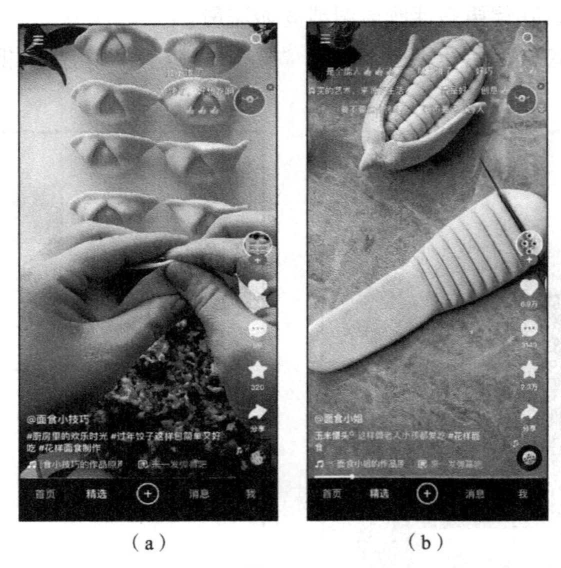
（a）（b）

图 5-36

（3）收音处理

在拍摄采访、口播、实录、剧情等视频内容时，容易出现声音嘈杂、音频质量差的问题，因此需要专门进行收音处理。

常用的方式有两种：一是把手机位置放在离声源约 10cm 处，并且需要跟随声音的大小变化来变换手机位置；二是使用专业的收音设备，如耳机、无线领夹话筒、专业话筒等。

（4）提升清晰度

画面不清晰的视频不但影响用户观感，而且会被平台判断为“非优质内容”，进而无法获得更多流量推荐。

在拍摄视频时，运营者需要注意两个细节：第一，使用三脚架或者稳定器，让拍摄更稳定；第二，调整分辨率和帧率，建议分辨率为 1080p，帧率为 30 帧/秒或 60 帧/秒。

（5）利用光线

光线是影响视频画质的重要因素之一，其中自然光的效果要优于人工补光。因此，运营者需要学会利用自然光，建议在一天中光线较好的时间段借助自然光进行拍摄。

在自然光无法满足拍摄时，需要借助环形光、柱状光、球状光等进行补光处理。

课堂练习

请以“全方位、全地域、全过程加强生态环境保护”为主题，用快手拍摄一条画质清晰的视频。

5.4.4 如何使用剪映完成视频后期制作

剪映支持多平台使用，包括移动端、Mac、Windows 等平台。本小节重点讲解剪映的移动端剪辑步骤与方法。

第一步：安装并登录剪映。

在手机应用商店中搜索“剪映”软件，下载并安装到手机上。打开剪映软件后，可以用抖音账号直接登录，如图 5-37 所示。

图 5-37

第二步：拍摄或导入视频。

进入软件之后，点击屏幕中间的“开始创作”按钮，导入需要编辑的视频，即可进行视频的编辑工作。

视频编辑界面分为 3 个区域，分别是“预览区”“操作区”和“工具区”。在“预览区”可以看到每一段视频的预览；在“操作区”可以对每一段视频以及视频之间的衔接、片头片尾进行设置；在“工具区”可以对视频进行细节编辑，如图 5-38 所示。

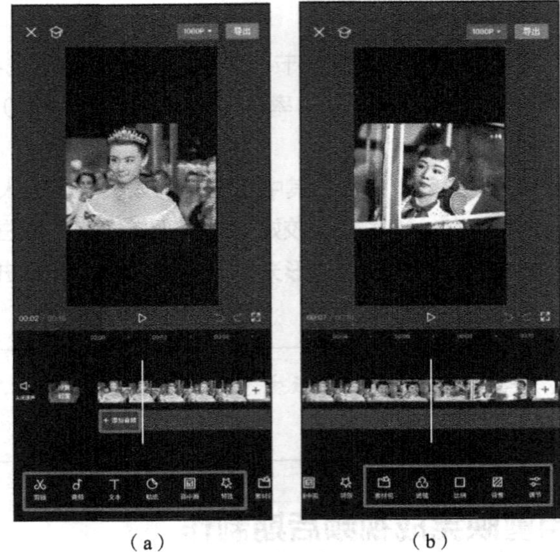

（a）　　（b）

图 5-38

第三步：剪辑视频。

点击屏幕下方的“剪辑”按钮，可以将不需要的部分分割并删除，之后进行变速、转场、动画、滤镜、定格等操作。

运营者若计划在一个画面中插入多个视频或图片，可以选择“画中画”功能，新插入的视频或图片可以单独编辑（见图 5-39），不过需要注意不要过多插入，避免造成软件卡顿或闪退。

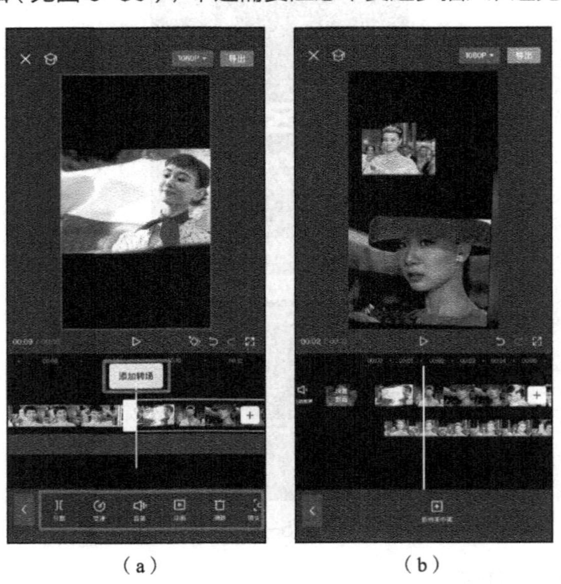

（a）　　（b）

图 5-39

第四步：添加音乐、配音。

点击不同的音频类按钮，可以实现不同的操作。

（1）点击屏幕底端的“音频”按钮，可为视频添加音乐或录音。

（2）点击工具区的“音乐”按钮，可直接从音乐库中选择背景音乐。

（3）点击“音效”按钮，可在音效库中选择最短为 1 秒的音频，为视频添加音效。

（4）点击“提取音乐”按钮，可提取其他视频的音频导入该视频。

（5）点击“抖音收藏”按钮，可导入用户在抖音收藏过的音频。

（6）点击“录音”按钮，立刻进入语音录制界面，录制的音频还可以变声，如图 5-40 所示。

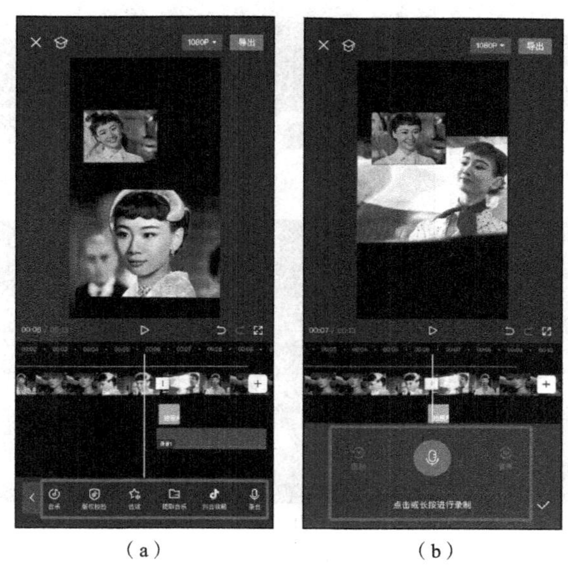

（a）　　（b）

图 5-40

第五步：添加字幕和贴纸。

在剪映中可以点击屏幕底端的“🅃”按钮，添加贴纸、字幕或涂鸦。选中需要的类型后，添加到视频中合适的位置，随后还可以对字幕的样式（如字体、字号、颜色等）进行调整，如图 5-41 所示。

（a）　　（b）

图 5-41

第六步：添加特效和滤镜。

处理画面时，还可以在画面中添加特效，使画面更具吸引力。点击屏幕底端的“特效”按钮，可以为视频添加翻转开幕、镜头变焦、抖动等画面特效，也可以为人物添加卡通脸、分身、分头行动等特效，如图 5-42 所示。

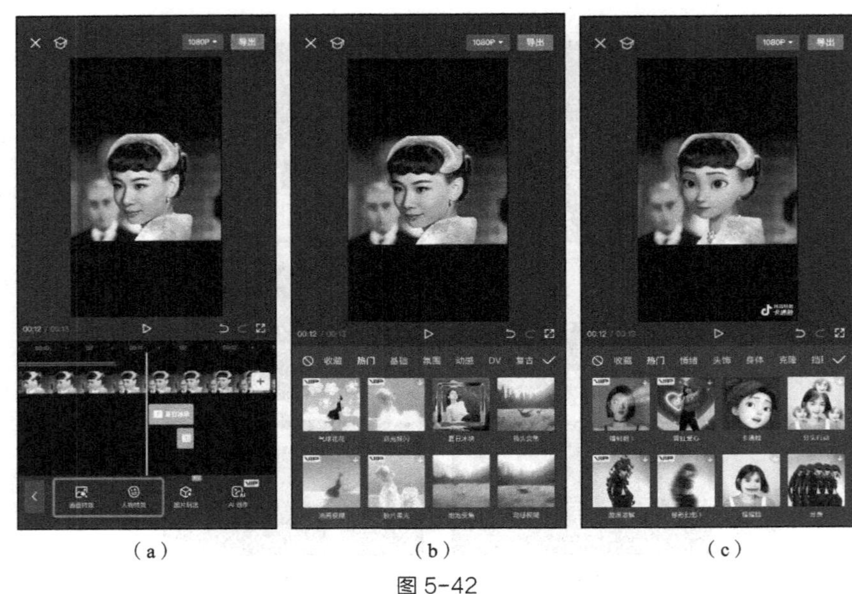

（a）（b）（c）

图 5-42

第七步：保存并发布视频。

完成视频编辑之后，点击屏幕右上角的“导出”按钮，可将视频保存到相册。

如果要将此视频发布到抖音或西瓜视频平台上，运营者需要编辑该视频的描述并设置封面，以获得更好的流量推荐，如图 5-43 所示。

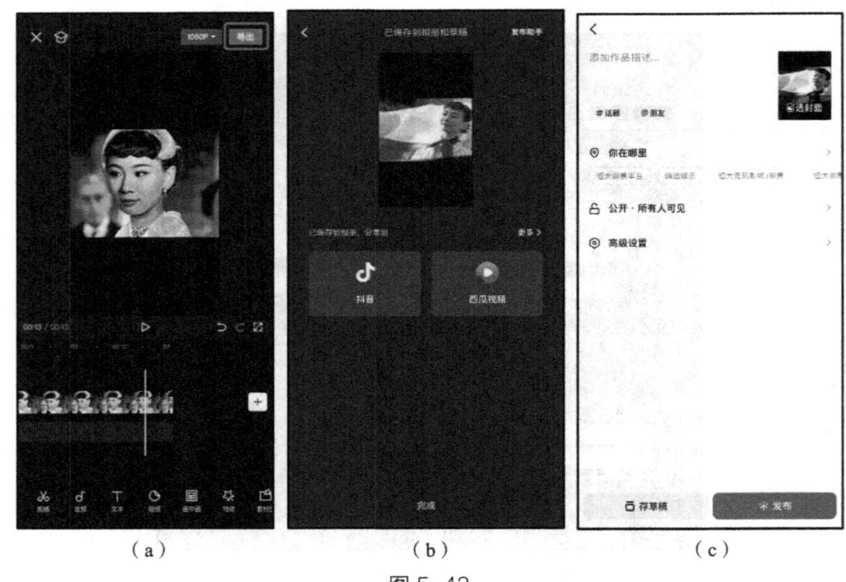

（a）（b）（c）

图 5-43

使用剪映完成后期制作时，还要注意3个细节：

第一，将视频拉到最长再做分割，使剪辑更精准；

第二，美颜、滤镜等适度加入，避免过于不真实；

第三，为避免在调节视频亮度、对比度、饱和度等参数时影响视频清晰度，采取微调即可，数值在10以内为佳。

课堂练习

请拍摄一段自我介绍视频，并用剪映添加字幕和背景音乐，随后上传到短视频平台，观察播放数据与互动数据。

5.5 直播工具与应用技巧

5.5.1 互联网直播工具有哪些

现阶段，各行各业都开始借助直播与用户建立更高效、更实时的互动，进而实现更有效的线上转化。

基于不同的直播场景或需求，运营者需要选择不同的直播工具。

1. 社群直播

社群直播常应用于在线教育或电商购物，运营者在群里用语音、文字和图片的形式输出内容，最常见的社群直播工具有微信群和QQ群，如图5-44所示。

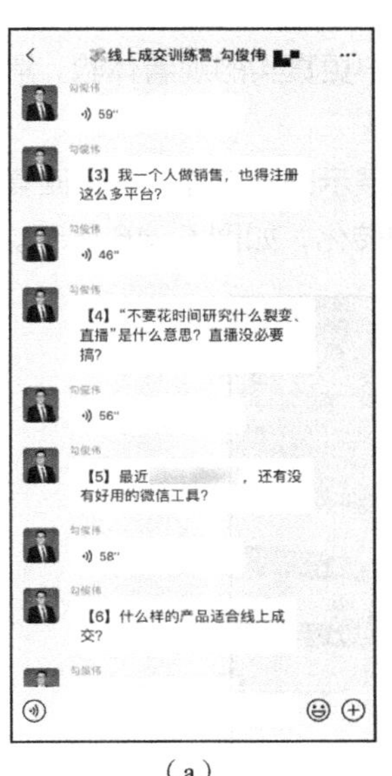

（a）

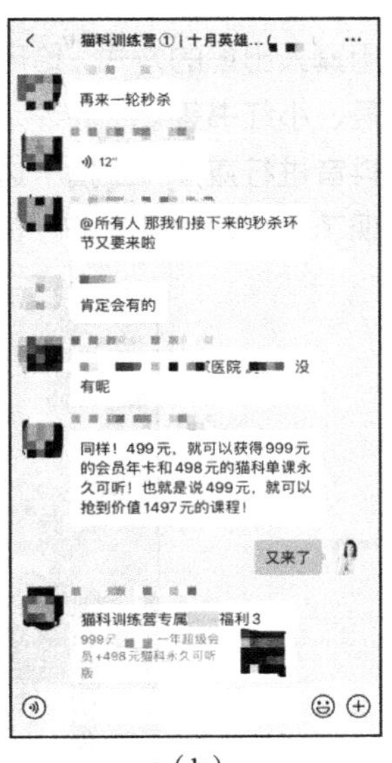

（b）

图5-44

社群直播可以增强社群成员的参与感，且不需要用户时刻在线，因此直播的成交时效会更长，甚至会出现“过了一个月，仍有用户回看聊天记录并下单”的情况。

2．会议直播

会议直播最早应用于公司内部，常见的直播工具有腾讯会议、钉钉、飞书等。

随着私域营销的兴起，一些企业开始用类似“开会”的方式，邀请客户加入会议直播，随后分享产品知识或做新品发布。这类直播有一定的私密性，且能满足基本的线上会议功能，比如共享屏幕、会议分享、录制、简单特效美颜等，如图 5-45 所示。

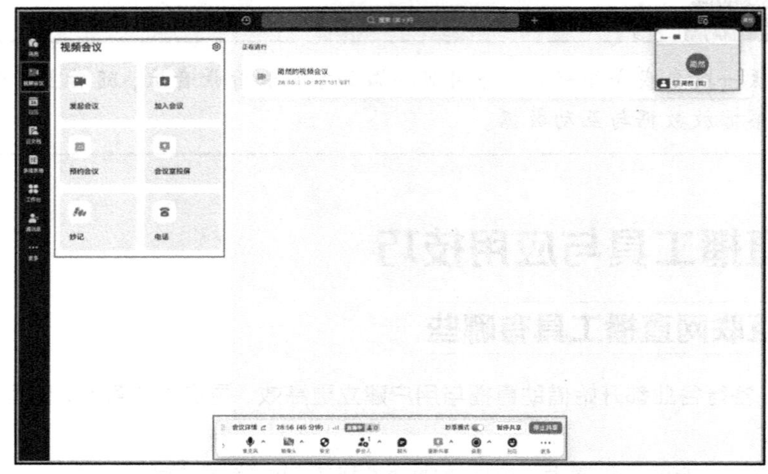

图 5-45

使用会议工具，需要参与会议的成员提前测试网络，以防直播过程中因网络问题而被迫下线。

3．视频直播

这类直播大多采用真人出镜的方式，给用户更真实的观看体验，常用的直播平台包括快手、抖音、微信视频号、小红书等。

例如美的空调在抖音进行直播，主播一边展示空调产品，一边回复观众评论，有观众在观看后直接下单，实现了“从粉丝到客户”的转化，如图 5-46 所示。

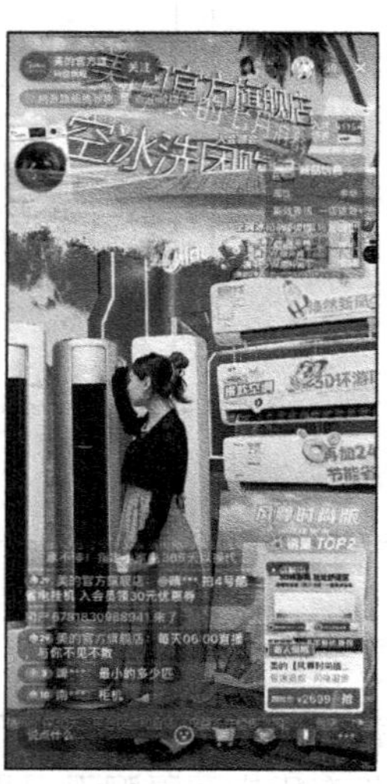

图 5-46

假如某汽车销售公司打算通过直播获得新客户，你会建议对方使用哪类直播工具？为什么？

5.5.2 怎样进行社群直播

社群直播是指通过社交媒体平台，在特定的社群中进行的直播活动。运营者可以通过微信群、QQ 群等工具，用“语音+文字+图片”的形式，实现知识传播、故事分享、产品推广等营销目的。

一场高质量且有成交效果的社群直播，需要围绕 5 个步骤展开。

第一步：确定直播选题。

为确保直播能够吸引社群成员并激发社群成员的兴趣，直播选题应该根据社群成员的需求来选择。例如某在线教育公司在直播策划阶段，直接在微信群发起“直播主题投票”的活动，让社群成员参与策划，随后发起的直播自然更能吸引社群成员互动和购买，如图 5-47 所示。

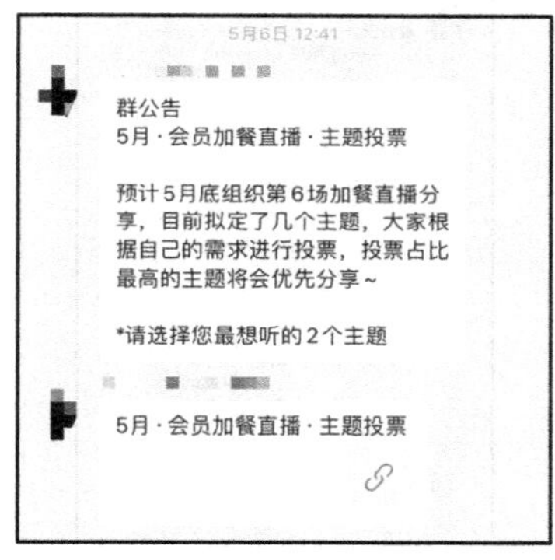

图 5-47

第二步：设计直播流程。

社群直播通常分为 3 个环节：开场介绍、内容呈现和成交转化。

其中，“开场介绍”环节一般是嘉宾或者主题介绍；“内容呈现”环节包括干货知识的输出、项目及产品的优势、成功案例的经验分享等；“成交转化”环节需要抛出产品并引导购买。

第三步：开启直播预热。

在直播开始之前，运营者需要先行预热。预热方法有以下两种。

（1）提前提醒。在直播开始前 1 周、前 3 天、前 1 天、前 5 小时、前 30 分钟、前 10 分钟，分别在群内发布直播预告并提醒社群成员准备参加。在提醒的同时，可以抛出关键信息，让社群成员有所期待，如图 5-48 所示。

（2）热身互动。在直播开始前，通过提问、投票、喊口号、回复“暗号”等方式，继续吸引社群成员的关注，如图 5-49 所示。

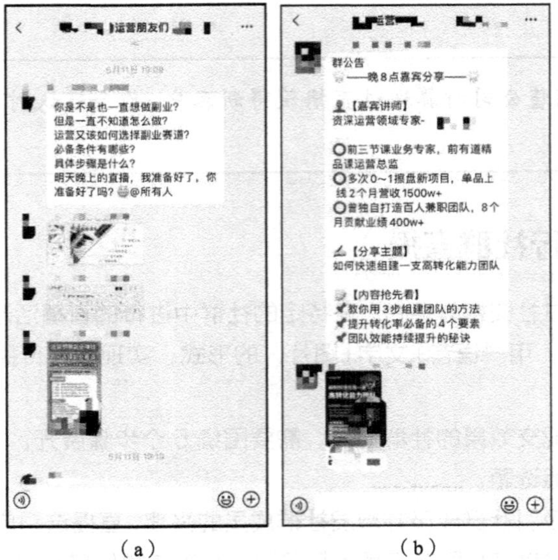

（a）　　　　（b）

图 5-48

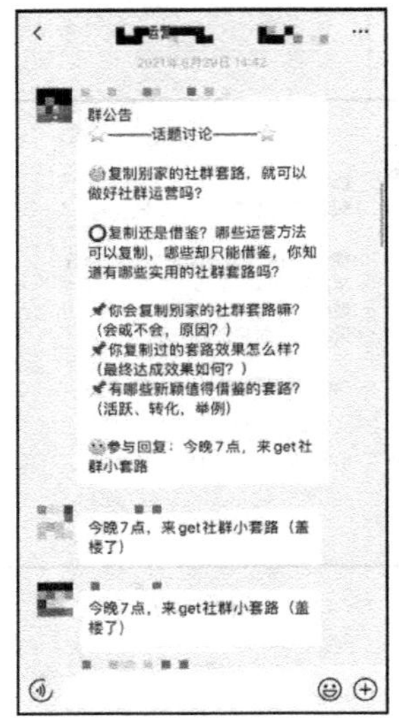

图 5-49

第四步：直播内容分享。

这一步是社群直播的核心。传统的内容分享方式是“讲产品”，但过于直接的产品讲解会让用户反感，因此运营者可以尝试 3 个分享技巧：谈方法、谈案例和做答疑。

首先是“谈方法”，如“运动健身的思路”“快速成长的技巧”“时尚穿搭的工具”等，把产品融合到方法里。

其次是“谈案例”，向社群成员展示上述方法所对应的实际应用案例。

最后是“做答疑”，运营者可以在预热阶段引导群成员谈谈自己的困惑，随后在直播时有针对性地解答。

第五步：直播收尾转化。

在直播的收尾阶段，运营者需要进行产品或服务介绍，展示产品的优势和特点，引导社群成员购买。为了让社群成员更有专属感，可以提前为其申请特别的优惠或“特权”，促使其更积极地进行转化行动。

此外，在直播结束时，还可以为下一次直播活动预热，邀请社群成员订阅、预约、接龙等，如图 5-50 所示。

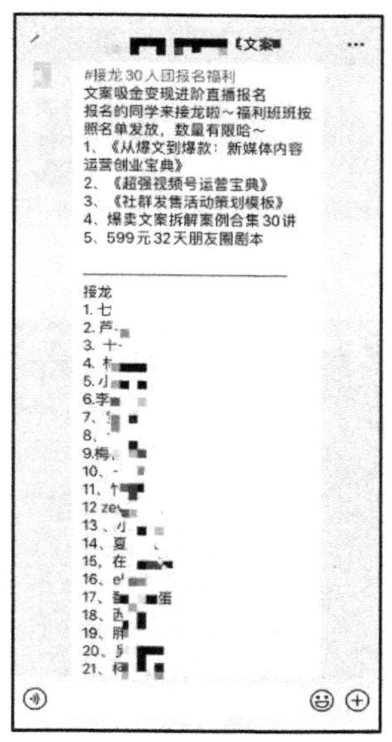

图 5-50

课堂练习

假设你是某母婴门店店长，打算在一个“0～3 岁宝妈群”分享育儿知识并推广奶粉产品。请尝试写出 3 个直播主题。

5.5.3 如何借助 OBS 工具推流直播

OBS 是一款免费且开源的直播软件，它具备强大的功能和灵活的定制能力，被广泛应用于各种直播场景中。使用 OBS 工具，运营者可以将计算机上的视频、音频和图像等资源推流到网络平台上，与观众实时分享内容。

OBS 的使用包括 3 个步骤。

第一步：下载安装 OBS。

运营者需要前往 OBS 官方网站下载并安装适用于自己操作系统的最新版本 OBS 软件，如图 5-51 所示。

第二步：配置 OBS。

在 OBS 主界面中，单击“设置”选项，然后按照以下步骤进行配置。

（1）在“直播”选项卡中，选择流媒体平台并填写相应的流媒体推流码，如图 5-52 所示。

（2）在“输出”选项卡中，设置视频和音频的码率、分辨率和帧率等参数，根据自己的需求和网络环境进行调整，如图 5-53 所示。

图 5-51

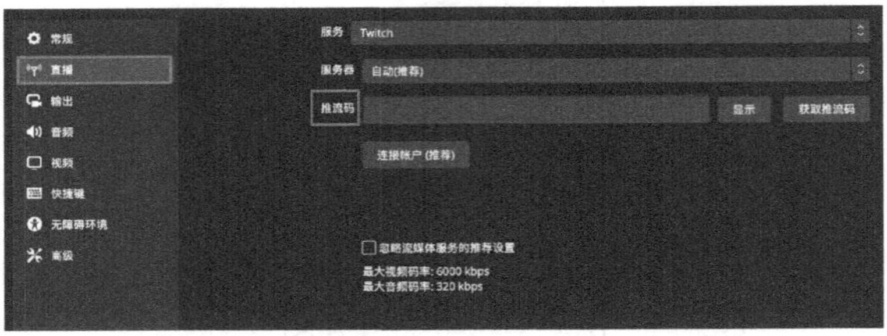

图 5-52

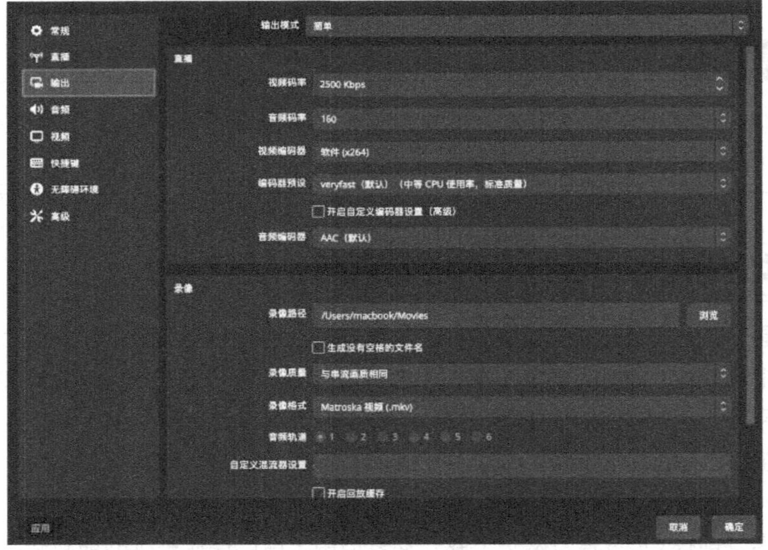

图 5-53

（3）在“音频”选项卡中，选择合适的音频设备和音频输入源，如图 5-54 所示。

第三步：推流直播操作。

（1）创建直播场景。在 OBS 中使用场景来组织和管理直播中的元素，如视频源、图片、文字等。打开 OBS 主界面下方的“场景”面板，然后单击“+”按钮创建一个新场景并为场景命名，例如命名为“主场景”，如图 5-55 所示。

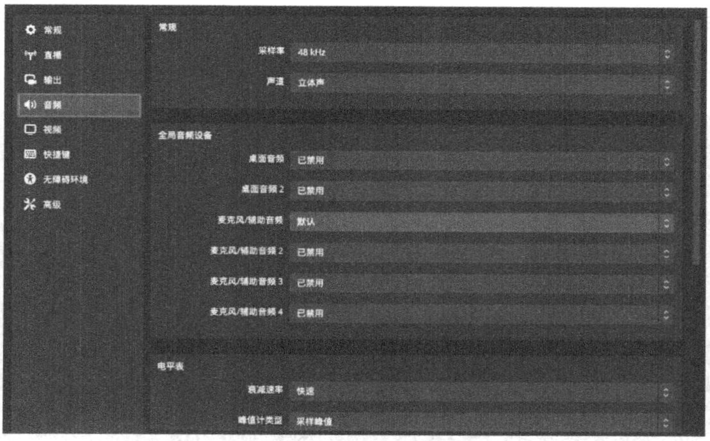

图 5-54

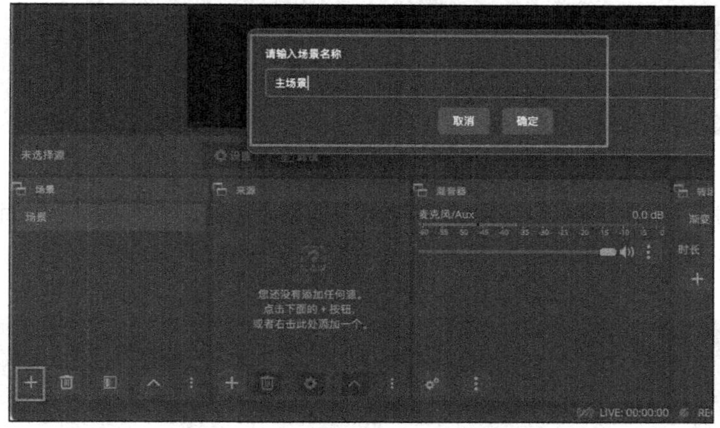

图 5-55

（2）添加资源。在创建的场景中，单击“来源”面板下的“＋”按钮添加资源，如视频采集设备、macOS 屏幕采集、图像、文本等（见图 5-56），根据个人需求进行设置和调整。

图 5-56

（3）预览和调整。利用 OBS 提供的预览窗口实时查看直播效果。运营者可以通过调整资源的位置、大小以及应用转场效果等，创建专业的直播界面，如图 5-57 所示。

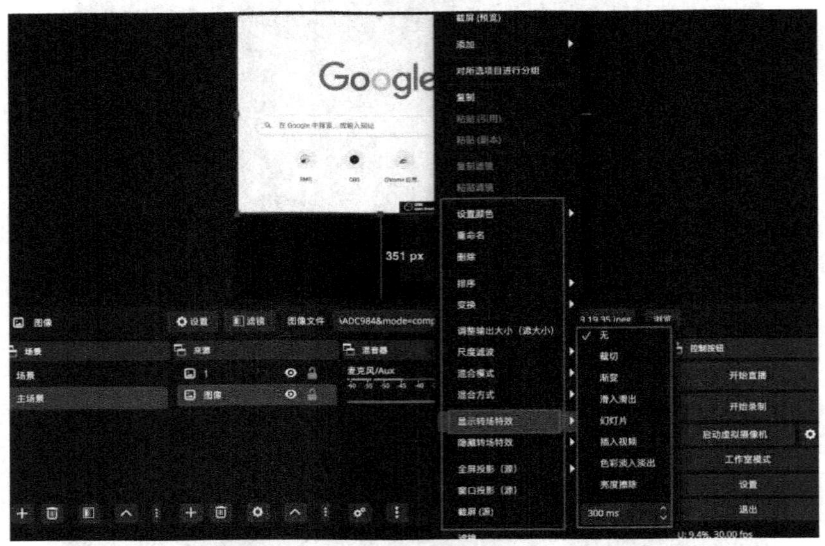

图 5-57

（4）开始推流。在完成以上设置和调整后，运营者可以单击 OBS 主界面右下方的“开始直播”按钮开始直播，OBS 会把直播推送到已经配置好的流媒体平台上，如图 5-58 所示。

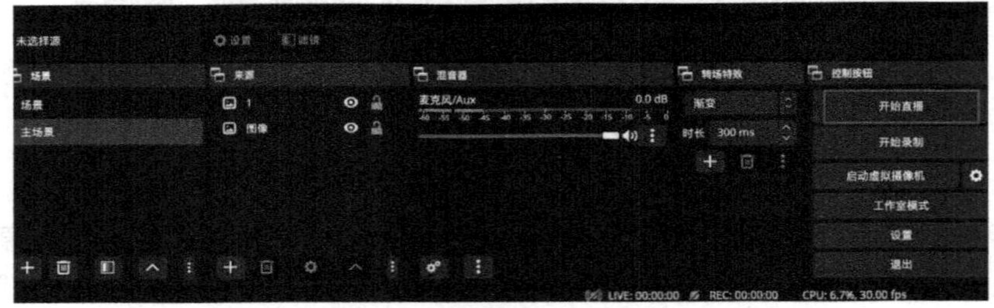

图 5-58

课堂练习

请你下载并安装 OBS 软件，并在抖音平台推流直播，直播主题自拟。

5.5.4 真人出镜直播的步骤与细节

与其他直播形式相比，真人出镜直播更能展示产品或服务的细节，因此其转化效果也更好。本小节以抖音直播为例，讲解真人出镜直播的步骤和细节。

第一步：硬件设备部署。

在进行真人出镜直播前，首先需要准备必要的硬件设备，确保画面和声音的质量，所需的硬件如表 5-3 所示。

表 5-3 真人出镜直播硬件部署清单

设备	数量	功能
相机	1	直播摄像头
采集器	1	采集视频
三脚架	1	固定相机，确保画面清晰
话筒	1～3	直播收录声音，数量根据主播数量确定
转接线	1	连接话筒收音
大型补光灯	1～3	补光，数量根据直播间大小确定
环形美颜灯	1	从正面补充镜头光
计算机	1	直播推流
主播显示屏	1～2	实时投屏直播画面
提词白板/提词器	1	给主播提词或者提示其他信息

第二步：开启直播。

打开抖音软件并登录账号，点击主界面底端中间的“[+]”按钮，并进入直播界面；随后点击“开直播”按钮，为直播选择合适的美化与特效；接着检查网络，开始直播，如图 5-59 所示。

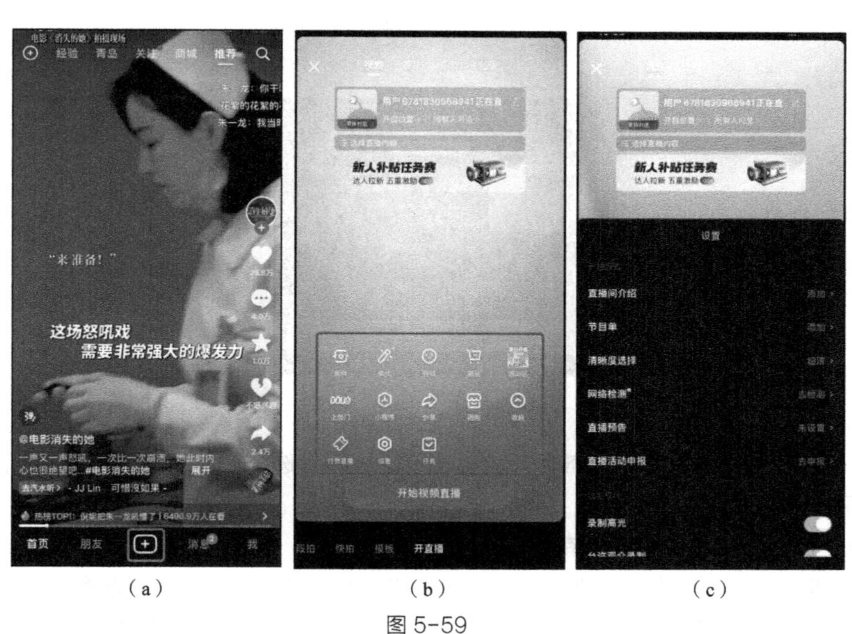

（a）（b）（c）

图 5-59

第三步：讲解产品信息。

在真人出镜直播中，需要运营者充分展示产品相关细节，激发观众的兴趣并实现交易。

开播前，运营者可以制作《直播产品资料表》列出相关信息，便于在开播后游刃有余地讲解，如表 5-4 所示。

表 5-4　直播产品资料表

序号	品牌	名称	图片	卖点	优势	使用方法	Q&A
1							
2							
3							

第四步：观众互动。

在直播过程中设计互动环节，能提升观众的参与感。互动环节有 3 个关键点。

（1）实时回应。在直播过程中，需要及时回应观众的点赞和礼物，甚至读出观众名字，让观众有亲近感。

（2）设计礼物。运营者可以在直播中设置抽奖、福袋等，鼓励观众关注并增加直播间热度，如图 5-60 所示。

图 5-60

（3）答疑互动。运营者可以鼓励观众提出问题，随后选择部分问题进行回答，同时把产品信息巧妙地植入回答中。

除以上步骤外，真人直播还有两个重要细节。

第一，需要提前准备好直播的脚本，明确要讲解和呈现的内容，确保直播内容的连贯性。

第二，需要特别重视形象仪态，穿着整洁得体并注意言谈举止，通过个人的自信与专业形象，展示企业的品牌形象。

课堂练习

请选择你身边的任意一件物品（手机、水杯、计算机等），思考其卖点与优势，随后制作一份《直播产品资料表》。

思考与练习

1 按照时间长短，新媒体视频可以分为哪些类别？

2 视频发布平台有哪些？分别有什么特点？

3 视频制作有哪些步骤？

4 抖音和快手分别有哪些拍摄方法？

5 拍摄视频后，如何完成后期制作？有哪些工具？

6 互联网直播的工具有哪些？如何利用这些工具完成直播？

PART 06

第6章 活动策划与执行应用

“活动运营”是新媒体运营的重要模块之一。运营新人往往认为新媒体活动只是一些“发通知、发奖品”等简单的内容，但实际上，活动运营需要从形式、平台、工具等一系列角度进行综合统筹。

本章将介绍活动策划与执行过程中涉及的网站、工具等内容。

知识目标

- 了解活动宣传的主要方式。
- 掌握活动生成与发布的工具及操作步骤。
- 掌握活动执行及协同的平台及方法。
- 了解活动复盘技术。

能力目标

- 能够根据活动宣传需要，进行 H5 及海报的创作。
- 具备活动发布能力、活动执行能力、活动协同能力及活动复盘能力。

素养目标

- 深入开展社会主义核心价值观宣传教育，并借助新媒体活动实现多样化宣传。
- 在全社会弘扬劳动精神、奋斗精神、奉献精神、创造精神、勤俭节约精神，展现时代新风新貌。

6.1 如何让活动宣传更多样化

新媒体活动如果想取得更高的参与度与曝光度，必须进行宣传与推广。传统的活动推广方式是写文章，但纯粹的文字形式较为枯燥，所以用文章推广活动的效果往往一般。

因此，运营者需要尝试通过 H5、海报等多种宣传方式，提升活动的宣传效果。

6.1.1 如何快速制作 H5

H5 是一系列制作网页互动效果的技术集合，即移动端的 Web 页面。之所以要使用 H5 进行活动宣传，是因为 H5 具有更强的互动性、更高的质量，更具话题性，可以促使用户分享传播。

制作 H5 常用的工具有易企秀、MAKA、兔展等，这些工具均可以在 PC 端和移动端同步操作，且制作方法相似。下面以“易企秀”为例，介绍具体步骤。

易企秀是一款针对移动互联网营销的手机幻灯片、H5 场景应用制作工具，它将原来只能在 PC 端制作和展示的各类复杂营销方案转移到更为方便携带和展示的手机上，用户可以根据自己的需要随时随地在 PC 端、移动端进行制作和展示，随时随地进行营销。使用易企秀制作 H5 的步骤如下。

第一步：打开网页并登录。

在 PC 端打开易企秀网站，可以选择用手机号码、注册邮箱账号及用户名登录；也可以用第三方账号如微信、QQ、微博、钉钉等登录，如图 6-1 所示。

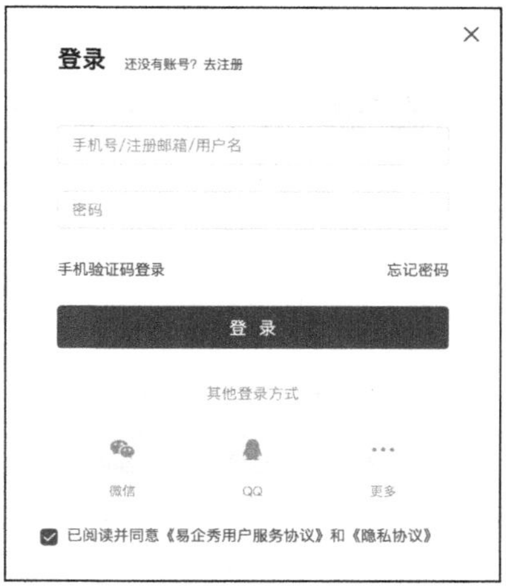

图 6-1

易企秀主页的左侧为菜单区，其中包含“精选推荐”“工作台”“创建设计”等模块；右侧为模板分类区和模板展示区，如图 6-2 所示。

第二步：选择 H5 模板。

运营者可以单击页面上方的“免费模板”按钮，在展开页面中找到需要的模板；也可以在页面上方的搜索框中输入关键词查找模板；此外，还可以单击左侧菜单区的“H5”，显示所有 H5 模板，如图 6-3 所示。

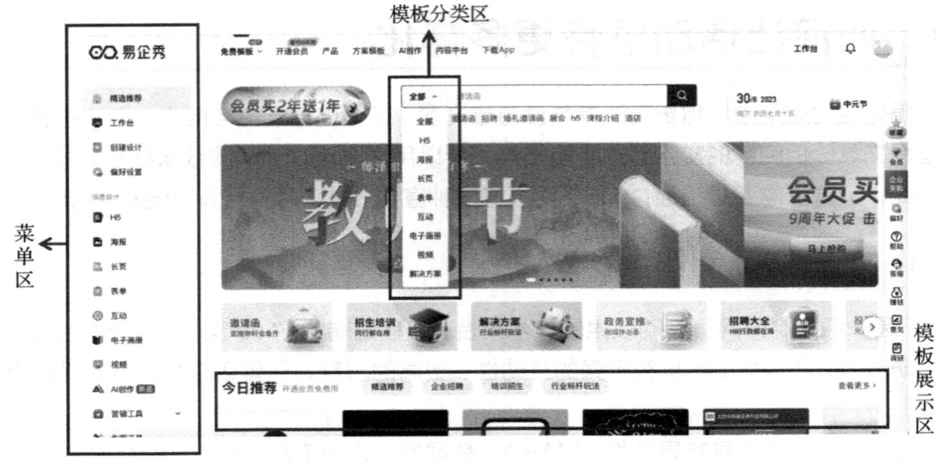

图 6-2

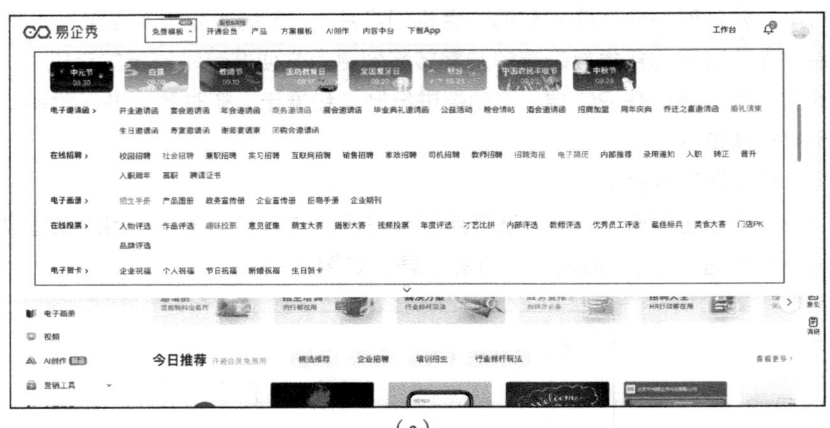

（a）

（b）

图 6-3

第三步：挑选并编辑模板。

单击需要的模板即可进入预览模式。如果确定使用该模板，只需单击右侧的“免费制作”按钮，即可进入模板的编辑界面，如图 6-4 所示。

图 6-4

H5 编辑界面分为 4 个区域，分别是最左侧的“模板素材区”、中间的“工具栏”和“预览区”，以及最右侧的“图层页面管理区”，如图 6-5 所示。

图 6-5

第四步：修改模板中的图文元素。

进入编辑界面后，在界面右侧“图层页面管理区”可以看到该模板的页数，以及每个页面包含的元素图层。例如，单击“页面管理”，选择第 5 页，在“预览区”即可看到第 5 页的内容，如图 6-6 所示。

单击“图层管理”，可以看到该页包含的所有素材图层。例如，“预览区”中的文字在“图层管理”选项卡中对应“新文本 1”图层，通过图层和原图素材的一一对应，可以更精准地修改素材，以免在修改时误改了其他内容，如图 6-7 所示。

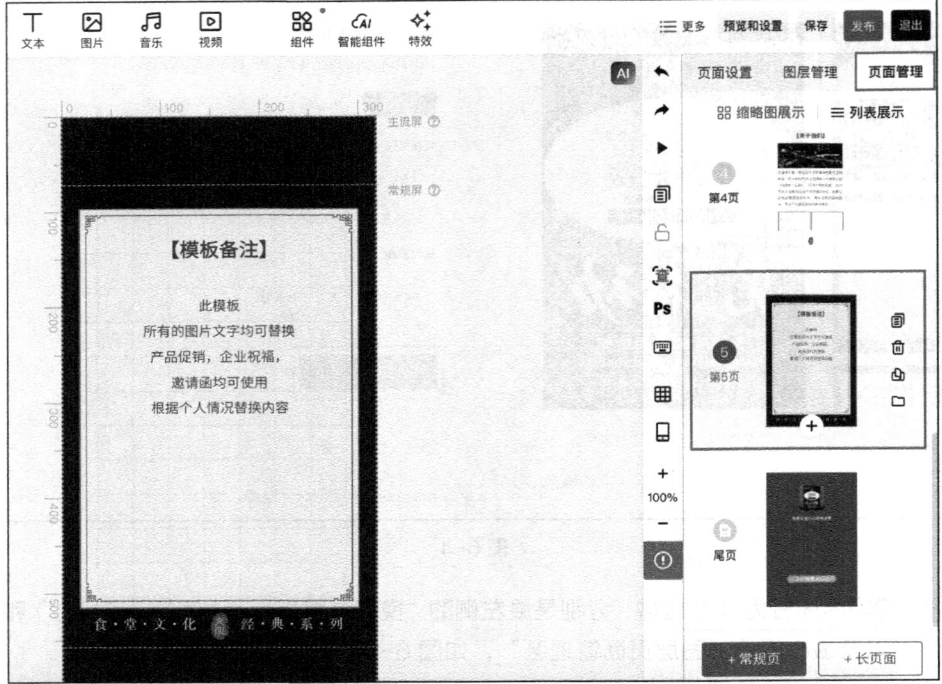

图 6-6

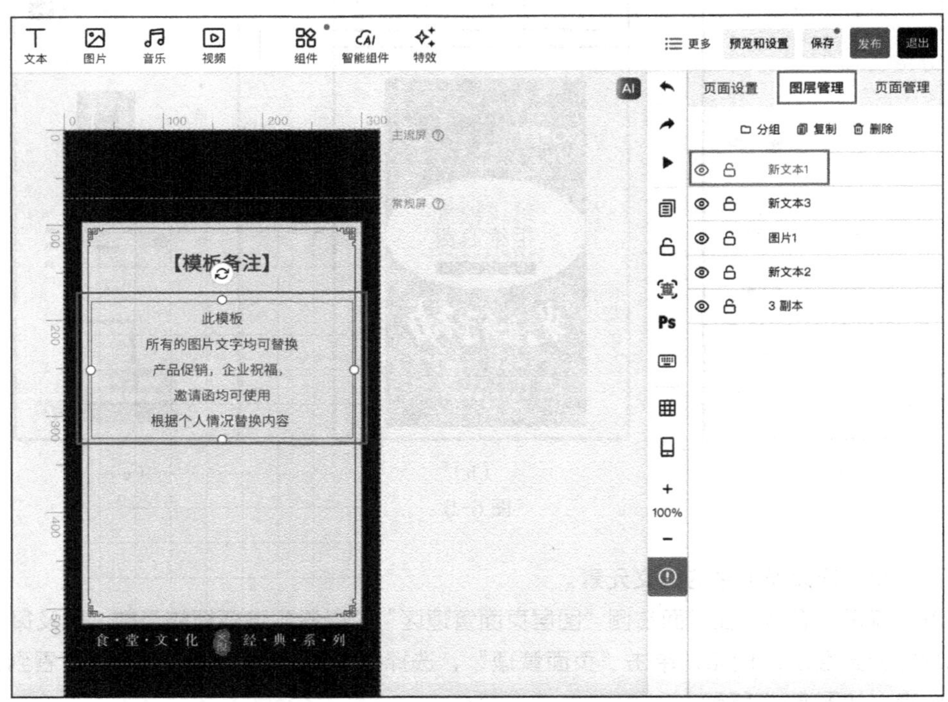

图 6-7

在“预览区”中双击正文文本部分，可直接对文字进行修改，同时右侧会出现“组件设置”面板，可对其字体、字号、文本颜色等属性进行调整，如图 6-8 所示。

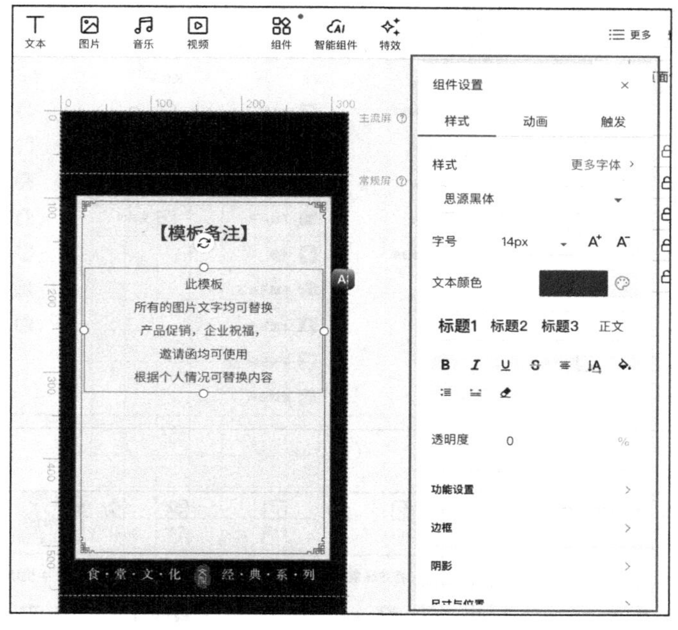

图 6-8

同样，单击“预览区”中其他的素材也可以进行设置与修改。例如，单击图 6-9 所示模板中的图片，就可对其样式、动画等属性进行修改，模板中其他元素均可以在选中后直接修改，如视频、音乐、特效等。

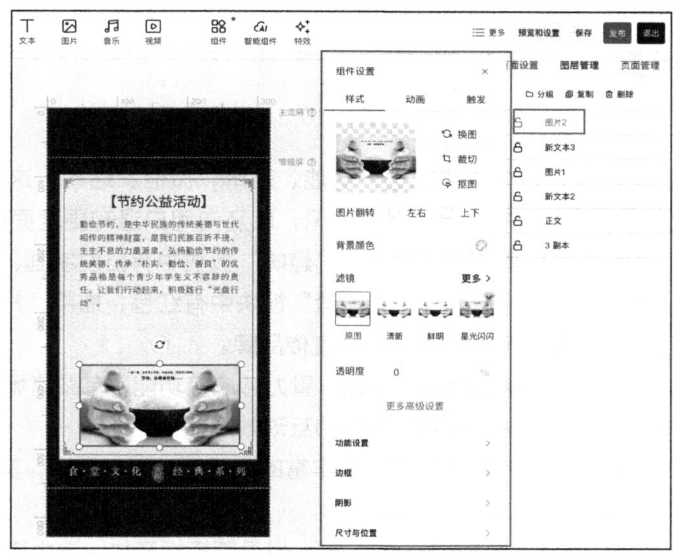

图 6-9

第五步：添加新素材。

除了修改模板中现有元素以外，运营者也可以加入其他需要的素材，“工具栏”中有常用的素材，包含文本、图片、音乐、视频、组件、智能组件和特效，单击其中的一个选项后即可选择插入新的内容，如图 6-10 所示。

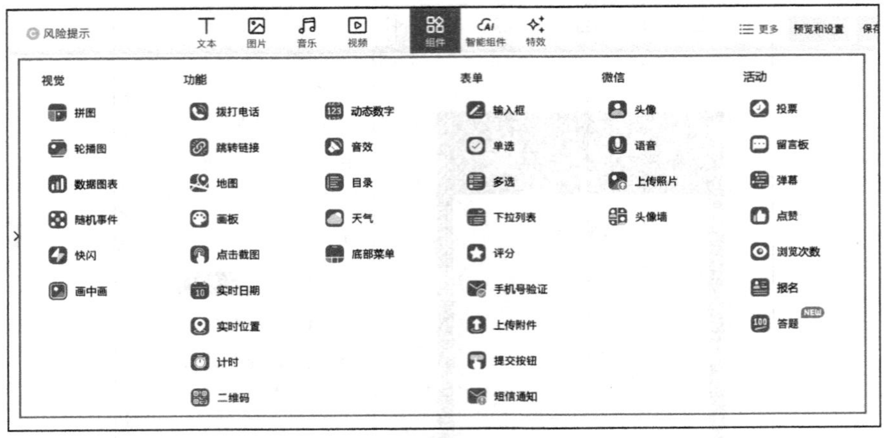

（a）

（b）

（c）

图 6-10

“组件”包含 5 个类别，分别是视觉、功能、表单、微信、活动，这里的大部分工具可帮助运营者通过 H5 收集用户信息、采集意见，以及向用户通知更全面的活动信息等。

“智能组件”包含趣味和营销两个类别，“趣味”板块中有自说字画、立体魔方、年龄改变等功能，能提升 H5 页面的趣味性；“营销”板块中有红包、抽奖、打赏、在线收款、实时对话、获客活码的功能，可以用来更好地宣传品牌。

“特效”板块中有特效场景的涂抹、指纹、重力感应等功能，有微信场景的模拟对话功能，有手机场景的语音助手功能，能增添 H5 的互动效果。

另外，界面左侧的“模板素材区”中有更丰富的模板内容可供挑选，其中包含“图文”“单页”“装饰”和“艺术字”。

在“图文”中可以选择标题、段落、多标签、目录等模板素材，选中素材即可添加并预览，如图 6-11 所示。

“单页”中包含推荐、封面、图文、时间轴、表单、尾页、图集、场景等板块，其板块类别基本涵盖了目前 H5 使用的所有场景，方便了运营者的使用，大大提高了效率；“装饰”中包含形状、插画元素、摄影图、风格、边框花边、插画、GIF 素材、线和箭头等板块，装饰素材丰富；“艺术字”中包含各种文字样式，如图 6-12 所示。

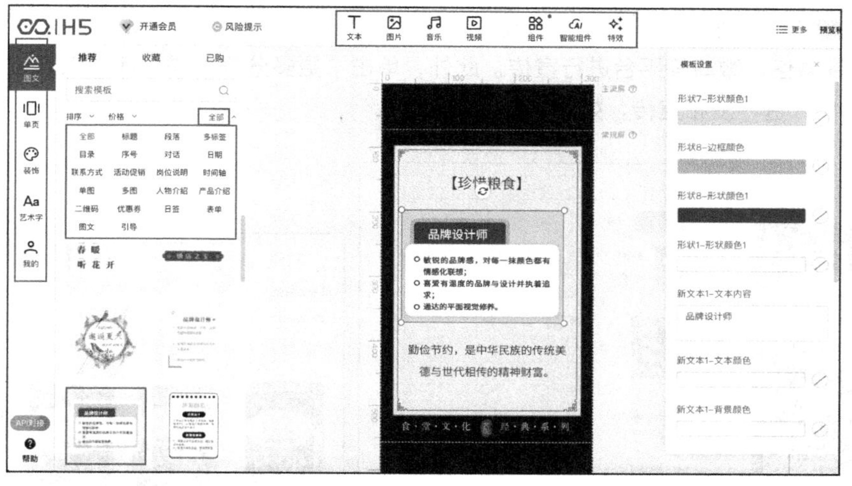

图 6-11

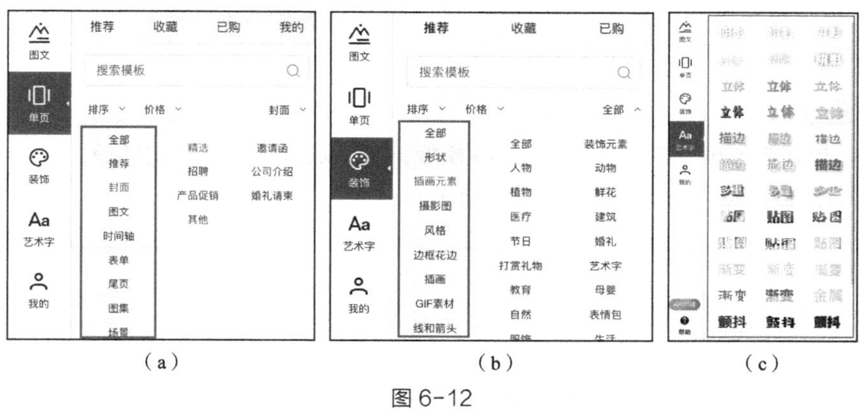

（a）（b）（c）

图 6-12

第六步：保存发布。

完成制作之后，单击“图层页面管理区”界面左上角的“预览和设置”按钮，可以进行分享和对作品的基础设置，包括标题、描述、微信分享时样式、翻页方式、自定义音乐图标、作品访问状态等基础属性，如图 6-13 所示。

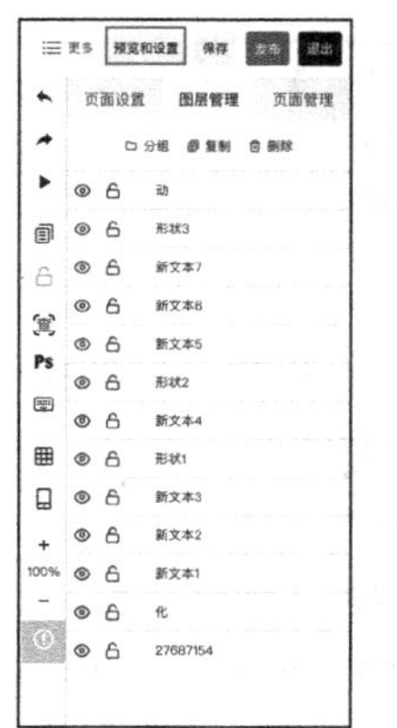

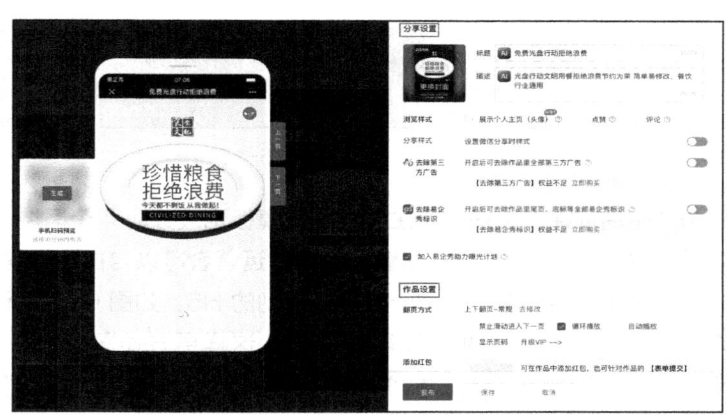

图 6-13

最后单击界面底端的“发布”按钮，可得到 H5 的发布链接、二维码等，运营者可将 H5 转发到微信、微博等平台进行宣传。此外，单击“更多分享格式”还可以直接下载不同样式的海报，进行发布宣传，如图 6-14 所示。

（a）

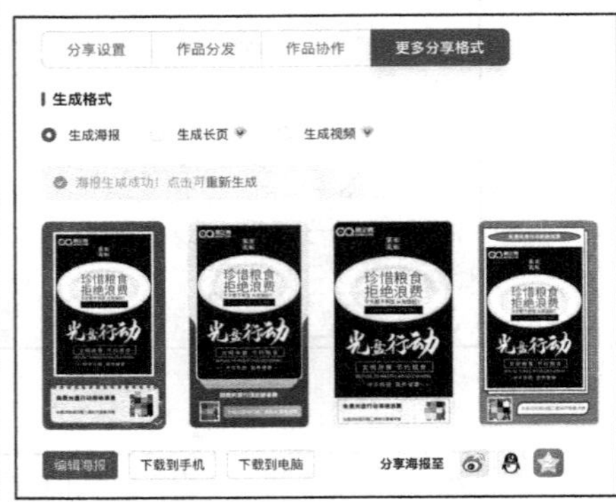

（b）

图 6-14

另外，运营者如果没有找到合适的 H5 模板，也可以进行原创。单击菜单区中的“作品”，即可找到“空白创建”按钮，如图 6-15 所示。

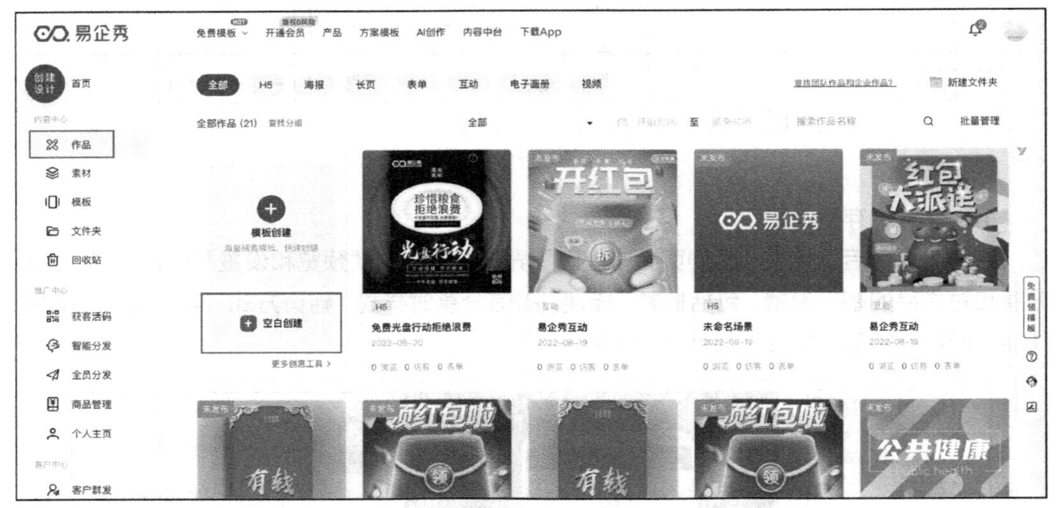

图 6-15

单击“空白创建”按钮，新生成的空白模板也被分成 4 个区域，分别是“模板素材区”“工具栏”“预览区”“图层页面管理区”，运营者可以自由选择需要插入的页面、字体、图片，并为其设置特效等，制作一个完全原创的 H5，如图 6-16 所示。

在编辑时，特别注意要将图层重命名，这样更方便图层的管理。例如，在图 6-17 中，双击图（a）中的“新文本 1”即可重命名，修改成图（b）所示的名称，方便运营者识别。

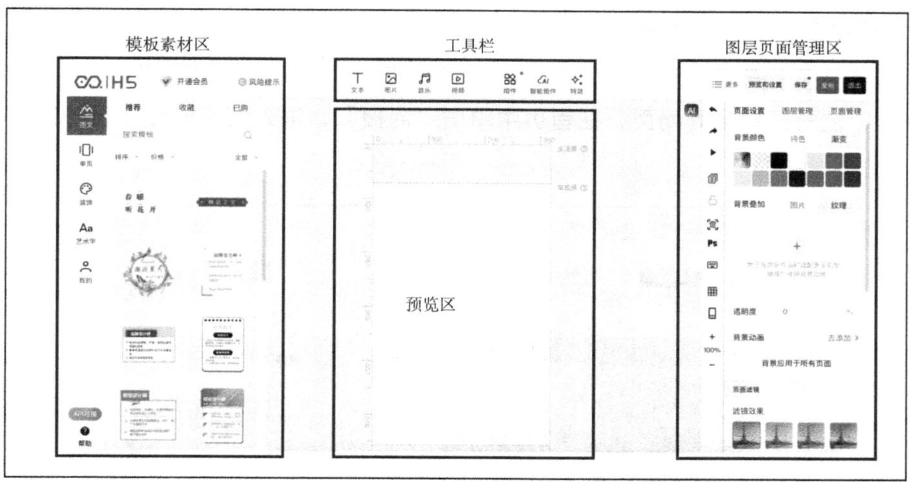

图 6-16

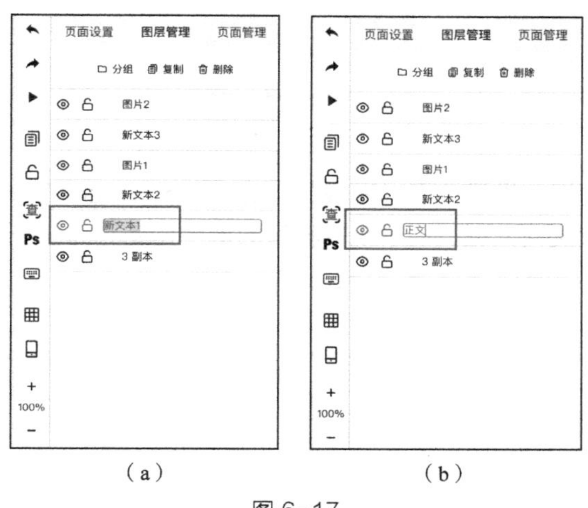

（a） （b）

图 6-17

课堂练习

假如你是一家企业的新媒体编辑，准备以“弘扬诚信文化，健全诚信建设长效机制”为主题进行多样化宣传。请结合主题，使用易企秀制作一份 H5。

6.1.2 怎样快速生成活动海报

活动的宣传离不开海报的制作，新媒体工作中使用的海报通常会在微信、微博等新媒体平台中展示，以吸引用户。在新媒体传播中，海报往往不需要像线下宣传单那样复杂，像素要求也不高，所以很多工具都可以帮助运营者迅速搞定海报的制作。

海报制作常使用的网站有创客贴、易企秀、Fotor 懒设计等；常用的手机软件有稿定设计、海报工厂、美图秀秀等，更简洁的还有微信小程序 Canva 可画。

本节主要介绍如何利用易企秀以及 Canva 可画制作海报。

1. 使用易企秀制作海报

第一步：搜索模板。

在 PC 端打开易企秀网页，在首页中单击“海报”，进入海报模板页面，如图 6-18 所示。

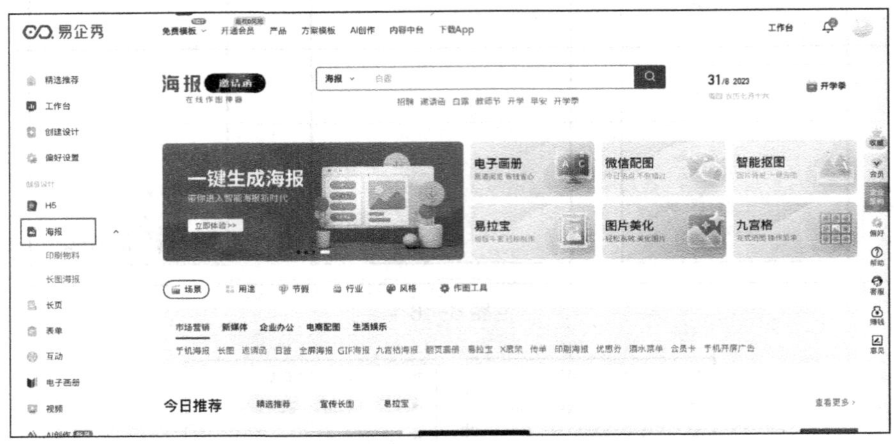

图 6-18

另外，在首页的模板分类区选择“海报”，输入海报关键词如“开学季”，可以得到所有与开学季相关的海报素材汇总，从中挑选模板即可，如图 6-19 所示。

（a）

（b）

图 6-19

第二步：选择模板并修改。

选择好模板后，单击即可进入编辑界面，编辑界面从左至右分为 3 个区域，分别是“素材区”“编辑区”“工具区”，如图 6-20 所示。在“编辑区”单击素材元素即可对其进行修改，从界面左侧“素材区”找到需要的元素并单击即可添加到海报中，界面右侧“工具区”中包含撤销、标尺、图层、清空等工具。

图 6-20

第三步：保存下载。

设计完成后可选择保存并下载到计算机或手机中，在界面右上角单击“下载”按钮，然后选择保存位置。在导出时，注意选择图片尺寸和格式，可供选择的图片格式有 JPG、PNG、PDF，方便运营者在不同场景中使用，如图 6-21 所示。

（a）　　　　（b）

图 6-21

2. 使用 Canva 可画制作海报

第一步：在微信小程序中查找 Canva 可画。

在微信中点击“发现”按钮，选择“小程序”，在搜索框中输入“Canva 可画”后搜索，找到 Canva 可画，点击进入小程序，如图 6-22 所示。

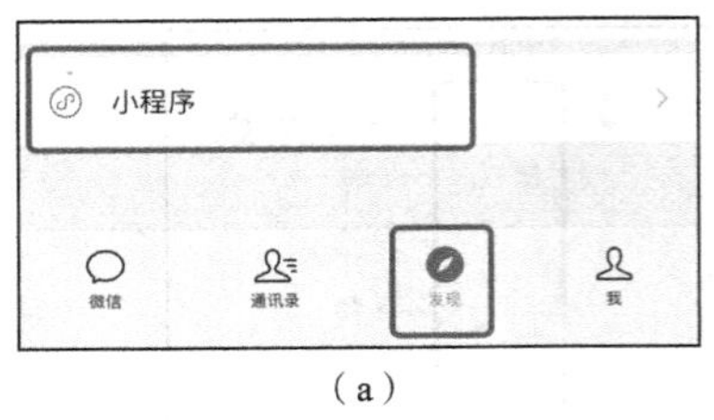

（a）

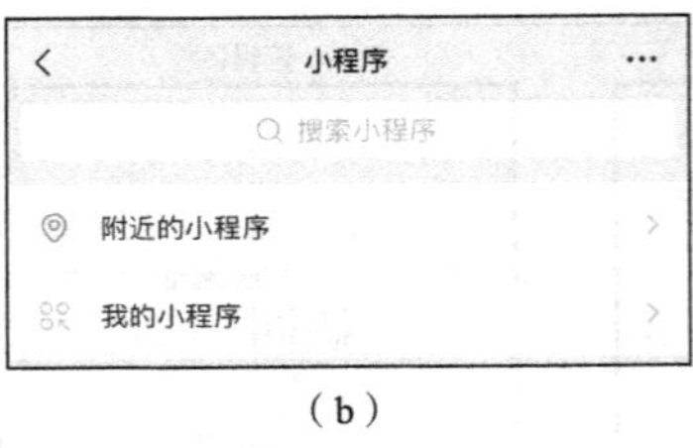

（b）

（c）

图 6-22

第二步：选择模板。

进入小程序后，可看到平台内精选推荐的模板的缩略图。点击底部的“模板”按钮，可以查看平台全部模板。随后点击界面上方的“模板中心”按钮，可根据需要选择模板类别。此外，点击首页底部的⊕按钮，选择设计类型，系统会推荐与所选类型匹配的模板，如图 6-23 所示。

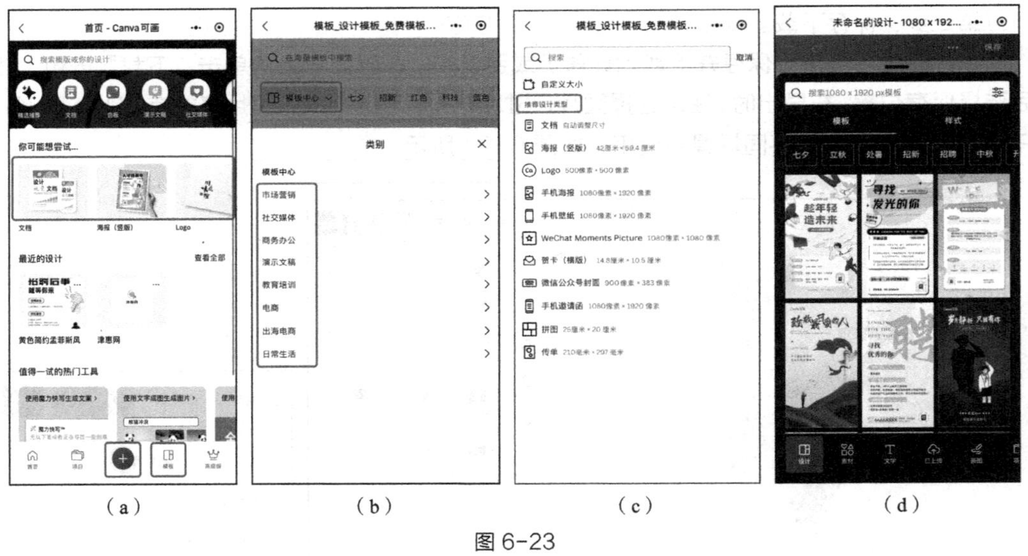

（a）（b）（c）（d）

图 6-23

第三步：修改模板。

打开模板后，点击模板中的文字、图片等素材，可在下方工具栏找到对应的工具调整素材，如图 6-24 所示。

第四步：保存海报。

确定修改完海报后，点击“保存”按钮，即可将作品保存到相册，如图 6-25 所示。

(a)

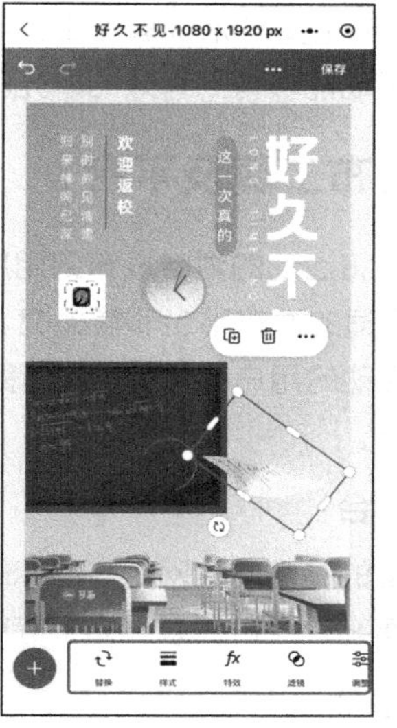

(b)

图 6-24

(a)

(b)

图 6-25

课堂练习

假如你是学校的新媒体运营者，请使用易企秀和 Canva 可画各制作一张海报，海报主题是“广泛开展全民健身活动，加快建设体育强国”。

6.2 活动生成与发布方法

新媒体运营者在互联网上做活动通常需要借助大流量平台，如微信、微博、互动吧、

QQ等，凭借平台已有的用户来获取关注。因此，运营者需要了解不同活动平台的特点和活动发布的方法，使活动能够得到有效的曝光和宣传。

6.2.1 活动发布工具及平台

活动发布指的是将活动的内容发布到用户活跃度较高的新媒体平台，以促使用户的参与和信息扩散。选择合适的发布平台非常关键，新媒体运营者要熟悉可以用于发布活动信息的平台和工具，提升活动的用户参与度，进而提升品牌的知名度。可用于新媒体活动发布的平台主要有以下几大类。

1. 公共媒体平台

公共媒体平台指的是面向全网用户展示的平台，可以一对多进行传播。例如，微信公众号、简书、豆瓣、博客、今日头条、知乎等就是公共媒体平台。

2. 个人媒体平台

个人媒体平台指的是以个人或企业名义在用户内部发布的传播平台，如微信个人号、微博、QQ、钉钉等，通常以一对一为主，方便服务现有用户。

3. 专业活动平台

专业活动平台指的是专业发布各种线上、线下活动的平台，平台上有各种类型活动的集合，方便吸引爱好参与活动的用户，更有针对性，如互动吧、活动行、报名吧等。

运营者可根据活动的类型和针对的用户选择不同的发布平台，同样也可以选择多个平台进行发布，更好地提升活动的传播速度和影响力。

其中，公共媒体平台活动的发布和前文文章的发布方法是一致的，本小节就不再赘述，以下将重点介绍在微博和互动吧发布活动的方法。

6.2.2 如何在微博发布活动

微博活动是品牌官方开展新媒体运营最基础也是最有效的手段之一，运营者可通过发起各种活动，迅速吸引粉丝、增强互动、高效传播，从而快速传播品牌信息并积累社交营销资产。

微博活动的主要类型有以下4种。

（1）品牌宣传：运营者可以通过微博活动宣传企业品牌及产品。

（2）活动或产品推广：运营者通过做活动吸引用户转发活动消息，达到快速扩散传播的目的，将企业活动或产品高效推广给更多的用户。

（3）节日活动：临近节日举办活动，借助节日的热烈气氛，吸引用户关注和参与。

（4）新品上市：企业有新品上市时，可将新品作为活动奖品回馈粉丝，为新产品宣传造势。

微博活动的发布分为普通活动和抽奖活动。普通活动分为线上和线下两种，一般线上活动常见的互动有转发、评论、测试、送祝福等，运营者通过挑选幸运粉丝送奖品来引起用户的关注。线下活动一般指同城的活动，常见的有演出、聚会、户外活动、沙龙、健身、作品征集、打折促销等。运营者通过微博发布活动信息，吸引用户参与线下活动。

普通活动的发布重点是设计文案，用来说明活动内容和参与方式；抽奖活动是在微博活动中经常使用且参与度较高的一种活动形式，下面将具体说明微博抽奖活动的发布方法。

第一步：选择“抽奖”活动类型。

进入微博，点击界面右上角的⊕按钮，选择“写微博”，进入“发微博”界面，点击右下角的⊕按钮，选择“抽奖”，进入抽奖活动的设置界面，如图 6-26 所示。

（a）

（b）

（c）

图 6-26

第二步：填写活动基本信息。

抽奖活动有两种形式：“现金”抽奖和“实物”抽奖。“现金”抽奖需具体设置中奖金额、中奖人数、参与方式等；“实物”抽奖需设置奖品名称、中奖人数、参与方式等，如图 6-27 所示。

（a）

（b）

图 6-27

以“实物”抽奖为例，设置好具体的内容之后，点击界面底端的“下一步”按钮，系统会弹出“确认抽奖详情”对话框，核对无误后点击对话框右下角的“确定”按钮，进入微博发送的界面，编辑完文案后，点击界面右上角的“发送”按钮即可发布，如图 6-28 所示。

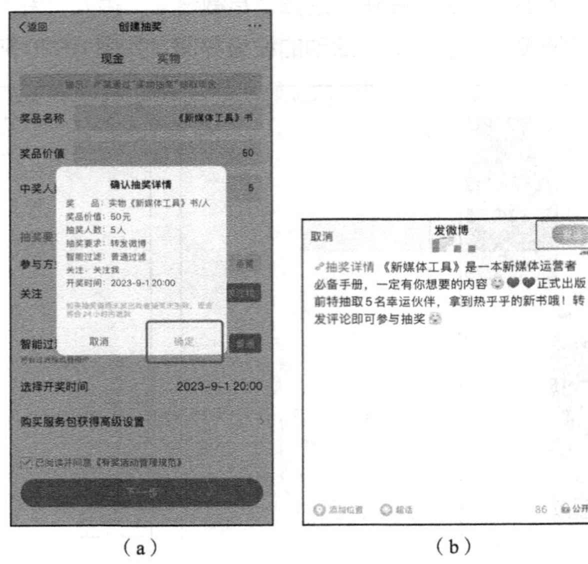

（a）　　　　　　　　（b）

图 6-28

接着返回微博首页，就可以看到发布的抽奖活动。文案开头会有“抽奖详情”链接，点击可打开“抽奖详情”界面。用户可通过查看抽奖详情了解具体抽奖信息，如图 6-29 所示。

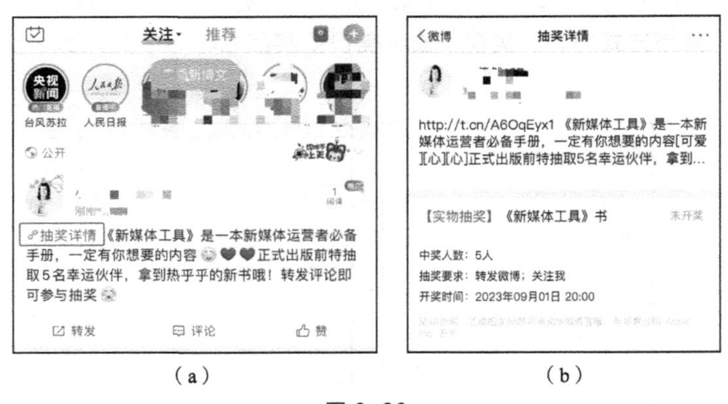

（a）　　　　　　　　（b）

图 6-29

第三步：转发邀请用户参与。

活动发布后，运营者可以将活动转发分享给好友，在微博正文的下方有分享按钮，可将微博内容直接分享到微信、朋友圈、QQ 或下载为图片。另外，点击界面右上角的 ··· 按钮可以转发给微博好友、指定粉丝，也可以转发给其他平台的用户，如支付宝好友等。为方便活动更好地传播，运营者还可以将该微博抽奖活动生成长图，发布到不同平台，使用户直接进入活动，如图 6-30 所示。

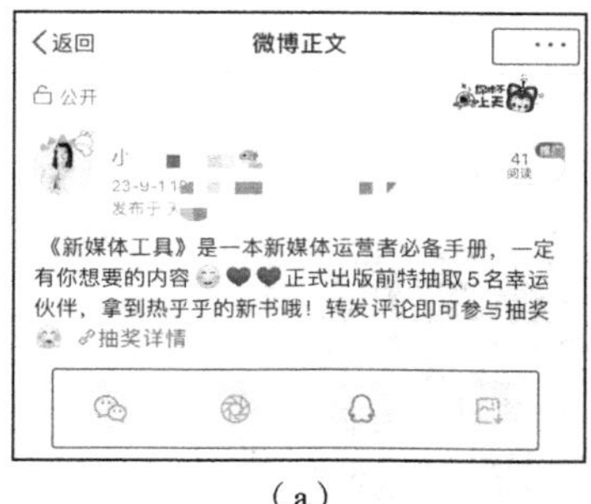

（a）

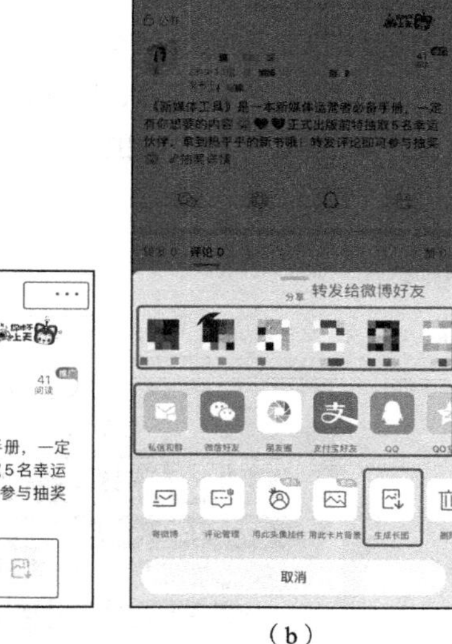

（b）

图 6-30

课堂练习

假设你是健身行业的新媒体运营者，需要策划发布一个微博抽奖活动，内容是用户转发评论即可抽取健身体验卡，并将活动转发给微博、微信、QQ、支付宝好友，最后将活动生成一张长图发布到微信朋友圈。

6.2.3　如何使用互动吧发布活动

互动吧是汇集线上线下活动的专业活动平台，是一座连接活动主办方与参与者的桥梁，一方面帮助主办方更简单、高效地创建活动、管理活动和传播活动，另一方面帮助参与者更轻松、便捷地找到感兴趣的活动。其具体发布活动的步骤如下。

第一步：登录互动吧。

登录互动吧网站，也可以在手机应用商店下载“互动吧”App，在计算机和手机上同步使用。可使用手机号登录，也可以使用微信、QQ、微博账号登录，如图 6-31 所示。

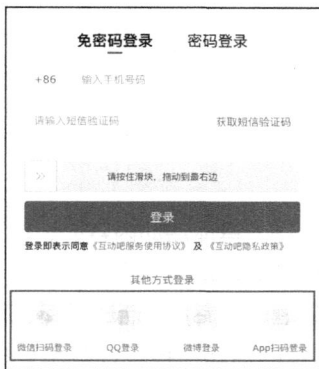

免密码登录　密码登录

+86　输入手机号码

请输入短信验证码　获取短信验证码

请按住滑块，拖动到最右边

登录

登录即表示同意《互动吧服务使用协议》及《互动吧隐私政策》

其他方式登录

微信扫码登录　QQ登录　微博登录　App扫码登录

图 6-31

第二步：准备发布活动。

在 PC 端进入“互动吧”，可看到目前所有的活动汇总，活动所有分类包含亲子、运动&健身、企业服务、交友聚会、兴趣培养、职业培训、丽人、互联网、创业、线上活动、公益、行业活动和展览。单击页面右上角的“发布活动”按钮进行发布，如图 6-32 所示。

图 6-32

选择需要发布的活动类别，如图 6-33 所示。

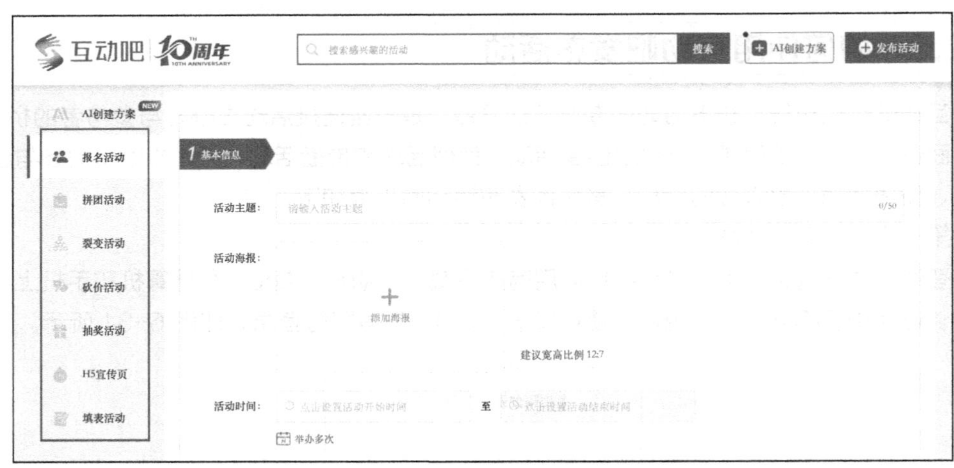

图 6-33

第三步：输入活动基本信息。

例如，要发布一个线下活动，进入具体活动内容的编辑页面后，需要编辑的内容主要分为 3 部分，分别是基本信息、报名表单和高级设置。

其中，基本信息包括活动主题、活动海报、活动时间、活动票种、活动形式、活动地址、活动嘉宾以及活动详情，上传美观的活动海报可以吸引更多用户报名，增强传播效果，如图 6-34 所示。

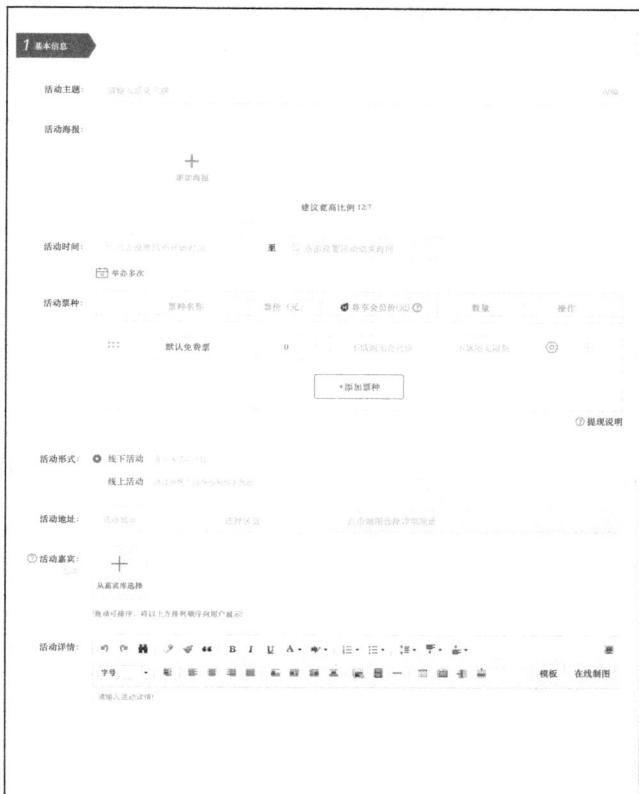

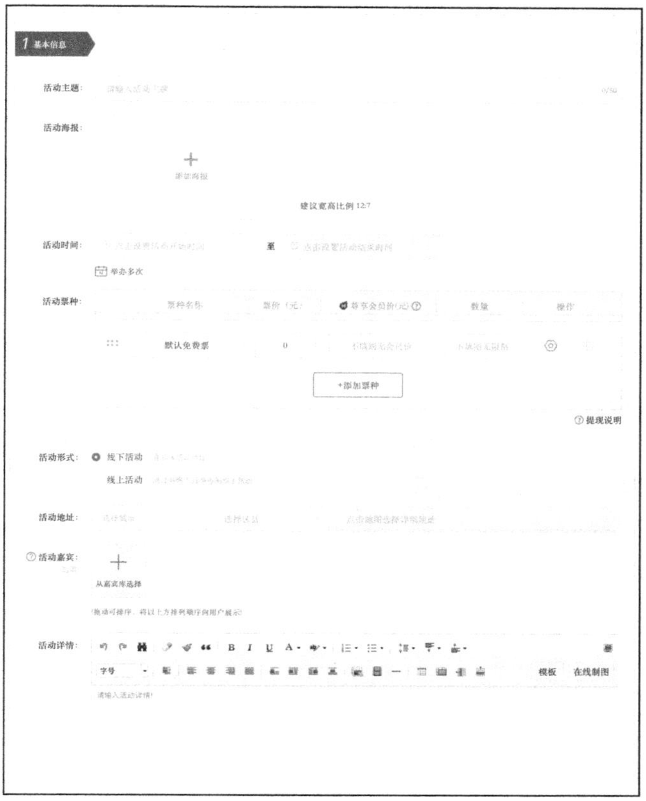

图 6-34

特别要说明的是关于“活动票种”的设置，可以对票种名称、票价、数量等进行设置，从而设置多种不同活动票，如图 6-35 所示。

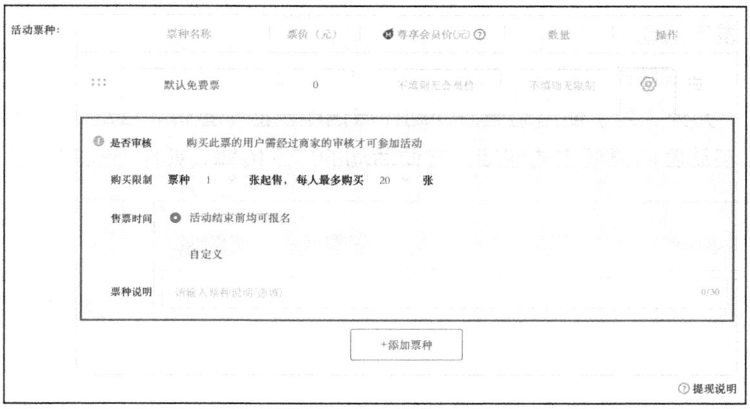

图 6-35

第四步：报名表单设置。

内容发布的第二个部分就是报名表单的设置，其中需要重点设置的是“报名项”，也就是需要搜集用户的报名信息，通常包含姓名、手机号码等，可根据不同需求采集用户的信息，如图 6-36 所示。

图 6-36

第五步：高级设置。

内容发布的第三个部分是“高级设置”，通常指的是报名显示设置、活动标签、售后服务电话、客服活码等，方便用户咨询联系，为用户提供更贴心优质的服务，如图 6-37 所示。

图 6-37

第六步：发布活动。

单击编辑页面底端的“发布”按钮就可以完成活动的发布，发布成功后，会弹出“发布成功！”页面。另外，为了使活动更方便地在微信朋友圈中宣传，互动吧还可以为活动直接生成邀请函，自动套用模板生成链接，方便活动的广泛传播，如图 6-38 所示。

（a）

（b）

图 6-38

课堂练习

假设你准备策划一场读书会活动，需要邀请感兴趣的用户参与，请尝试将活动内容发布在互动吧上，并生成邀请函转发到微信朋友圈。

6.3 活动执行及协同工具

活动执行往往是由多个人来完成的，为了让工作人员各司其职，运营者常常会使用活动的协同工具。

活动的协同工具相当于在活动过程中制定一个项目推进表，帮助参与的工作人员清楚各自的职责和任务并有效推进工作，使活动有条不紊地进行。本节将重点介绍 Teambition 以及滴答清单的使用方法。

6.3.1 使用 Teambition 协作执行活动

Teambition 是一款国内团队研发的协作工具，通过帮助团队轻松共享和讨论工作中的任务、文件、日程等内容，提升团队沟通效率。Teambition 在 PC 端、移动端都打造出了出众的应用，让运营者随时随地都可以和团队协作。具体操作步骤如下。

第一步：登录网站。

在 PC 端打开网站，可以使用手机号注册新账号，也可以通过第三方平台登录，Teambition 支持很多的第三方平台，如钉钉、阿里云、企业微信、微博、WPS、印象笔记、云之家等，如图 6-39 所示。

（a）　（b）　（c）　（d）

图 6-39

第二步：创建项目。

进入首页，单击“创建项目”按钮后可以选择不同类型的项目，如图 6-40 所示。运营者可以直接选择模板或者新建一个项目，制作符合自己需要的样式。

第三步：增添项目信息。

选择任意一个项目模板。例如，选择“产品运营”后，可看到模板中的任务列表里有项目管理、社群运营、用户反馈、日常工作、内容生产 5 个部分，内容设计已经非常全面，也可以根据自己的需求做修改。确定好模板后，单击页面右上角的“使用此模板”按钮即可，如图 6-41 所示。

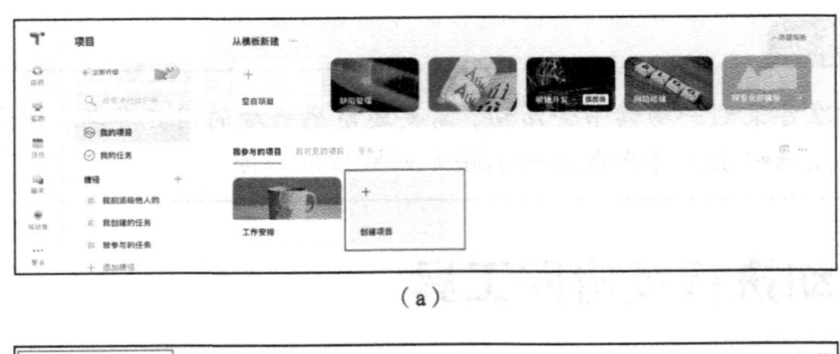

（a）

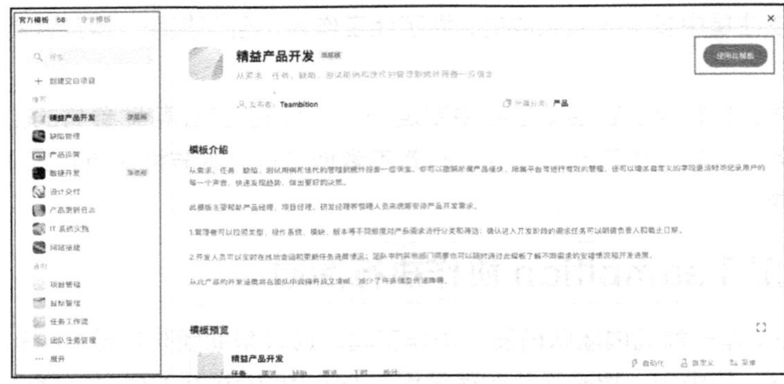

（b）

图 6-40

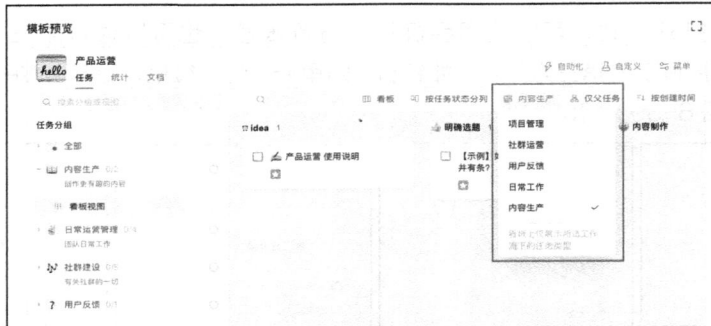

（a）

（b）

图 6-41

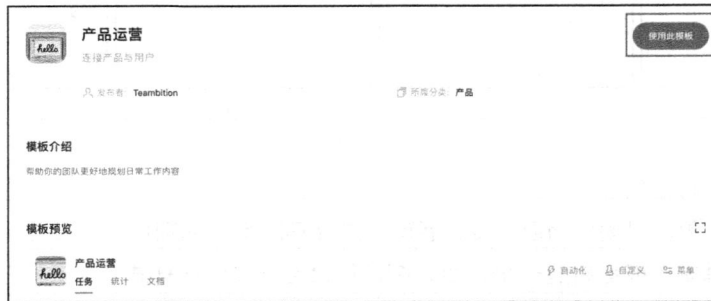

完成创建后进入具体操作界面，主要分为两个区域，即“菜单区”和“任务区”，如图 6-42 所示。在“菜单区”可以设置任务分组，通过“视图”具体查看所有任务、内容生

产任务、日常运营管理任务、社群建设任务以及用户反馈任务，单击不同菜单内容可看到对应任务的汇总。

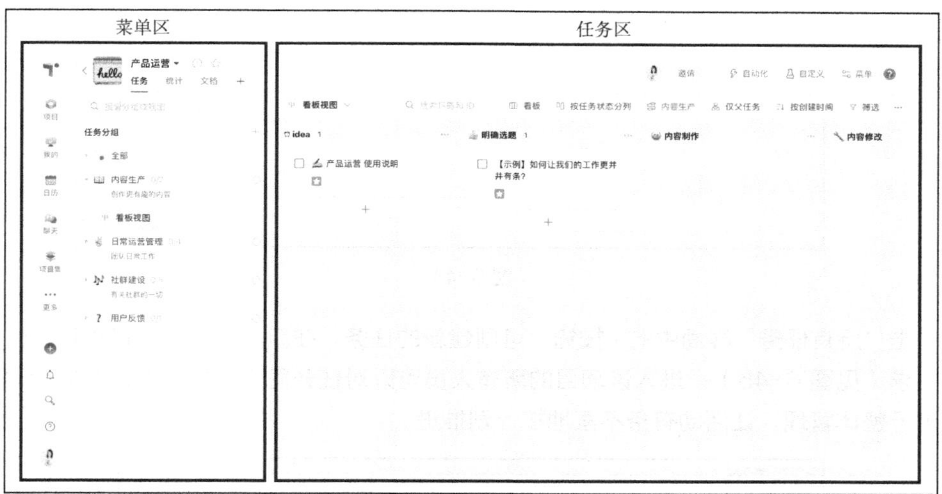

图 6-42

“任务区”中非常清晰地罗列了项目的任务清单，运营者在完成某一项任务后直接勾选，即可将其统一归到“已完成的任务”中，方便运营者对任务的统一管理。

第四步：增加项目负责人。

对项目进行整体规划后可增加项目负责人，单击界面右上角的“邀请”按钮，可以通过搜索成员或输入邮箱直接邀请，也可以发送链接或者二维码邀请，如图 6-43 所示。

图 6-43

第五步：确立活动目标和创建新任务。

单击某个任务内容，弹出“活动目标确立”对话框，可设置该任务的状态、执行者、时间、关联内容等（见图 6-44），使执行人清楚职责和任务要求，更高效地推进活动项目的执行。

图 6-44

单击“所有任务”界面中的+按钮，可创建新的任务，在新的对话框中设置对新任务的具体要求（见图 6-45）。进入该项目的所有人员可以对任务同步操作，非常方便运营者对项目进行整体管理，让活动有条不紊地按计划推进。

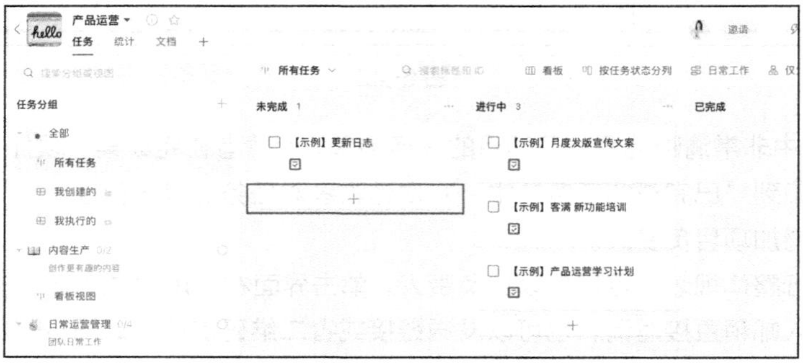

（a）

（b）

图 6-45

课堂练习

假设你要做一个线下读书会，需提前 1 个月进行活动准备，一共有 5 名同事参与，共同推进。尝试使用 Teambition 设置项目的具体任务，并将 5 位同事加入项目中一同参与任务。

6.3.2 使用滴答清单执行活动

滴答清单是一款帮助用户记录工作、任务，规划时间的应用软件，支持在 Web、iOS、Android、Firefox、微信等系统或平台上使用。

滴答清单可以在手机和计算机上同步操作，使用移动端可以让运营者随时随地管理自己的工作任务，支持多人协同工作，非常便捷，具体操作步骤如下。

第一步：下载安装滴答清单软件。

在手机软件商店搜索“滴答清单”，下载、安装后打开并登录，登录时可以选择微信、手机号、邮箱等方式，如图 6-46 所示。

图 6-46

第二步：建立项目清单。

在首页界面点击≡按钮可进入“收集箱”，点击底端的“添加清单”按钮，新建一个项目清单并命名。例如命名为“活动运营”，点击右下角的“完成”按钮，“活动运营”就会出现在清单列表中，如图 6-47 所示。

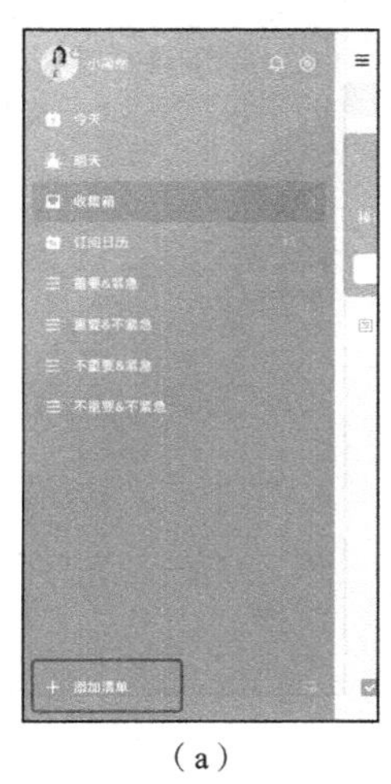

（a）

（b）

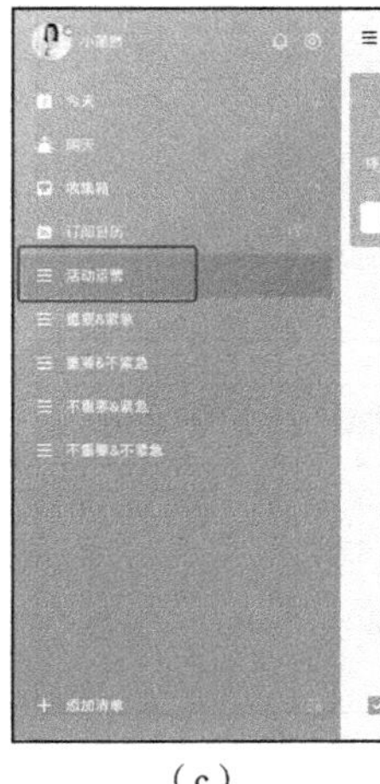

（c）

图 6-47

第三步：输入具体任务清单。

进入“活动运营”清单中，点击右下角的⊕按钮新建任务，在输入框里填写具体任务名称后，点击右下角的“下一项”按钮即可完成创建，如图 6-48 所示。

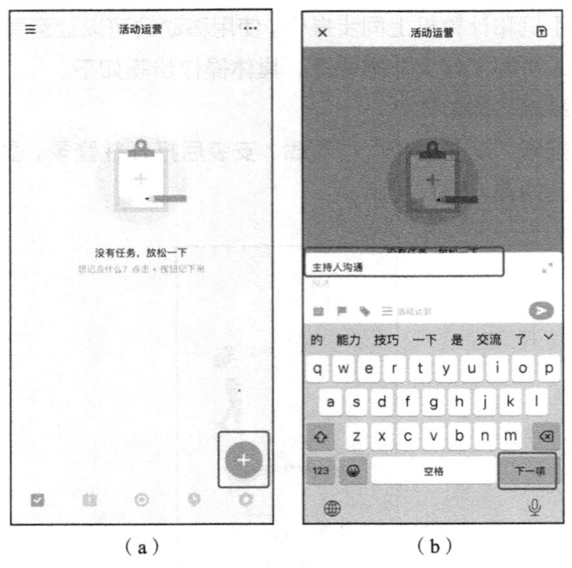

（a）　　　　（b）

图 6-48

另外，可以为单项任务设置完成时间和优先级，方便运营者对关键任务截止时间的把控。点击界面左侧的📅按钮设置具体截止时间，可设置时间提醒，如果是重复进行的任务，可设置具体重复的时间，避免遗漏重复性的任务，最后点击界面右下方的“完成”按钮完成设置。另外，运营者还可设置任务的优先级，包括高优先级、中优先级、低优先级、无优先级，如图 6-49 所示。

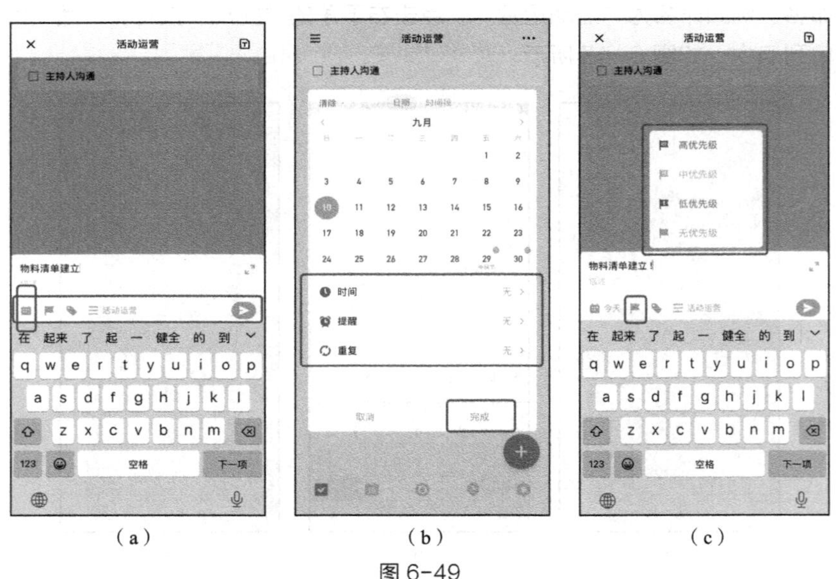

（a）　　　　（b）　　　　（c）

图 6-49

第四步：添加参与者。

点击右上角的···按钮，选择“共享协作”后，在新的对话框中点击“添加新成员”按钮即可邀请协同参与人员。邀请的方式有 4 种，分别是微信二维码邀请、共享链接邀请、从已共享清单中邀请和从手机联系人中邀请，如图 6-50 所示。

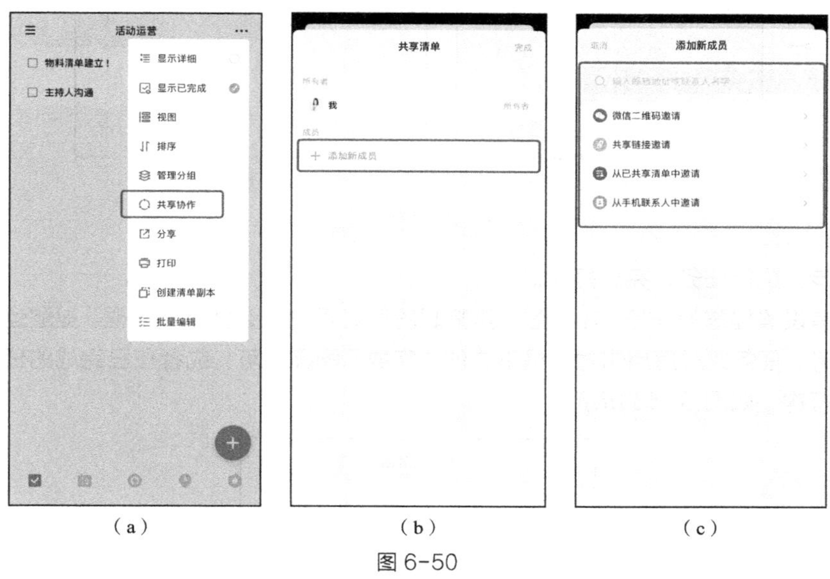

图 6-50

第五步：分配具体任务。

接下来需要将每一项工作任务分配给参与者，在“活动运营”清单中选择一项任务，如“物料清单建立！”点击该任务，找到界面右上角的“人物”按钮，点击后可以看到参与该项目的人员。可以逐一为每项任务选择负责人，方便参与者明确各自任务，各司其职，如图 6-51 所示。

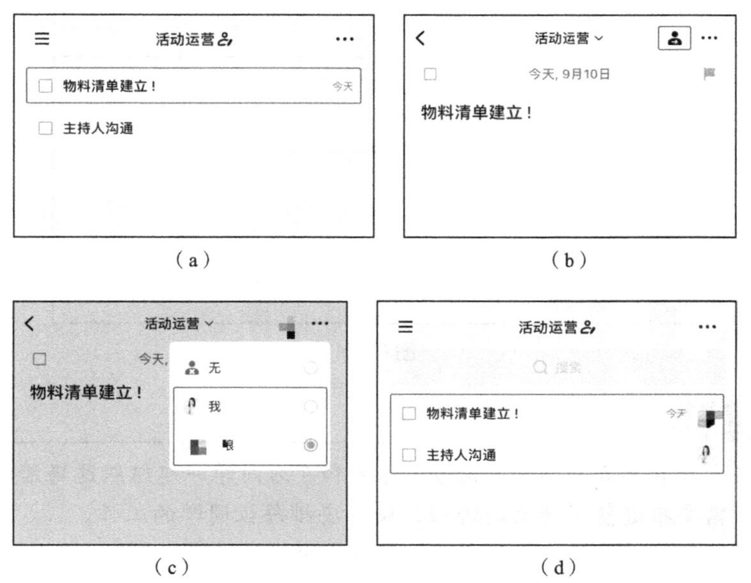

图 6-51

另外，还可以查看分配给自己的任务数量，点击“指派给我”，即可看到所有指派给自己的任务，如图 6-52 所示。

（a）

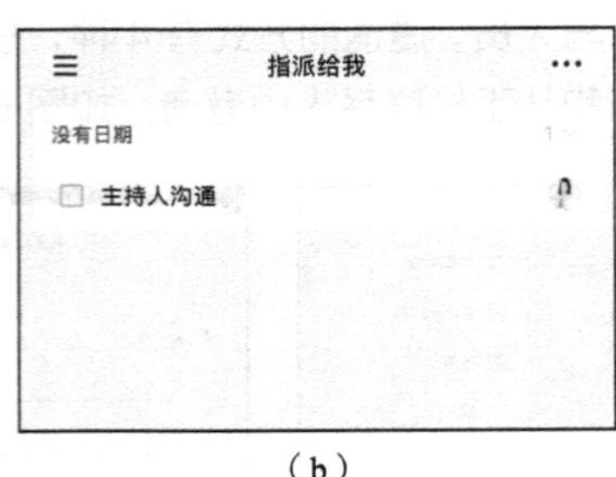

（b）

图 6-52

第六步：执行任务、完成打钩。

如果有设置提醒的任务，在提醒铃声响起的同时手机上会弹出对话框，提醒运营者开始着手做任务，任务完成后点击对话框下方的“完成”图标即可，或者在已完成的任务左侧的小方框里打钩，如图 6-53 所示。

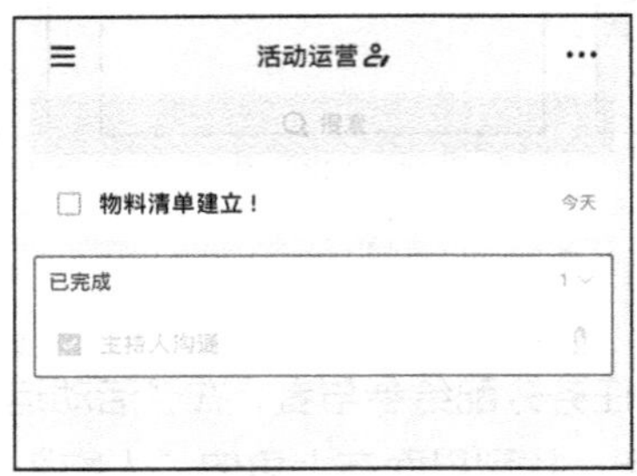

图 6-53

另外，在计算机上可直接登录应用，以同一用户名登录后，即可进行同步操作，如图 6-54 所示。

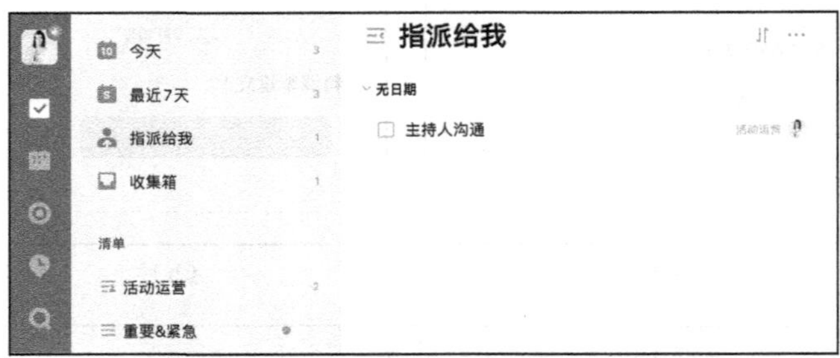

图 6-54

课堂练习

假设某学校要举办一场读书活动，你将和 3 名同学一起组织这场活动。作为总负责人，你需要推进整个活动的进程，统筹安排每位同学的工作。

请使用滴答清单软件建立活动执行清单，邀请活动执行团队参与任务，并合理地将任务分配下去。

6.4 活动复盘

“复盘”是围棋术语，也称“复局”，指对局完毕后，复演该盘棋的整个过程，以检查局中招法的优劣与得失关键。现在复盘技术常用在平时的反思和学习上，通常分为个人复盘和组织复盘，帮助个人或团队总结经验，从而得到更好的提升。

新媒体运营者通过复盘可以总结经验，避免重复犯错，还可以通过深入的剖析让团队成员认识到自身在工作中的优缺点，分析团队成员的强弱项，从而合理分工。更重要的是，通过不断改进，可以让活动流程更加顺畅。复盘内容通常是整个活动流程，如对活动策划、活动准备、活动执行等的逐一分析，具体分成 4 个步骤，如图 6-55 所示。

图 6-55

第一步：回顾目标，即回顾策划活动时制定的目标是什么。

第二步：评估结果，即对比目标评估结果是否达标，和原定目标相比有哪些亮点和不足。通常结果与目标的对比有 4 种情况：第一种，结果和目标一致，即完成所设目标；第二种，结果超越目标，完成情况比预期更好；第三种，结果不如目标，完成情况比预期要差；第四种，在活动的过程中新添了预期没有的项目。

第三步：分析原因，详细分析活动成功或者失败的原因，包括主观和客观两方面的原因。

第四步：总结经验，对于本次活动实施了哪些新举措，需要继续保持哪些优良的做法，进行整理吸收，用于下一次的活动，摒弃不好的部分，并从中吸取教训。

对复盘结果的呈现没有固定的要求，用传统的办公软件 Word、Excel、PPT 记录都是可以的，但是因为在新媒体运营过程中会有很多大大小小的活动，几乎每周都要进行线上线下活动，所以高效复盘以及清晰呈现就尤为重要。“思维导图”就是一款高效复盘的优质工具。

思维导图的英文名称是 The Mind Map，又叫“心智导图”，是表达发散性思维的有效图形思维工具，它简单却很有效，是一种实用性强的思维工具。

运营者使用思维导图做复盘时需要非常清晰地将内容罗列出来，这能帮助其在复盘时更好地进行归类，方便记忆和收藏。常见的思维导图软件有 MindMaster、MindManager、Xmind、iMindMap、FreeMind、Novamind、百度脑图等，本小节着重介绍 Novamind 的使用方法。

图 6-56 所示的 Novamind 是一款非常优秀的思维导图软件，它将思维导图和 PPT 融合在一起，支持思维导图放映演示，支持直接将思维导图转为 PDF、PNG、Word、PowerPoint、MindManager 文件、纯文本等文件，方便在不同的场景中使用。

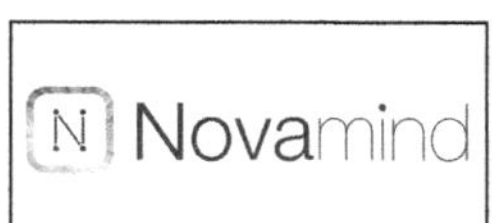

图 6-56

使用 Novamind 制作思维导图具体操作方法有 5 步。

第一步：下载安装软件。

在 PC 端下载安装 Novamind 软件，打开软件后可以看到界面分为两个区域，分别是“菜单区”和“编辑区”。“菜单区”和传统办公软件非常相似，包含文件、主页、插入、思维导图设计、视图、演示、格式菜单；“编辑区”左侧是幻灯片展示区，其他部分为思维导图的编辑区，如图 6-57 所示。

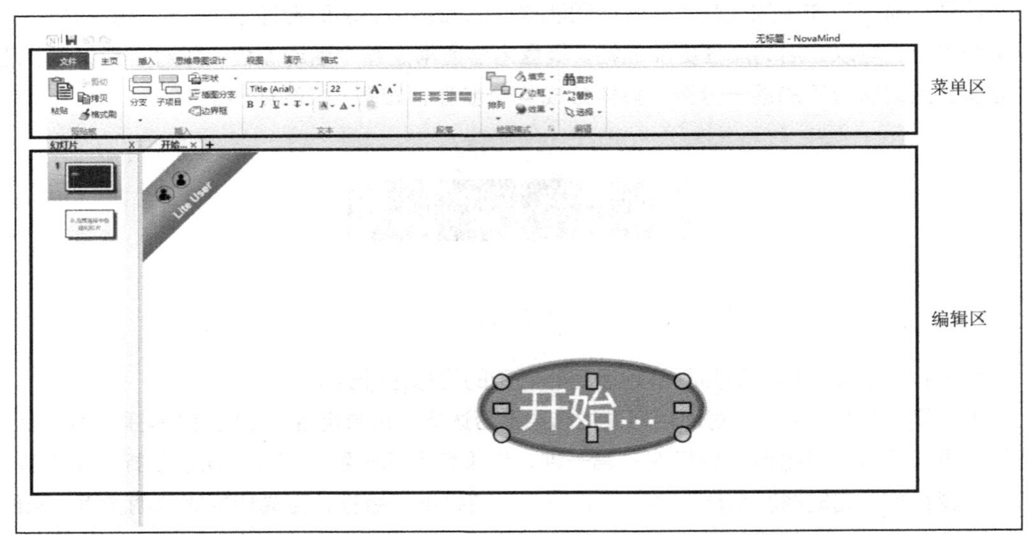

图 6-57

第二步：添加子目录。

单击“开始”文本框可以修改文字，即修改思维导图的主题。例如，输入“活动复盘”，选择“主页”中的“分支”选项，可以添加“子项目”（见图 6-58），或者按“Enter”键，也可直接生成子项目。

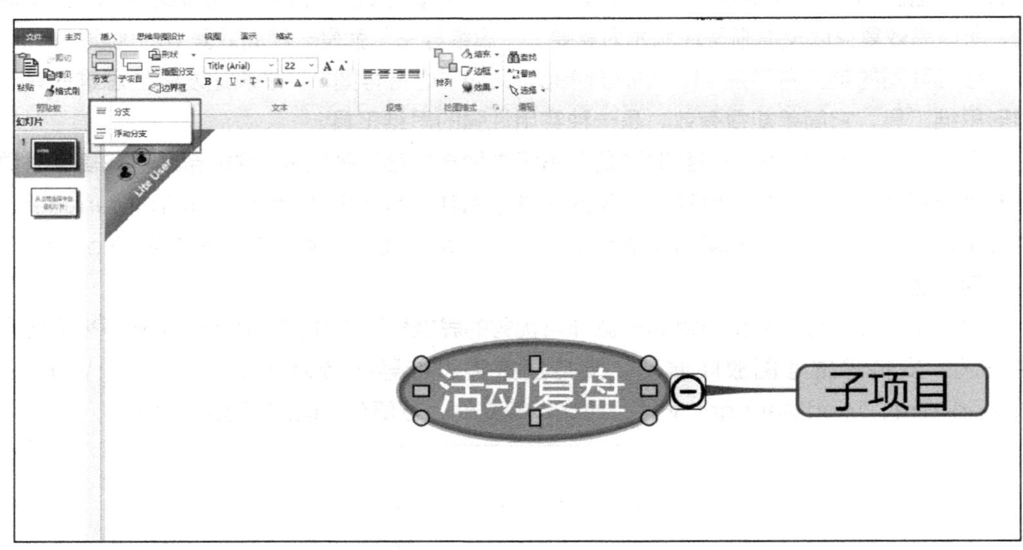

图 6-58

第三步：补充思维导图内容。

运营者可通过“插入”中的“子项目”选项，逐一添加思维导图中的子项目信息，如图 6-59 所示。可一边开会复盘一边制图，复盘会议结束时，思维导图也完成了。

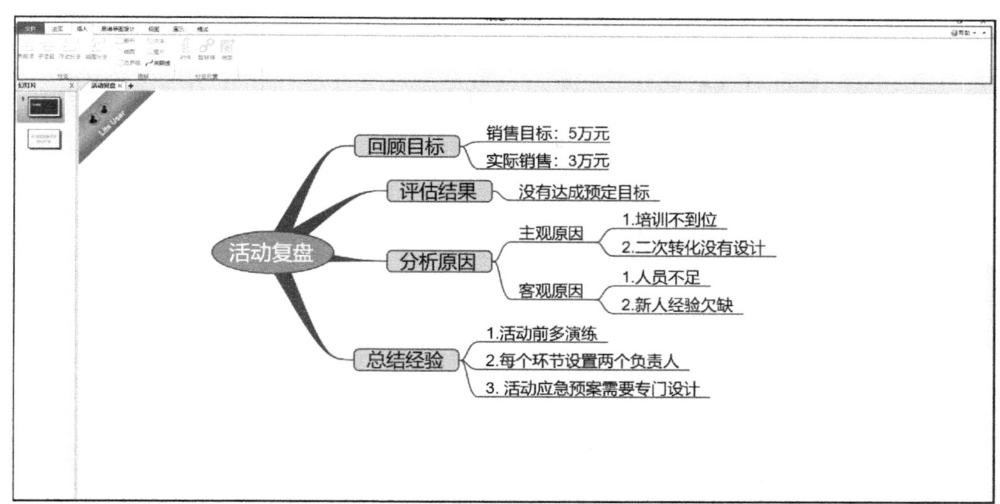

图 6-59

第四步：思维导图设计。

打开菜单栏中的“思维导图设计”菜单可以找到系统提供的多种模板，选择喜欢的模板即可一键替换。另外，菜单最右侧有“颜色”“字体”“背景”按钮，可对思维导图的属性进行调整，如图 6-60 所示。

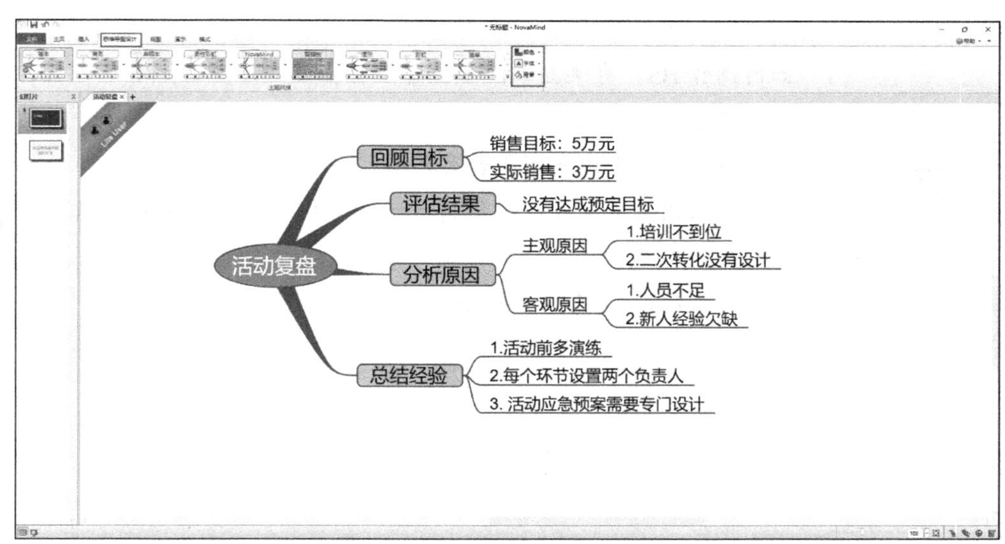

图 6-60

第五步：导出文件。

打开菜单栏中的“文件”菜单，选择“导出”，将显示导出文件的格式选项，其中有 PDF、PNG、纯文本等格式，根据需要选择保存的格式，如图 6-61 所示。

图 6-61

课堂练习

假设你策划了一次读书活动，请尝试使用思维导图做一个虚拟的活动复盘，并将思维导图保存为 PNG 的格式。

思考与练习

1 如何制作 H5？有哪些工具和操作步骤？

2 活动海报制作的网站和手机软件分别有哪些？

3 新媒体活动的常用发布平台有哪些？

4 如果你的团队策划了一次微博活动，如何通过协同工具确保活动顺利执行？

5 活动结束后，如何进行复盘并总结经验？

PART 07

第7章 新媒体信息获取和数据分析工具

新媒体运营工作需要埋头苦干，也需要抬头看路。一方面，运营者要关注当前热点，并做好与企业产品、品牌的关联；另一方面，要定期分析数据，及时调整营销策略或内容。

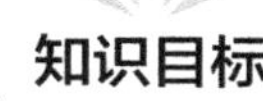

知识目标

- 了解互联网热点的获取渠道。
- 掌握行业指数的分析平台及分析方法。
- 熟悉自媒体平台及第三方平台的数据分析方法。

能力目标

- 能够及时关注热点动态，并做出相应的运营决策。
- 能够根据行业指数，分析目标用户的互联网关注喜好。
- 具备内容分析能力、用户分析能力和行业流量分析能力。

素养目标

- 深入调查研究，关注行业动态以及当前互联网的最新热点。
- 持续分析新媒体数据并增强问题意识，不断提出真正解决问题的新理念、新思路、新办法。

7.1 热点信息获取与跟进

新媒体运营者需要时刻了解并跟进最新的互联网热点，结合自身品牌策划活动。常用的热点获取平台包括微博热搜、百度热搜、微信热点等。

7.1.1 微博热搜

微博热搜是指微博平台内的热点话题，运营者可以通过微博热搜捕捉到时下最热门的话题，热门话题通常也是网民关注度最高的话题，具体的查找步骤如下。

第一步：发现热点。

进入微博首页，点击屏幕下方的“发现”按钮。进入“发现”页后，屏幕上方会呈现目前热搜的新闻，下方会有热议、热聊等，如图 7-1 所示。

第二步：查找热搜榜。

点击“更多热搜”可进入热搜榜单，榜单中包含“热搜”“文娱”“要闻”等类目，如图 7-2 所示。其中，“热搜”是热门话题的排行榜，是全部类别按照热门程度的数据排序；“文娱”是微博中的文娱热点，按文娱实时热度排序；“要闻”多是与国内外时事相关的主题。运营者可以根据需要查找不同类别的热搜，跟进热点。

(a)

(b)

图 7-1

图 7-2

7.1.2 百度热搜

百度热搜是百度旗下的热点榜单网站，它是以数亿网民的每日搜索行为作为数据基础建立的较全面的各类关键词排行榜。

在 PC 端登录“百度热搜”网站，在主页面可以看到“热搜榜”“实时脉搏”等信息，如图 7-3 所示。

图 7-3

“热搜榜”的榜单时效性较强，1～2 小时更新一次；百度热搜上的其他榜单，通常会根据前一天的搜索量统计生成，每天至少更新一次，上榜词变化大时可能一天不定时多次更新。

“实时脉搏”模块是将百度热搜的品牌榜单、实时热点榜单的热词以心跳图形式动态呈现给用户，关键词随实时热点榜单变化而更新，用户单击热词可进入详情页查看热词的详情，如图 7-4 所示。

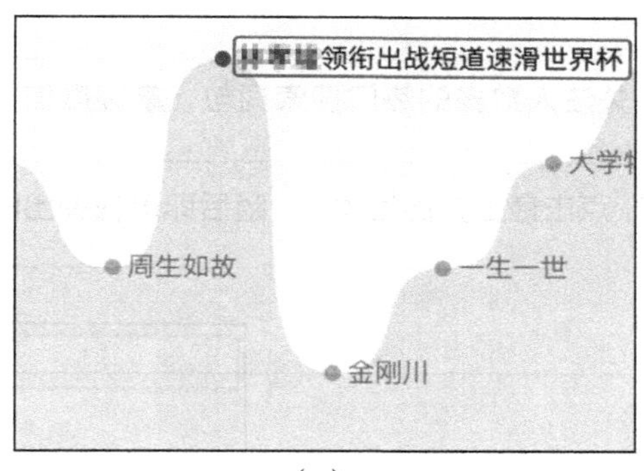

（a）

Bai du 百度 | 领衔出战短道速滑世界杯 | 百度一下

领衔出战短道速滑世界杯的最新相关信息

领衔出战短道速滑世界杯 中国队参赛运动员名单
10月12日,据"中国短道速滑队"官方微博消息,短道速滑国家队开启新赛季。本周末,短道速滑国家队一行将赴加拿大蒙特利尔参加国际滑联短道速滑世界杯1-2站比赛。参赛名单如...
闽南网 5天前

领衔出战,短道速滑世界杯中国队名单公布
10月12日，据"中国短道速滑队"官方微博消息：短道速滑国家队开启新赛季。本周末，短道速滑国家队一行将赴加拿大蒙特利尔参...
极目新闻 6天前

中国短道速滑队公布世界杯参赛名单 ...
新赛季短道速滑世界杯第一站将于10月20日在加拿大蒙特利尔开赛。10月12日，中国短道速滑队正式公布了6男6女共12人的参赛名单。...
青瞳视角 6天前

查看更多 >

（b）

图 7-4

首页中的“热点活动”模块目前包含“高考大数据”和“百度指数平台”两个板块，如图 7-5 所示。

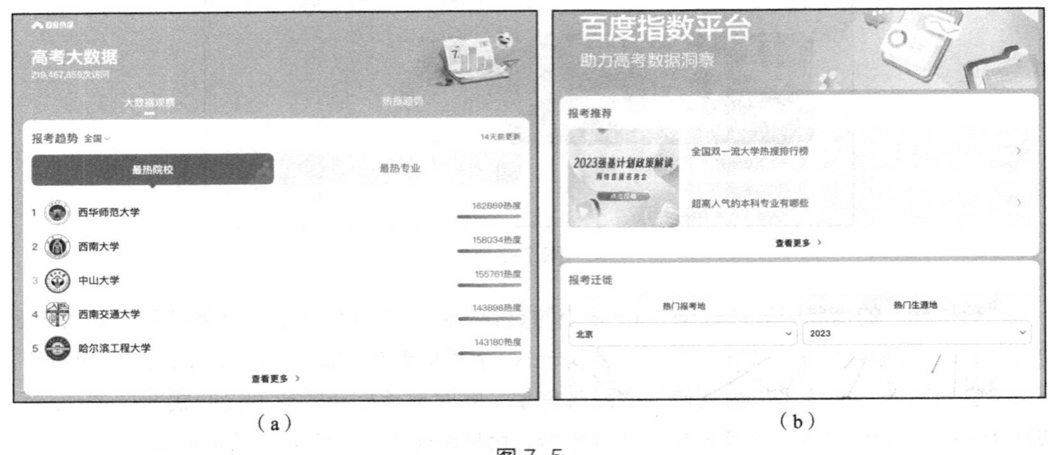

（a）　　　　　　　　　　（b）

图 7-5

7.1.3　微信热点

微信热点指的是当前关注人数多的热门搜索词句，掌握微信热点对于公众号运营尤为重要。

运营者可以打开微信，点击最上方的搜索框，随后即可在弹出的界面中看到“搜索发现”栏目，如图 7-6 所示。

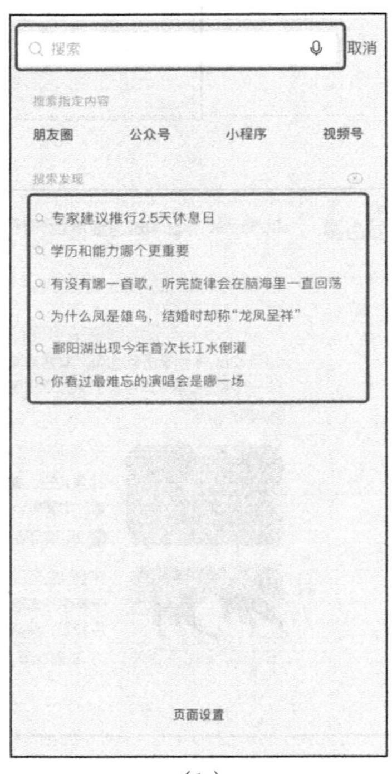

（a）　　　　　　　　　　（b）

图 7-6

点击“搜索发现”中的搜索词条，即可查看微信热点的相关内容。

与普通微信用户不同，新媒体运营者在查看微信热点时，需要思考该热点与产品、活动或品牌故事的契合点。

例如，某汽车行业的新媒体运营者看到“中秋养生月饼销量暴增五倍”的热点后（见图 7-7），可以尝试策划“月饼销量暴增五倍，汽车价格却直降五万元，欢迎到店”“中秋福利：到店看车，300 盒养生月饼等你拿”等内容。

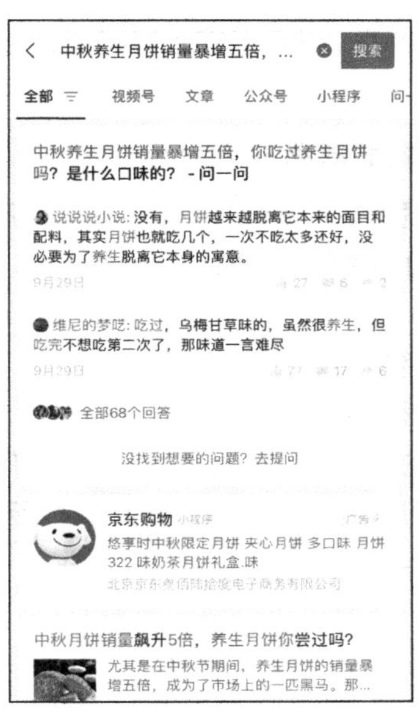

图 7-7

课堂练习

请你通过微博热搜、百度热搜和微信热点，找到分别排在前 5 位的热点话题，对比三者有何不同。

7.2 行业指数及人群画像分析

新媒体运营者需要随时关注用户，了解行业热点趋势、用户搜索趋势等，因地制宜地优化营销策略，调整营销方法。

要了解以上信息，主要是通过两个工具：微信指数和百度指数。

7.2.1 微信指数

“微信指数”是一款对关键词热度趋势和动态数据整合的小程序。新媒体运营者可通过该款小程序查看某个关键词的热度，精准洞察用户的兴趣，在文章或活动中增添高热度的关键词，以增强关注度，助力营销。

使用微信指数小程序对运营者有以下几点好处。

1. 捕捉最新热词，看懂热度趋势

微信指数整合了微信中的搜索和浏览行为数据，基于对海量数据的分析，可以形成近 7 日、近 30 日和全部（一年）的关键词动态指数变化情况，方便运营者看到某个词语在一段时间内的热度变化和最新指数动态。

2. 监测舆情动向，形成研究结果

微信指数可以提供对社会舆情的监测，能让运营者实时了解互联网用户当前最关注的社会问题、热点事件、舆论焦点等，方便运营者对舆情进行研究，从而形成有效的舆情应对方案。

3. 洞察用户兴趣，助力精准营销

通过微信指数提供的关键词的热度变化，可以间接获取用户的兴趣点及变化情况，如日常消费、娱乐、出行等，从而对品牌的精准营销和投放形成决策依据，也能对品牌投放效果形成有效监测、跟踪和反馈。

微信指数小程序的具体使用步骤如下。

第一步：查找微信指数小程序。

打开微信，点击屏幕下方的“发现”按钮，点击“小程序”进入小程序界面，在小程序的搜索框中输入“微信指数”可找到该小程序，如图 7-8 所示。

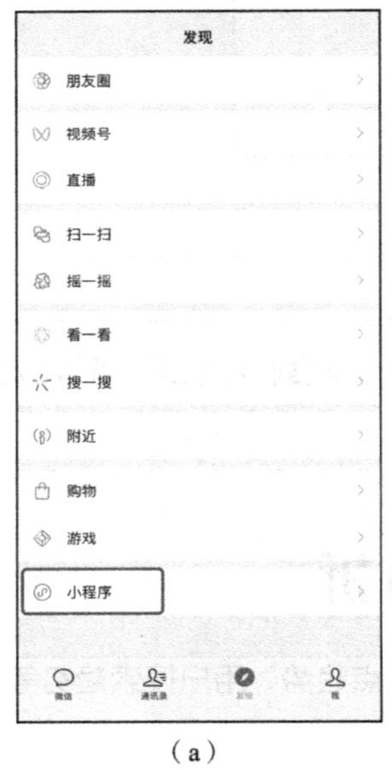

（a）

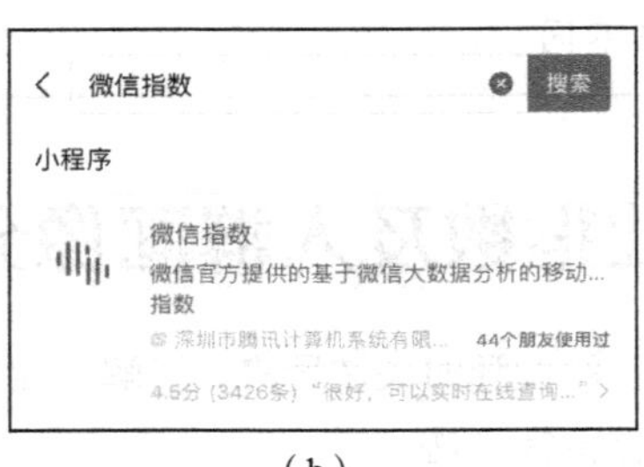

（b）

图 7-8

第二步：查询关键词热度。

进入微信指数小程序，主界面上有各种热门趋势对比，还有一个搜索框，如图 7-9 所示。

在搜索框内输入需要查找的关键词如“中秋节”，即可查询“中秋节”的热度指数。目前运营者可以查询到关键词在近 7 日、近 30 日和全部（一年）内的热度指数，同时可看到直观的指数图，指数越高说明关键词的热度越高，如图 7-10 所示。

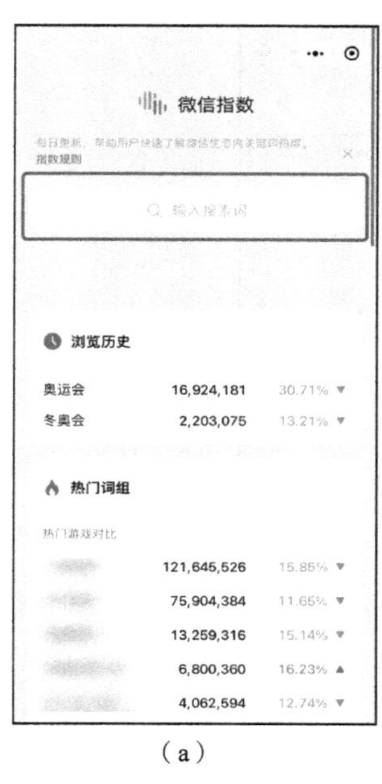

（a）

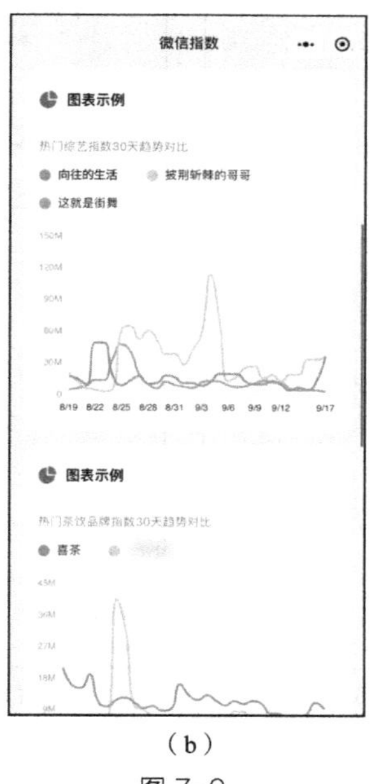

（b）

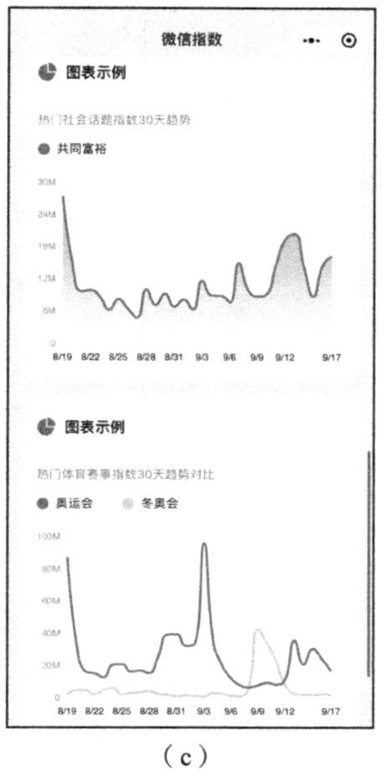

（c）

图 7-9

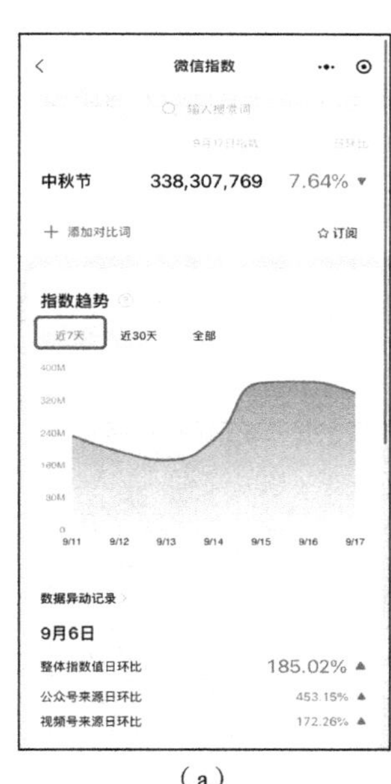

（a）

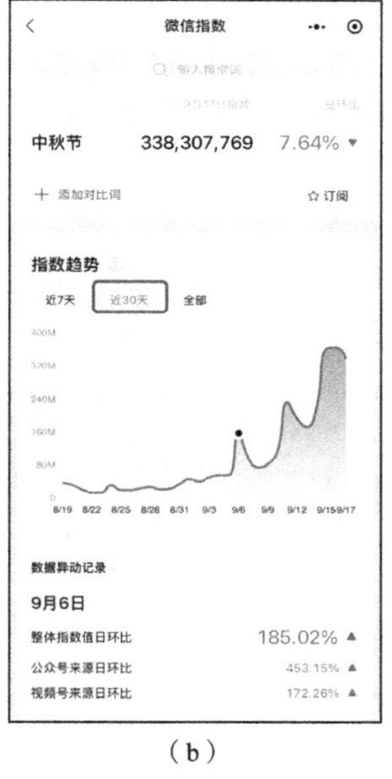

（b）

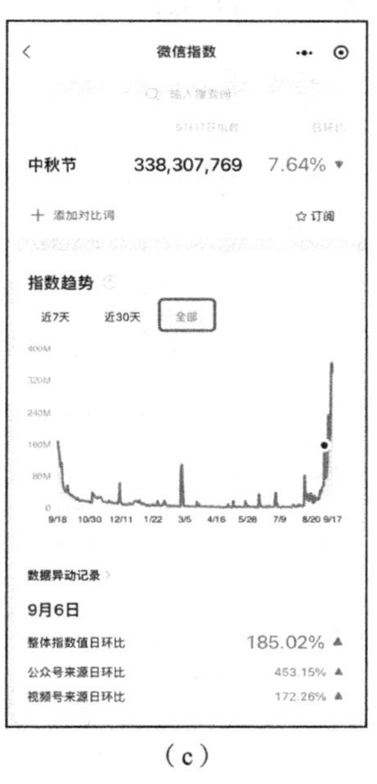

（c）

图 7-10

第三步：关键词热度对比。

点击“添加对比词”按钮增添其他关键词，可看到关键词的指数对比，运营者通过对比关键词的指数高低，可看出两个词之间的差异，获得更多有价值的数据参考，如图 7-11 所示。

课堂练习

假如你是食品行业的新媒体运营者，请在微信指数小程序中查找“早餐”的热度指数，增加“食谱”为热度对比词，对比这两个关键词在 30 天内的热度指数情况。

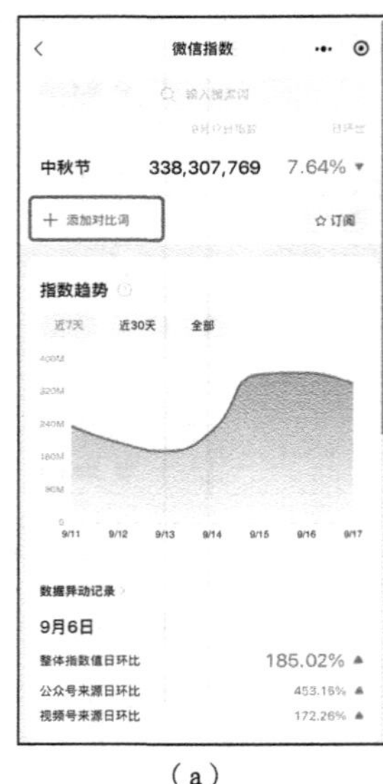

（a）

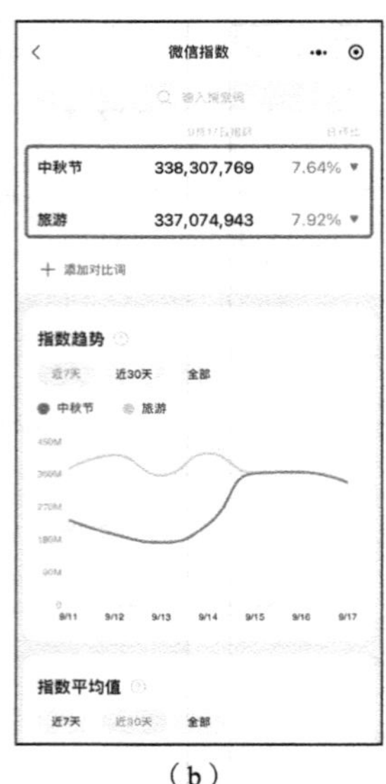

（b）

图 7-11

7.2.2 百度指数

百度指数是以百度海量网民行为数据为基础的数据分析平台，是当前互联网重要的统计分析平台之一，已成为众多企业制定营销决策的重要依据。

百度指数的具体使用步骤如下。

第一步：登录“百度指数”网站。

在 PC 端浏览器搜索“百度指数”，打开并登录网站，登录方式有百度账号、百度营销账号、百度 App 扫码和短信快捷登录，如图 7-12 所示。

图 7-12

第二步：输入关键词。

输入想要分析的关键词，通过搜索关键词，可查看该关键词的指数趋势。例如，某手机品牌的新媒体运营者想了解华为手机的热度趋势，可输入“华为”，然后单击“开始探索”按钮，如图 7-13 所示。

图 7-13

第三步：查看趋势图。

在“趋势研究”页面的“搜索指数”中，可以看到该关键词在实时（当天各整点）、近 7 天、近 30 天、近 90 天等时间段的关键词搜索量及此时间段内的趋势变化，如图 7-14 所示。

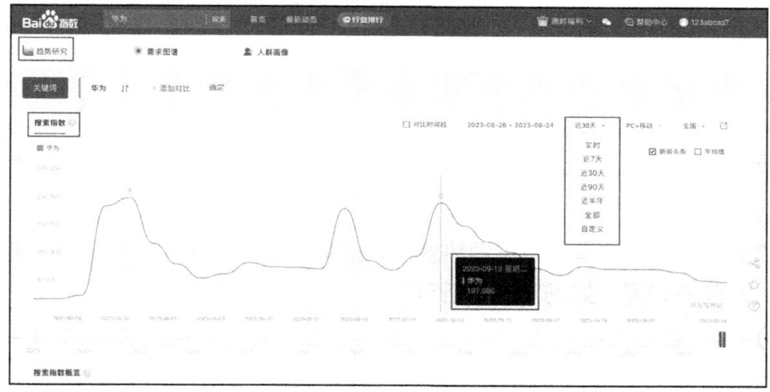

图 7-14

在趋势图的下方可以看到“资讯指数”，这是以百度智能分发和推荐内容数据为基础，将网民的阅读、评论、转发、点赞、不喜欢等行为的数据加权求和得出的指数，如图 7-15 所示。

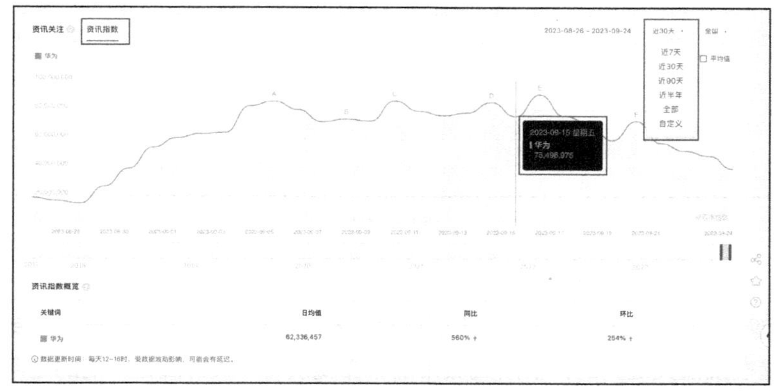

图 7-15

第四步：查看“需求图谱”。

“需求图谱”展示的是用户在搜索该关键词前后的搜索行为变化中，表现出来的相关搜索需求。在“需求图谱”中，距圆心的距离表示相关词与中心检索词的相关性强度，相关词自身大小表示相关词自身搜索指数大小，如图 7-16 所示。

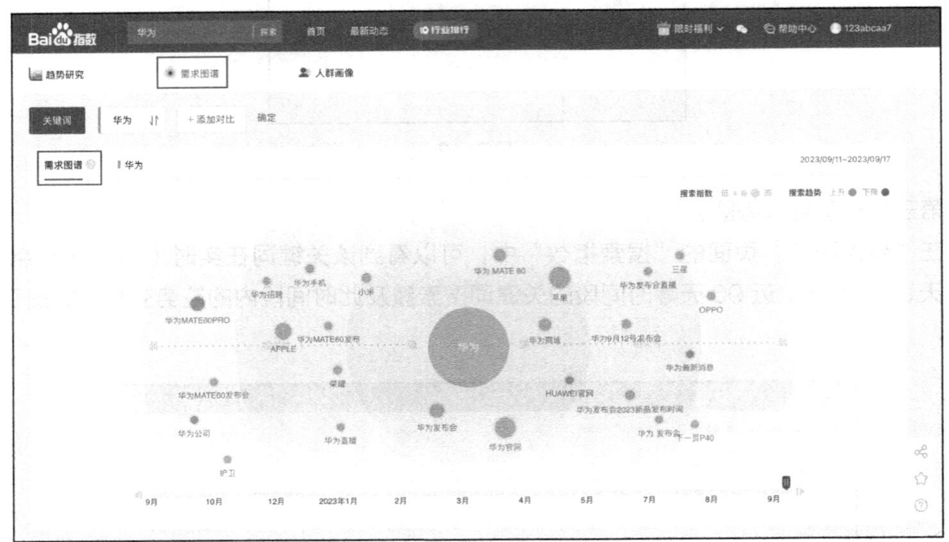

图 7-16

在“需求图谱”的下方有“相关词热度”，该数据显示的是用户搜索词的相关词中，最热门及热度上升最快的词，如图 7-17 所示。

相关词热度　　2023/09/11~2023/09/17

相关词	搜索热度	相关词	搜索变化率
1. 京东		1. 华为发布会直播	↑
2. 苹果		2. 华为9月12号发布会	↑
3. 华为官网		3. 华为直播	↑
4. APPLE		4. 华为发布会	↑
5. 华为发布会		5. 华为 发布会	↑
6. 华为MATE60PRO		6. 华为发布会2023新品发布时间	↑
7. IPHONE		7. APPLE	↑
8. 华为商城		8. 苹果	↑
9. 华为 MATE 60		9. 华为MATE60发布会	↑
10. 华为发布会2023新品发布时间		10. IPHONE	↑

搜索热度
算法说明：反映用户在搜索中心词相关搜索汇总，并综合计算汇总词的搜索指数，并以此降序排名。

搜索变化率
算法说明：反映用户在搜索中心词相关搜索汇总，并综合计算汇总词的环比变化率，并以变化率的绝对值降序排名，箭头方向表示环比增加/环比下降。

图 7-17

第五步：查看“人群画像”。

“人群画像”分为“地域分布”“人群属性”和“兴趣分布”3 个板块。其中，“地域分布”指的是搜索该关键词的人群所属城市的分布情况，“人群属性”指的是用户的年龄分布和性别分布，“兴趣分布”指的是搜索该关键词的人群平时对哪些领域感兴趣。

在新媒体运营工作中，运营者需要重点关注“人群属性”和“兴趣分布”，围绕目标用户的特点策划对应的内容或活动，如图 7-18 所示。

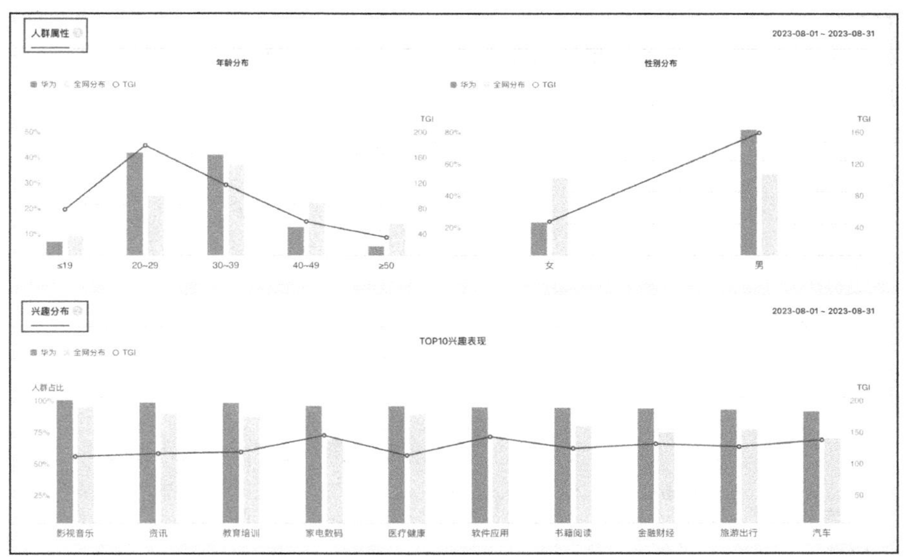

图 7-18

课堂练习

科技是第一生产力。请在百度指数搜索“人工智能”“新能源”“信息技术”并截图记录各指数。

7.3 自媒体平台数据分析技术

新媒体运营者需要定期分析账号数据，了解内容情况、用户特征和转化情况等，为后续的运营优化调整做准备。

目前各大自媒体平台的数据分析功能类似，本节以微信公众号为例，介绍数据分析方法。

首先打开并登录微信公众号，单击左侧“菜单栏”中的“数据”，可以看到内容分析、用户分析、菜单分析、消息分析、接口分析、网页分析 6 个分析项目，其中前 4 个项目需要重点关注，如图 7-19 所示。

图 7-19

1. 内容分析

公众号的内容数据指标包含阅读量、分享量等，可以查看全部内容数据，也可以只查看单篇内容数据。

分析内容数据时，运营者需要特别留意“流量来源”，了解当前流量渠道数据并评估内容推广质量，如图 7-20 所示。

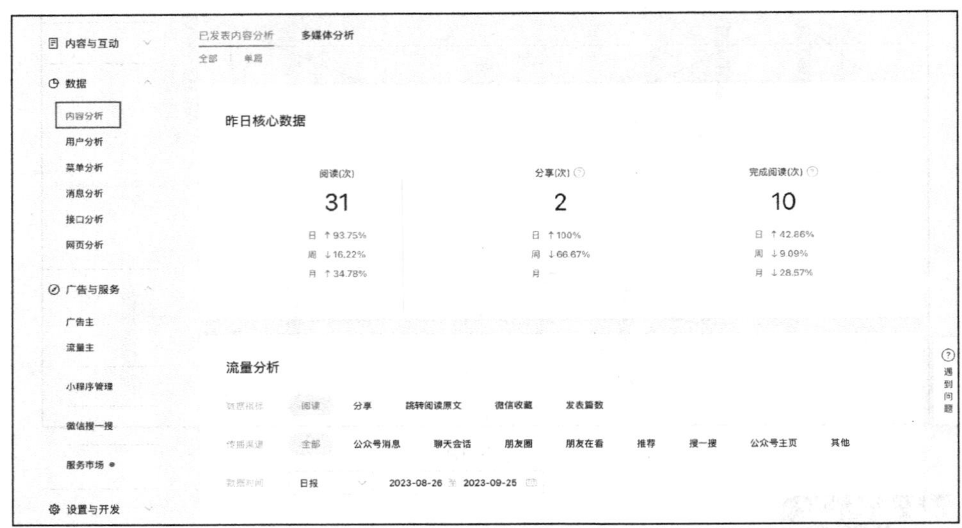

（a）

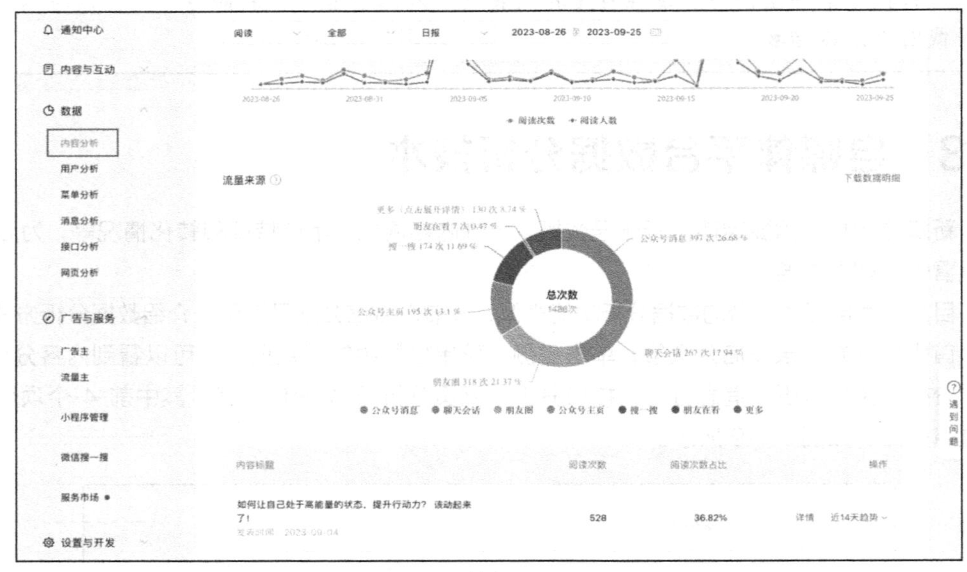

（b）

图 7-20

2. 用户分析

用户分析包括“用户增长”“用户属性”和“常读用户分析”3 个方面。

其中，“用户增长”主要包含 4 个关键指标：新关注人数、取消关注人数、净增关注人数和累计关注人数，如图 7-21 所示。此外，可以根据时间和传播渠道，查看用户关注或取消关注数据的趋势。

通知中心
内容与互动
数据
内容分析
用户分析
菜单分析
消息分析
接口分析
网页分析
广告与服务
广告主
流量主
小程序管理
微信搜一搜
服务市场
设置与开发
用户分析
用户增长 用户属性 常读用户分析
昨日关键指标

新关注人数	取消关注人数	净增关注人数	累计关注人数
1	3	-2	15,660
日 周 ↓50% 月	日 周 月 ↑200%	日 ↓300% 周 ↓200% 月	日 ↓0.01% 周 ↑0.03% 月 ↓0.06%

数据趋势
新增关注 取消关注 净增关注 累计关注
全部来源 搜一搜 扫描二维码 文章页关注 名片分享 小程序关注 他人转载 微信广告
视频号直播 视频号 其他合计
2023-08-26 2023-09-25

图 7-21

“用户属性”主要分析用户的人口特征、地域归属和访问设备。运营者可以通过“用户属性”来优化文章选题。例如，某公众号的用户中，女性用户接近 60%，且年龄集中在 30 岁上下，那么后续可针对“三十而立”“30 岁女性消费”等话题专门策划内容，如图 7-22 所示。

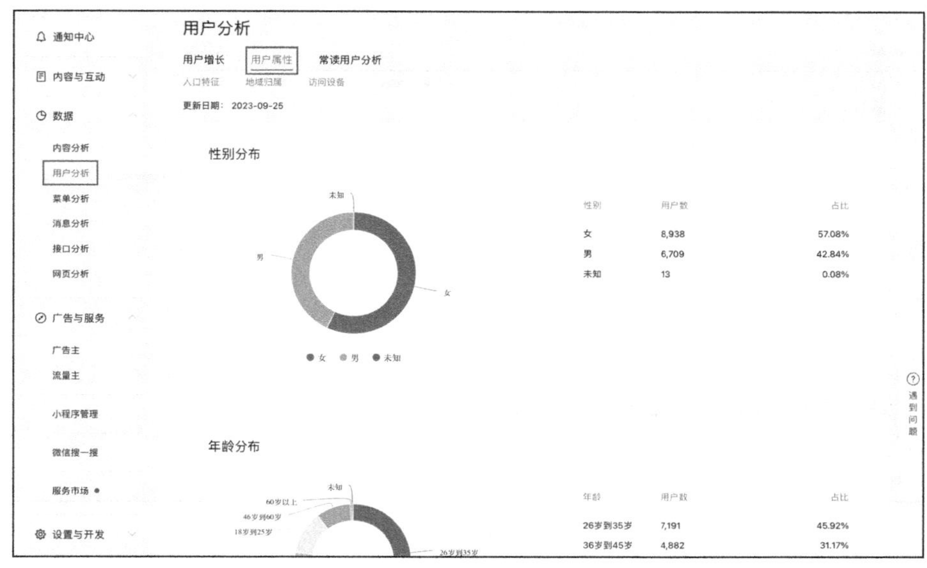

图 7-22

“常读用户分析”的指标包含常读用户总览、性别分布、年龄分布、城市分布和终端分布，运营者可以通过常读用户数据判断公众号所沉淀的忠实用户情况，如图 7-23 所示。

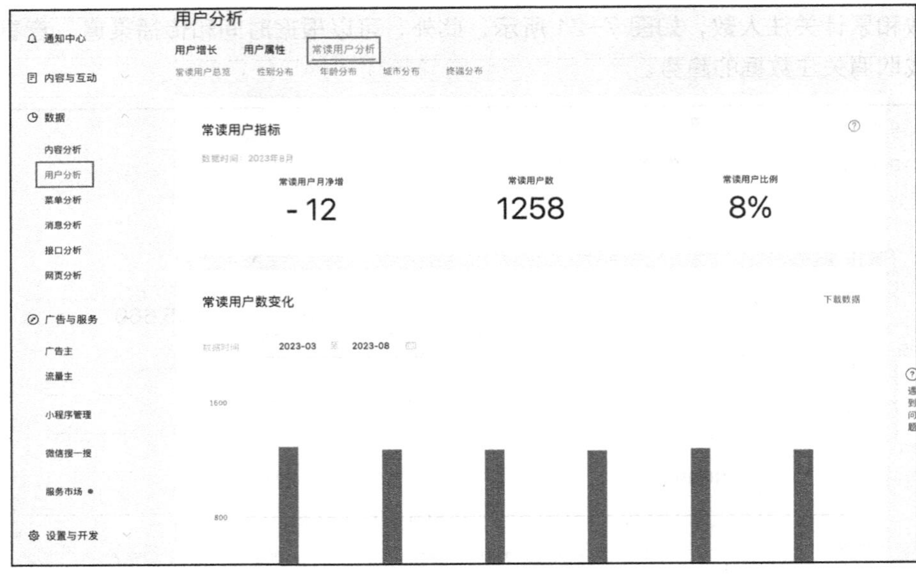

图 7-23

3. 菜单分析

菜单分析包含 3 个数据指标：菜单点击次数、菜单点击人数以及人均点击次数。根据这 3 项数据，运营者可以清楚地观察到公众号底部菜单的点击情况并及时调整，如图 7-24 所示。

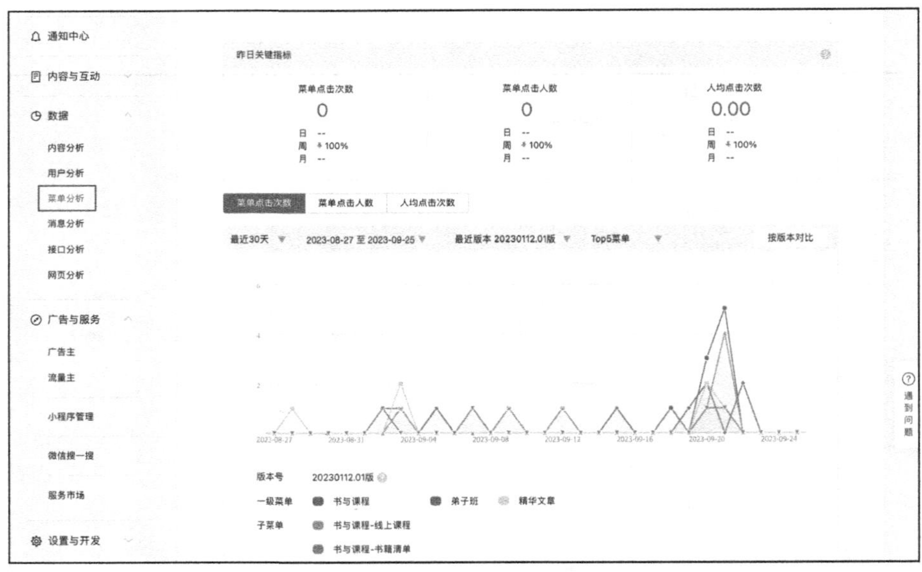

图 7-24

4. 消息分析

消息分析指的是用户与公众号之间互动的数据情况，是衡量公众号用户黏性的重要指标。消息分析包括两方面：消息分析和消息关键词。

“消息分析”包括消息发送人数、消息发送次数、人均发送次数 3 项指标，“消息关键词”主要用来评估公众号关键词回复情况，进而判断某次活动的用户参与情况，如图 7-25 所示。

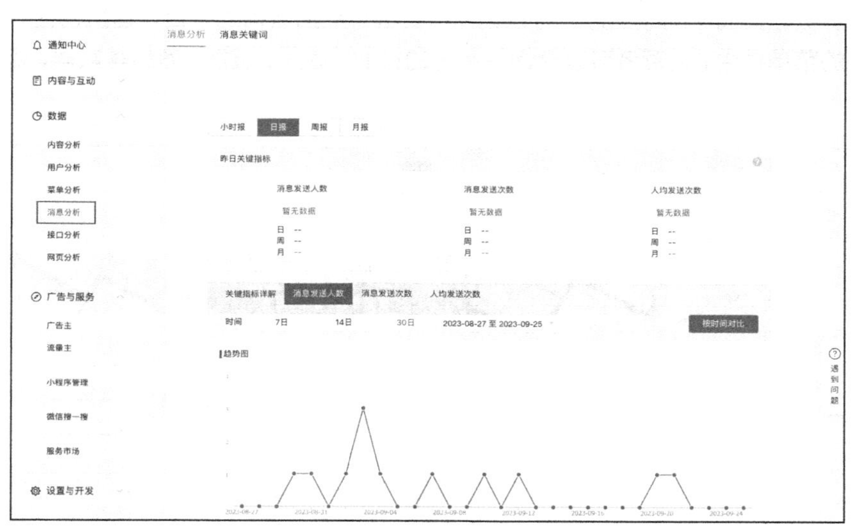

图 7-25

课堂练习

注册一个微信公众号并发布一篇文章，在后台查看并记录数据情况。

7.4 第三方平台数据分析方法

目前，各大自媒体平台都有独立的数据分析栏目，但是缺少自定义、多样化的分析功能。特别是需要做竞品账号分析时，自媒体平台更是无法胜任。而第三方数据平台可以作为自媒体平台的补充，完成以上数据分析工作。常用的第三方数据分析平台包括西瓜数据、新榜、蝉妈妈、灰豚数据、抖查查等。

西瓜数据可提供全网优质公众号查询、监控及诊断等功能，帮助运营者迅速获得公众号最新运营数据，是用于公众号运营及广告投放效果监控的工具。

新榜是一个新媒体服务平台，可综合评估微信、微博以及其他移动互联网渠道的新媒体运营情况。

蝉妈妈是抖音短视频电商数据分析平台，更倾向于短视频电商数据分析，如找热门选品、挖掘热门短视频、寻找销量好的直播间等。

灰豚数据是一款直播短视频带货数据分析软件，为品牌与商家提供实时数据服务，包括查询主播数据、寻找热门商品、分析直播间商品销售额数据等功能。此外，还支持多平台数据查询分析，包括淘宝、抖音、快手和小红书等。

抖查查是抖音数据分析工具，具有强大的脚本库素材、达人分析、粉丝榜，并且有独家脚本库功能。

下面以灰豚数据为例，具体讲解数据分析方法。

第一步：打开网站并登录账号。

搜索并打开网站后，可以直接使用微信扫码或手机账号登录。

在灰豚数据页面中间最上方，可以选择需要进行数据查询的平台，这里包含 5 个平台。在最左侧的菜单栏中，运营者可以查询平台内的行业、达人、直播、商品等数据，如图 7-26 所示。

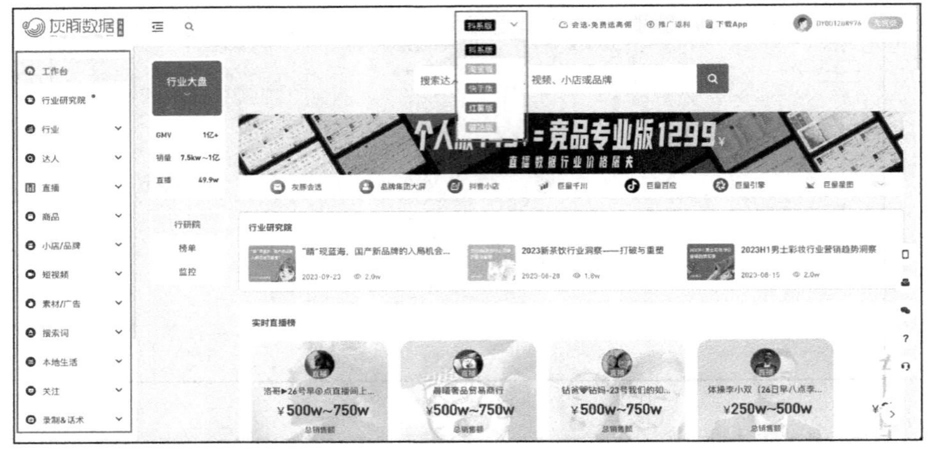

图 7-26

第二步：查看"行业大盘"。

单击"行业大盘"，可以自由选择需要了解的行业。例如，某女装行业新媒体运营者可以选择"女装"并单击"确定"按钮，随后右侧就会切换为女装相关内容，运营者可以快速对女装行业的账号进行了解，如图 7-27 所示。

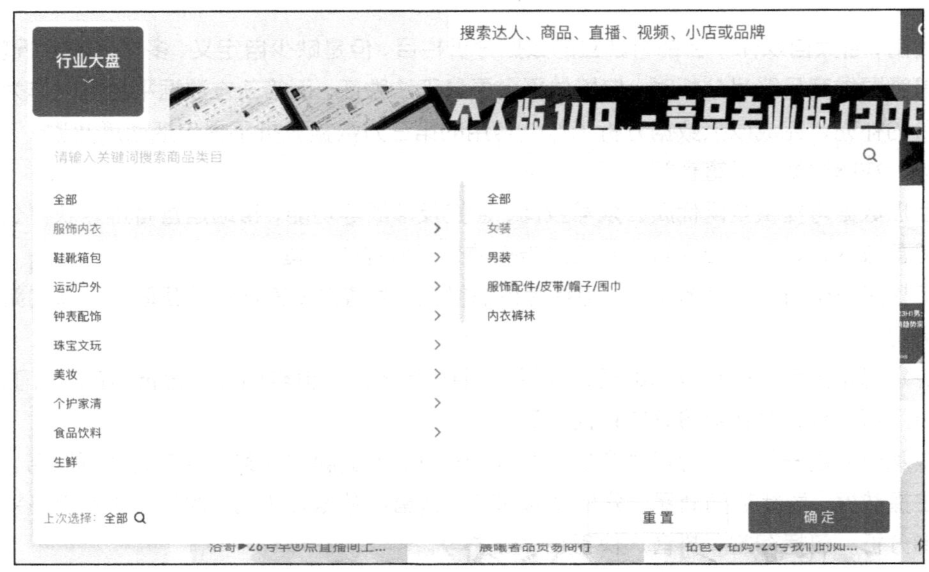

（a）

图 7-27

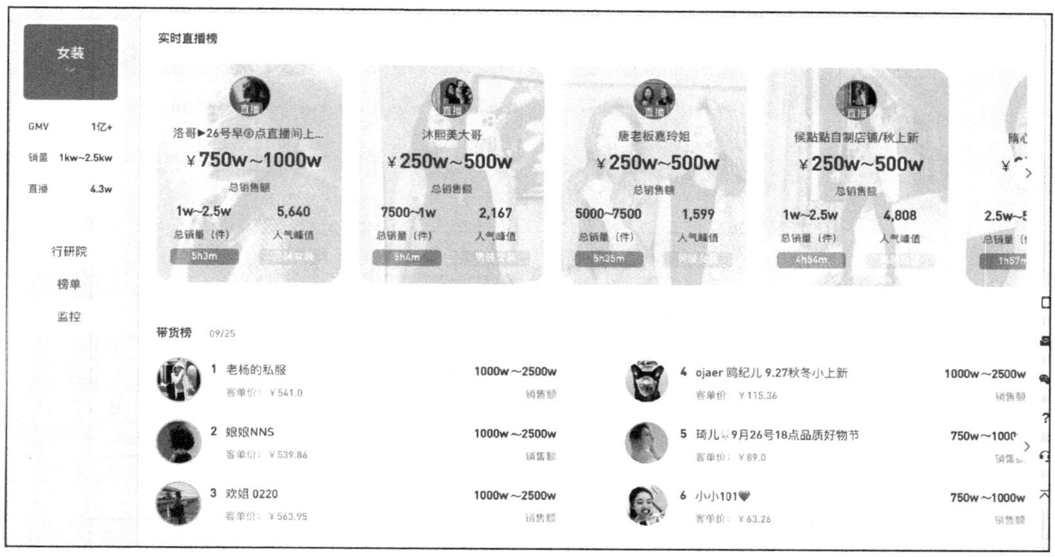

（b）

（c）

图 7-27（续）

第三步：查看“流量大盘”和“赛道大盘”。

单击左侧的“行业”，运营者可以查看行业的“流量大盘”和“赛道大盘”。

在“流量大盘”中，不仅可以查看带货黑马、推流大盘和留存大盘，还可以查看直播销量榜和商品排行，这些数据非常有利于运营者做竞品分析，如图 7-28 所示。

在“赛道大盘”中，运营者可以查看平台各行业赛道的情况，如抖音电商赛道分布、市场红蓝海等，进行前期定位决策，如图 7-29 所示。

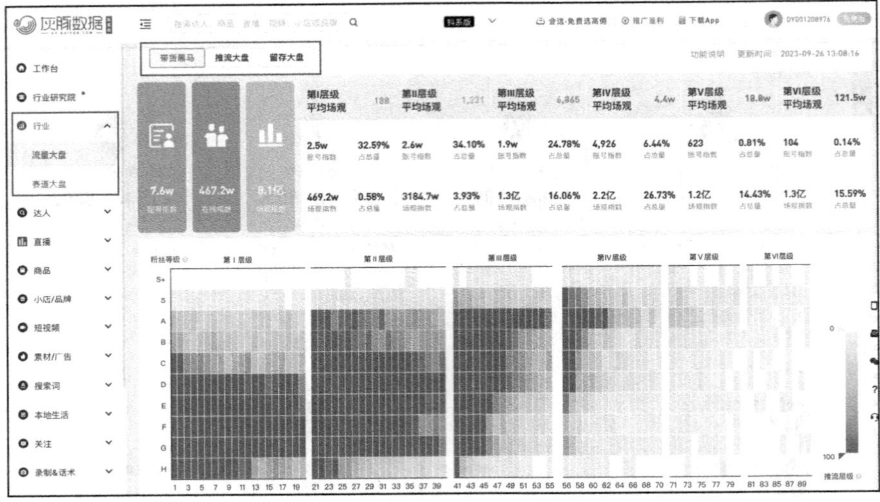

（a）

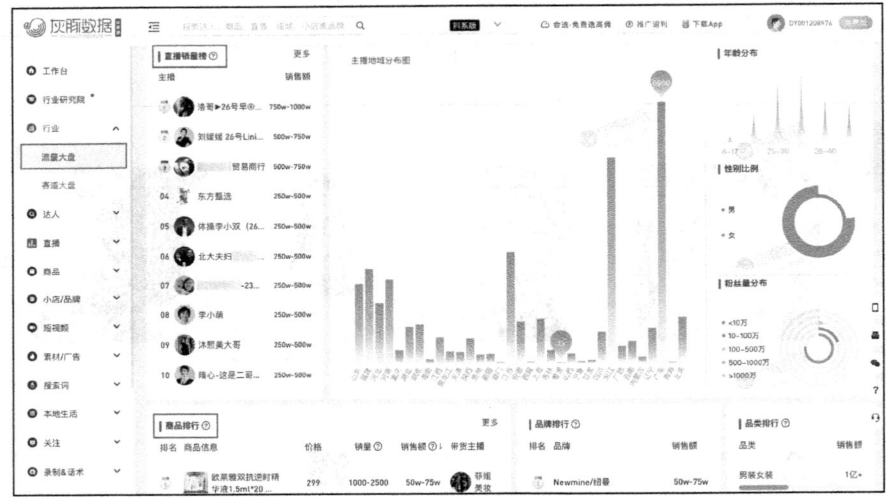

（b）

图 7-28

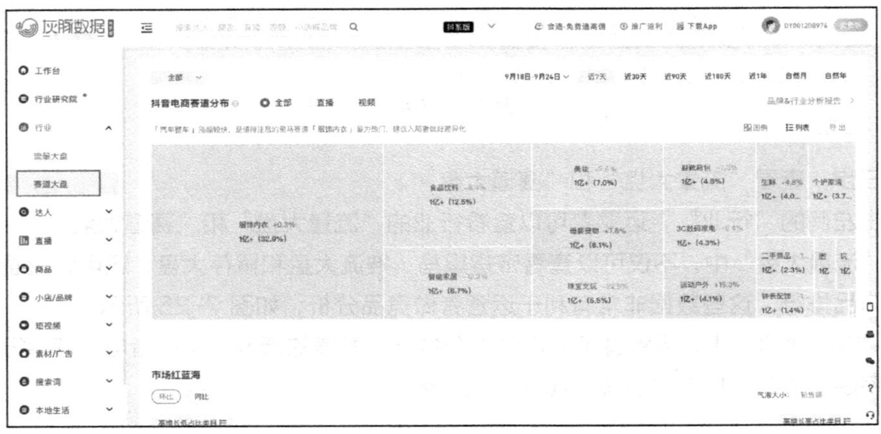

图 7-29

第四步：查看“达人”数据。

“达人”指的是有一定粉丝量、内容点赞和评论较多且产品营销转化能力较强的账号拥有者。产品曝光量的提升，离不开与“达人”的合作。但是在合作前期，运营者需要了解“达人”数据，评估合作质量。

单击“达人”，可以从“抖音号搜索”“达人排行榜”“MCN 资料库”3 个方面对“达人”进行了解。例如，单击“抖音号搜索”，可以直接搜索“达人”账号，查看其详细的数据，随后根据所属行业、内容标签、带货类目等分类，筛选出符合需求的“达人”，如图 7-30 所示。

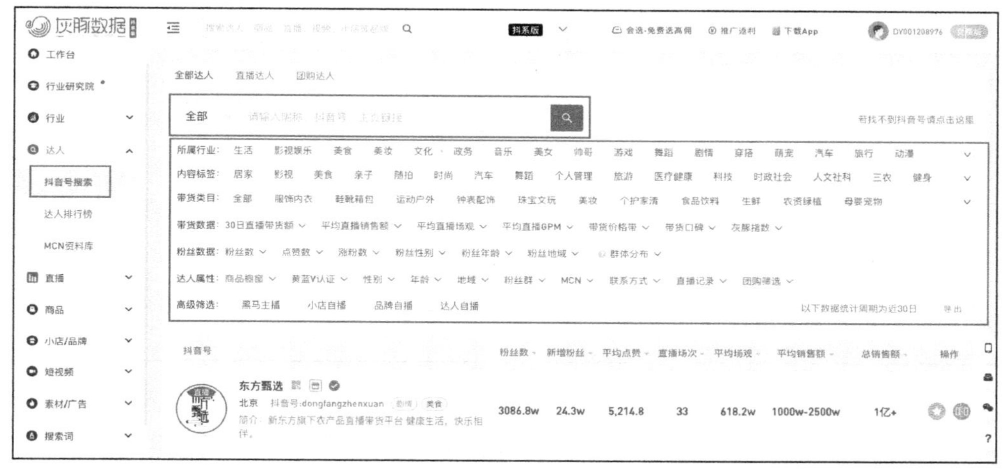

图 7-30

第五步：查看“直播”数据。

“直播”和“达人”的数据查看方法相似，可直接搜索或者通过榜单查看，如图 7-31 所示。

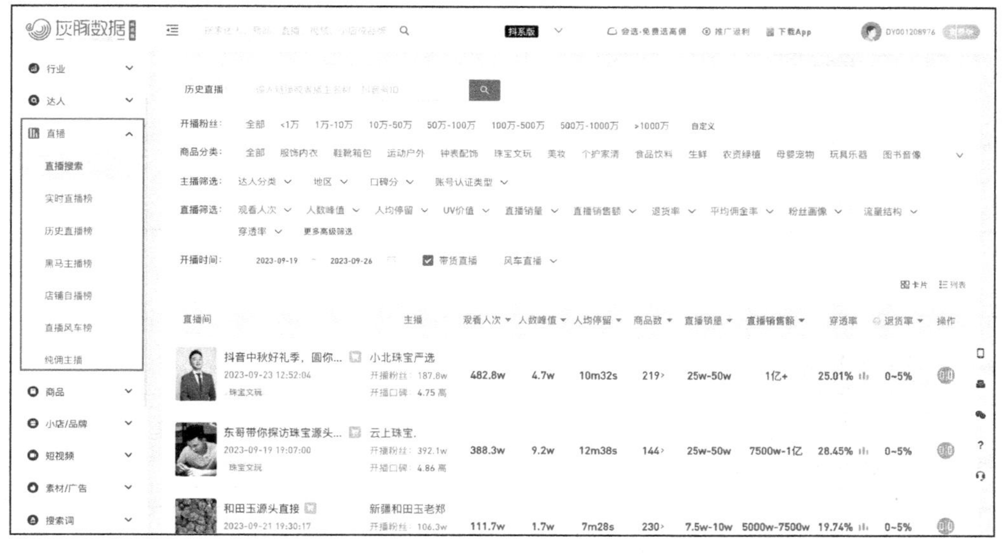

图 7-31

第六步：查看其他数据。

除了“行业”“达人”“直播”数据外，运营者还需要关注“商品”数据、“小店/品牌”数据、“短视频”数据。如果账号属于“本地生活”的商家，还要重点关注“本地生活”数据，如图 7-32 所示。

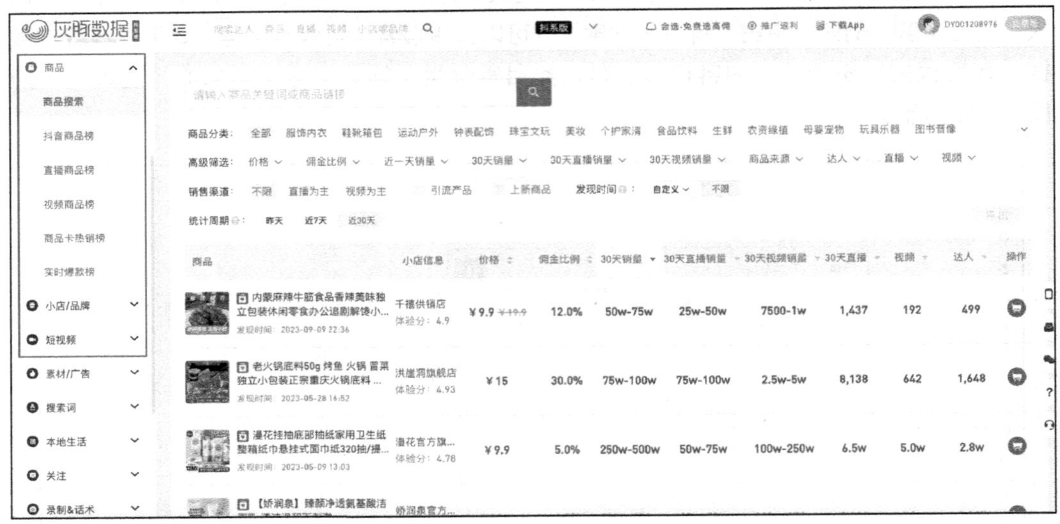

（a）

（b）

图 7-32

课堂练习

假如你负责某服装品牌的抖音运营，现在在初步策划阶段，请快速找到 5 个带货能力强的品牌官方账号，进行对标学习。

思考与练习

1. 微博热搜、百度热搜和微信热点分别从哪里查看？
2. 微信指数小程序对运营者有哪些用处？
3. 如何通过百度指数查看关键词热度及人群画像？
4. 怎样在自媒体平台的账号后台分析内容数据和用户数据？
5. 第三方数据分析平台有哪些？如何查看并分析数据？

PART 08

第 8 章 其他新媒体运营技术

做好了图文运营、视频运营、活动运营等工作，新媒体运营只能算是“及格”。想要在竞争日益激烈的新媒体环境中脱颖而出，运营者还需要调查研究、洞察用户，并做好多平台统筹协作。

知识目标

- 了解新媒体问卷的主要类型。
- 掌握多平台账号的管理方法。
- 熟悉新媒体营销思路梳理及工具操作方法。

能力目标

- 能够结合运营需求设计问卷，并根据问卷结果优化运营策略。
- 能够借助第三方平台，同步管理多平台账号。
- 能够梳理营销思路，并借助工具进行可视化设计。

素养目标

- 提高管理效率，利用工具进行跨平台、跨账号的同步与协作。
- 深入调查研究，了解用户需求并设计与之匹配的营销策略。

8.1 新媒体问卷

新媒体运营者在开展活动时，常使用问卷收集各类用户信息，如报名表、抽奖福利表、满意度调查表等。传统问卷以纸质为主，但往往会遇到场地限制、填写速度慢等问题；而利用新媒体平台生成的在线问卷不再受到以上限制，且数据统计更精准，为运营者提供了便利。

8.1.1 新媒体问卷的类型

新媒体问卷按照使用场景的不同，分为 4 种类型。

1. 收集类

这一类问卷主要用于收集用户信息和需求，如活动报名表、满意度调查表、听课预约表、报名申请表等。根据需要收集用户的姓名、电话、地址、满意度等，并按照活动需求设置具体选项，如图 8-1 所示。

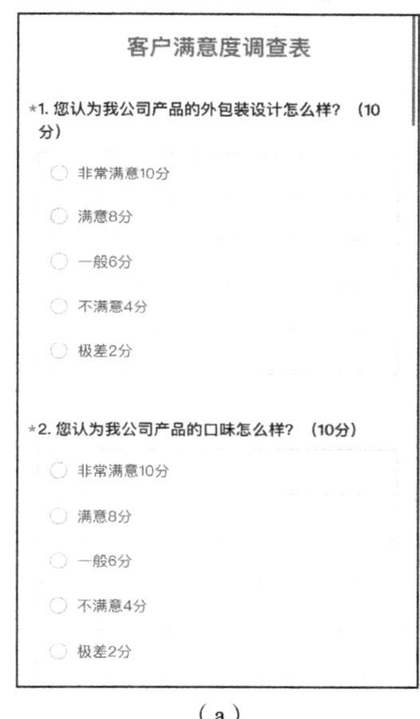

（a）

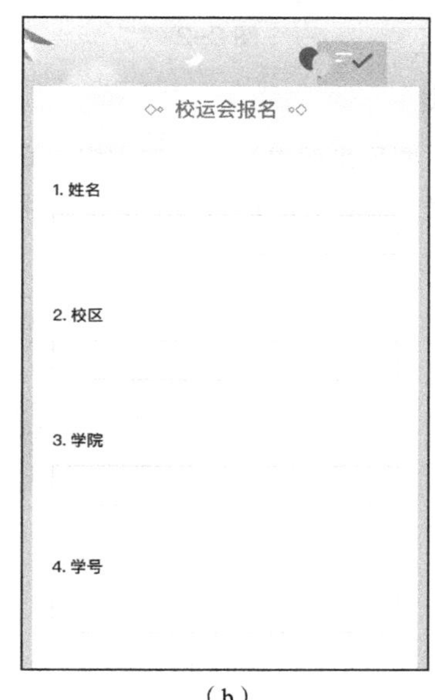

（b）

图 8-1

2. 测试类

此类问卷常出现在培训类活动中，通过课前测验来了解参与者对课程内容的认知程度，通过课后测验来了解参与者对课程内容的消化程度，如图 8-2 所示。

此外，有不少机构也会使用测试类问卷进行技能测试，如英语测试、常识测试、招聘测试等。

3. 投票类

投票类问卷多以图文单选或多选的形式呈现，在其中说明投票的内容、选项、要求等，可以是征求意见或评选类的活动，如图 8-3 所示。例如投票选出最佳作品，这类问卷设计时应注重方便用户的参与及运营者后续的统计。

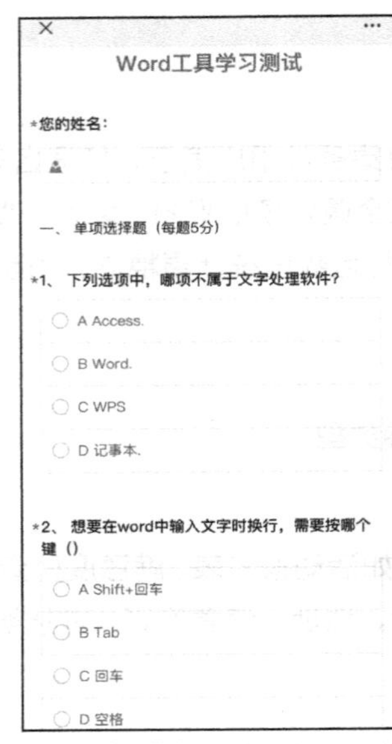

图 8-2

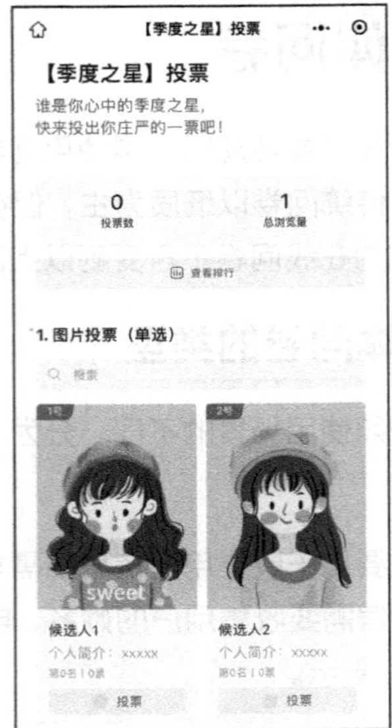

图 8-3

4. 抽奖类

此类问卷主要用来促进运营者与用户之间的互动，运营者可直接设置抽奖次数、奖品配置、兑奖方式等。抽奖类活动可吸引更多的用户参与，并帮助运营者高效获取用户信息，如图 8-4 所示。

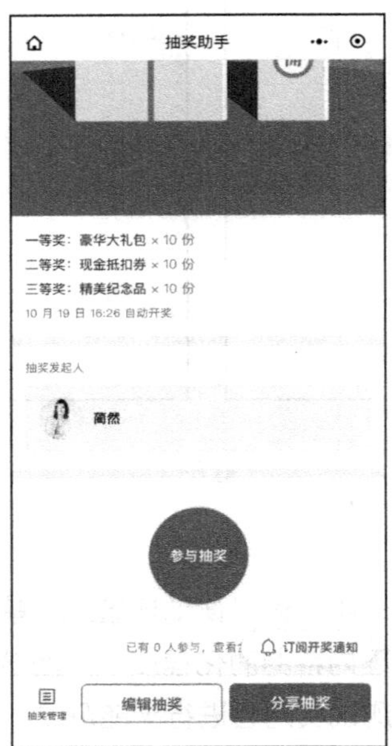

图 8-4

8.1.2 使用金数据制作问卷

常见的问卷工具有问卷网、问卷星、腾讯问卷、金数据等。这些工具在功能和使用方法上很多都是相似的，下面就以金数据为例制作问卷。

金数据是一款表单设计和数据收集工具，可用于在线问卷调查、组织聚会、询问意见、整理团队数据资料、获得产品反馈等。具体的使用步骤如下。

第一步：登录金数据网站。

在 PC 端打开金数据网站，可以使用微信账号、手机号、邮箱等方式登录，也可以采用第三方账号登录，第三方账号有 QQ、新浪、企业微信、明道，如图 8-5 所示。

图 8-5

登录后可以看到编辑界面主要分为两个区域："菜单区"和"我的表单区"。在"菜单区"的上端单击"创建"按钮，可创建新表单。"菜单区"中包含"我的表单""与我共享""我的收藏""我为别人填的表单"等分类，如图 8-6 所示。

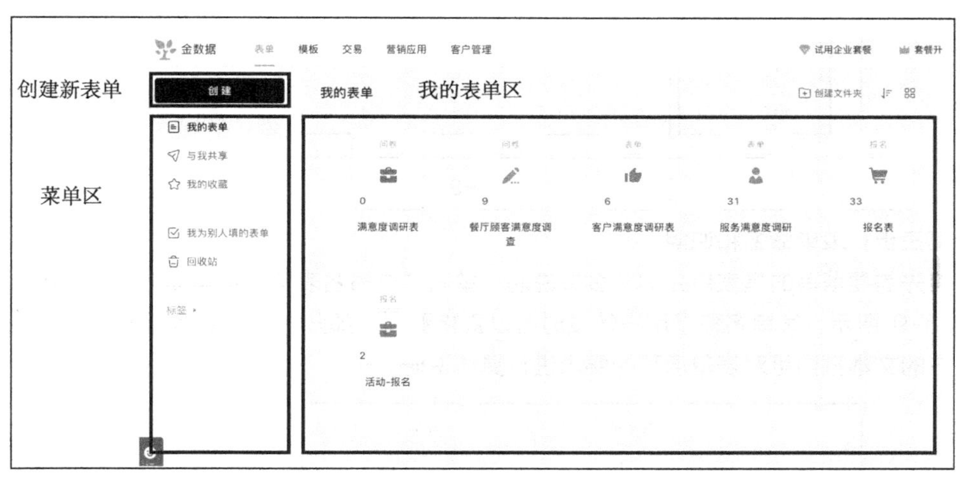

图 8-6

第二步：创建新表单。

单击"创建"按钮会弹出一个对话框，运营者可进行场景选择，也可以直接创建。其中，场景选择有"报名""问卷""收款"等场景；直接创建有"空白表单""导入 Excel"两项可供选择，如图 8-7 所示。

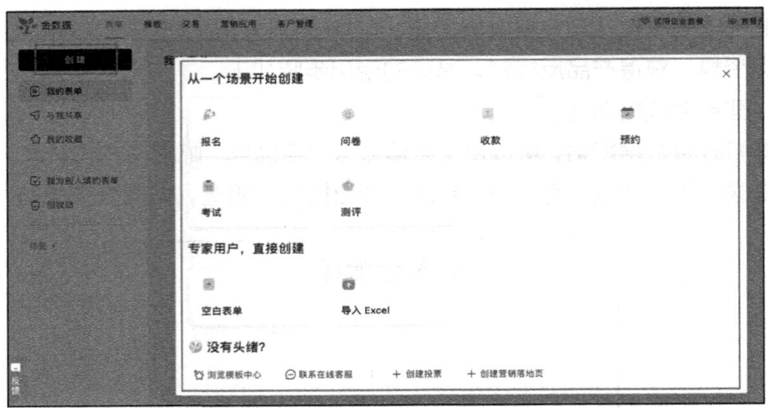

图 8-7

单击“空白表单”按钮，可创建需要的表单样式，表单编辑页面分为 3 个区域，分别是“工具区”“菜单区”“编辑区”，如图 8-8 所示。“菜单区”中包含编辑、设置、发布、数据报表的选项；“编辑区”可以实时显示表单内容；“工具区”包含添加字段、主题、规则的选项。

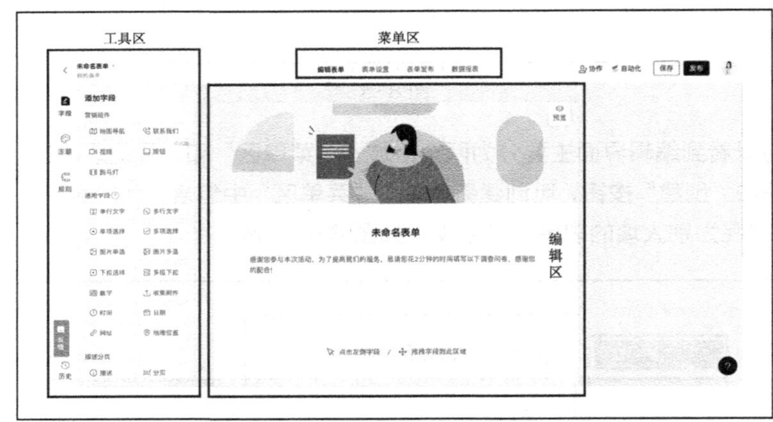

图 8-8

第三步：表单命名和说明。

首先需要填写的是表单名称和表单说明，单击“未命名表单”字样即可直接编辑填写，如图 8-9 所示。表单名称是用户转发时可以直接看到的部分，因此要尽量简单明了；在标题下方的文本框内可对表单填写的要求进行具体说明。

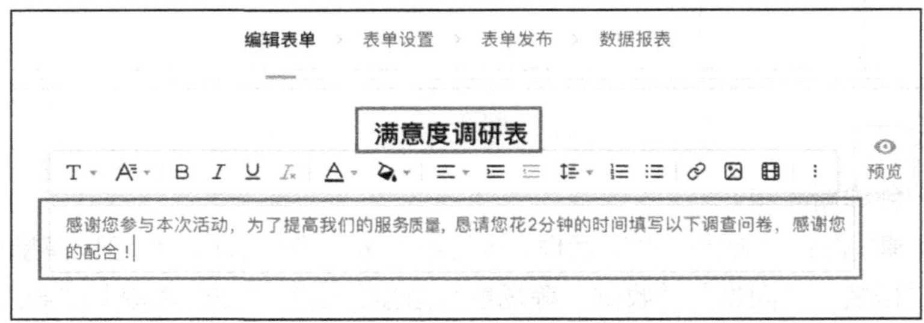

图 8-9

除此之外，可对表单说明中文字的字体、字号、加粗、颜色、对齐方式进行设置。

第四步：添加表单字段。

接下来需要增添具体的表单选项，“工具区”包含所有需要的表单字段，运营者单击所需选项即可将其添加进“编辑区”。

“营销组件”包含地图导航、联系我们、视频、按钮和跑马灯的组件；“通用字段”包含单行文字、多行文字、单项选择、多项选择、图片单选、图片多选、下拉选择、多级下拉、数字、收集附件等字段；“描述分页”包含描述和分页；“收款”包含无图商品、配图商品、纯金额、文字选项；“联系信息字段”包含姓名、手机、邮箱等；“高级字段”包含矩阵填空、矩阵选择、矩阵量表、表格、表单关联、评分、NPS、排序等字段。

例如，单击“通用字段”栏中的“单项选择”按钮，在“编辑区”中会出现一个未命名的字段，单击该字段可编辑具体内容，包括标题、选项、提示等，如图 8-10 所示。

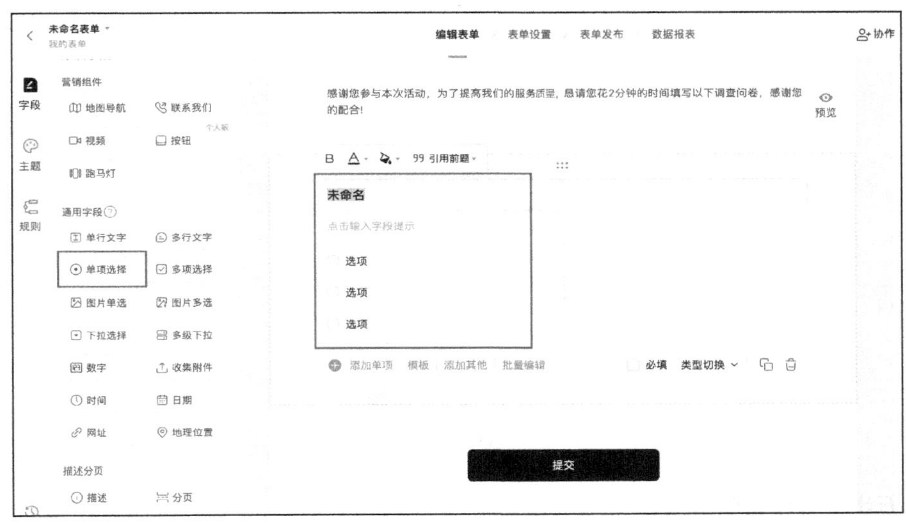

（a）

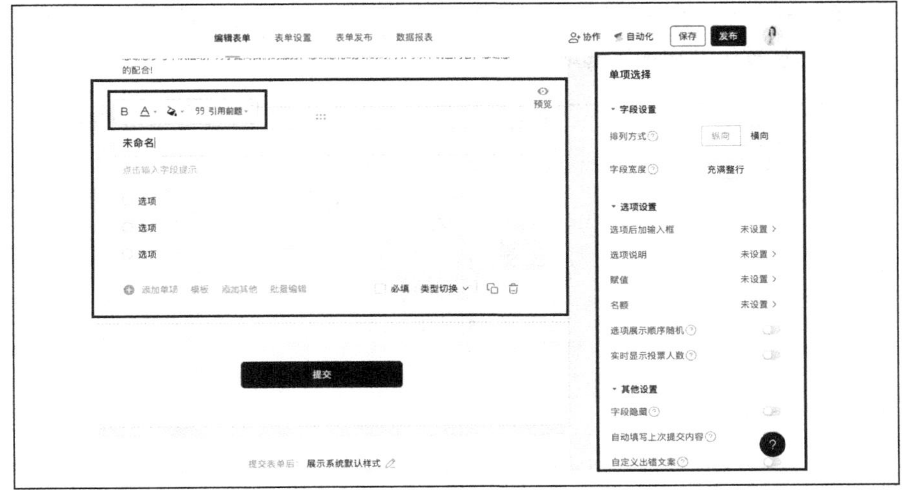

（b）

图 8-10

其中“提示”用于对该字段进行一些附加说明，一般用来指导填写者输入。勾选“必填”选项后，代表该字段不允许为空，在字段名称前会有红色的星号显示，如果填写者在提交表单时没有输入必填字段，系统会给出相关错误提示，表单将无法提交，该属性常用于需要强制填写者输入的字段。在右侧设置区，开启“自定义出错文案”后，填表者在提交不符合校验规则的数据时，会显示此处自定义的文案。

“字段设置”中可以设置该字段是横向排列还是纵向排列。横向排列更节省表单空间，使排版更为紧凑；纵向排列更适合选项字数较多的场景。单项选择的主要设置如图 8-11 所示。

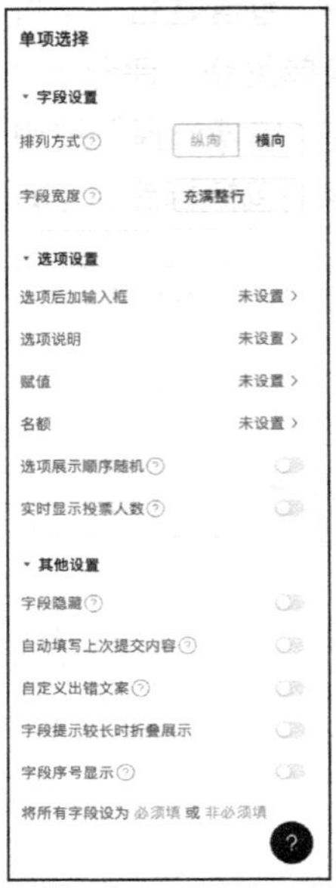

单项选择
字段设置
排列方式 纵向 横向
字段宽度 充满整行
选项设置
选项后加输入框 未设置
选项说明 未设置
赋值 未设置
名额 未设置
选项展示顺序随机
实时显示投票人数
其他设置
字段隐藏
自动填写上次提交内容
自定义出错文案
字段提示较长时折叠展示
字段序号显示
将所有字段设为 必须填 或 非必须填

图 8-11

第五步：设计表单主题。

单击左侧“工具区”的“主题”按钮可以选择主题，在右侧弹出的工具栏中有“表单样式”和“封面样式”（见图 8-12），其中“表单样式”包括“页面背景”“表单全局”“按钮样式”“页眉设置”“字段”选项。

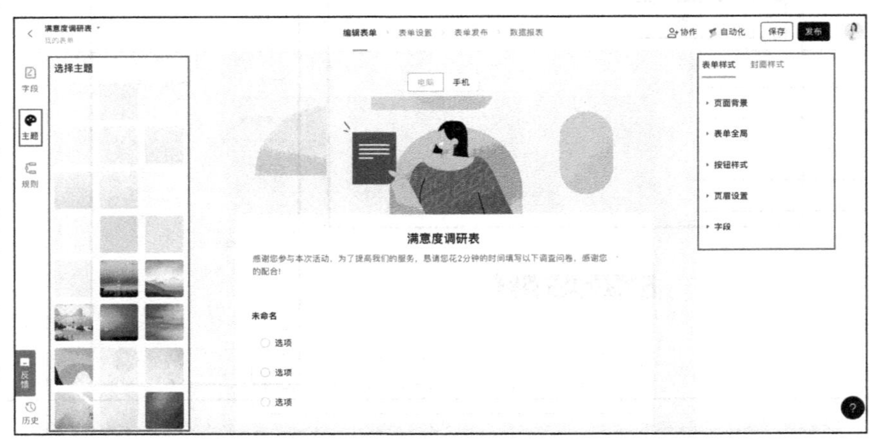

图 8-12

“页面背景”中可以更换背景图片和底色，背景图片可以上传计算机中的图片。

“表单全局”中可以设置表单宽度、底色、阴影、边框、分割线。

“按钮样式”中可以设置按钮中文本的字体、按钮底色和按钮边框。

“页眉设置”中可选择显示或隐藏页眉、设置页眉类型为文字、单张图或轮播图以及设置页眉底色。

“字段”包含标题、选项和间距的设置。

第六步：保存发布。

表单编辑完成后，可单击页面右下方的“保存表单”按钮进行保存。单击页面右上角的“发布”按钮，将出现表单的链接和二维码，此时可以直接转发链接和二维码，也可以将其发布到微信公众号，如图 8-13 所示。

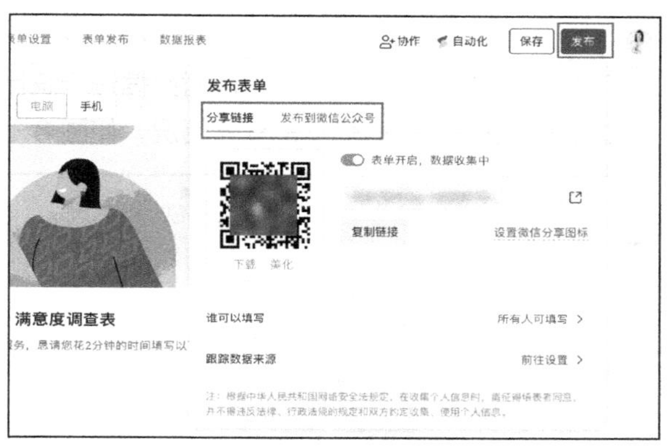

图 8-13

另外，在“发布到微信公众号”中时，针对不同类型的公众号以及不同的发布位置，嵌入方式会有所区别，如图 8-14 所示。

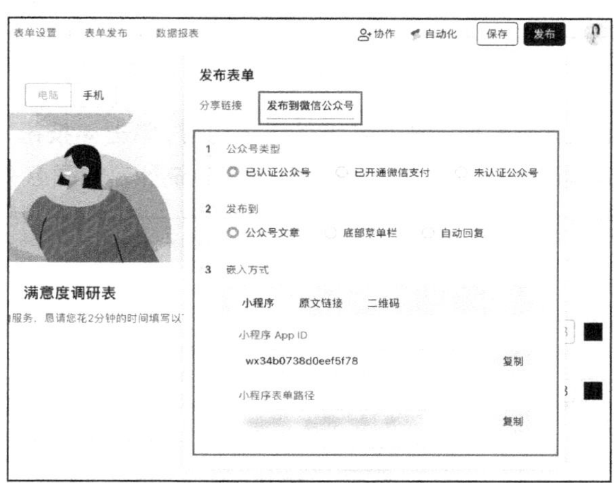

图 8-14

除此之外，单击主页面上方的“模板”按钮可进入模板集合页面，可以查找需要的模板。可在页面上方的搜索框中搜索关键词，在搜索框下面有模板分类，分别按照场景、行业、功能分类，运营者找到合适的模板单击即可使用，如图 8-15 所示。

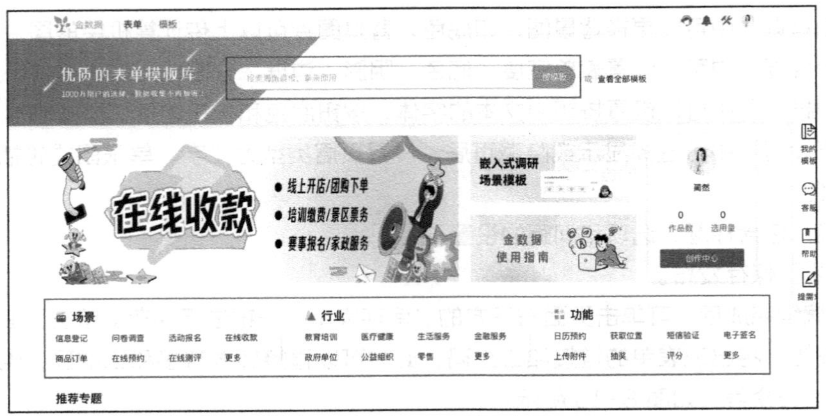

图 8-15

运营者不仅可以利用金数据进行表单制作，还可以对数据进行统计。在金数据的首页，单击“我的表单”，页面右侧可以看到所有表单的数据情况，如图 8-16 所示。

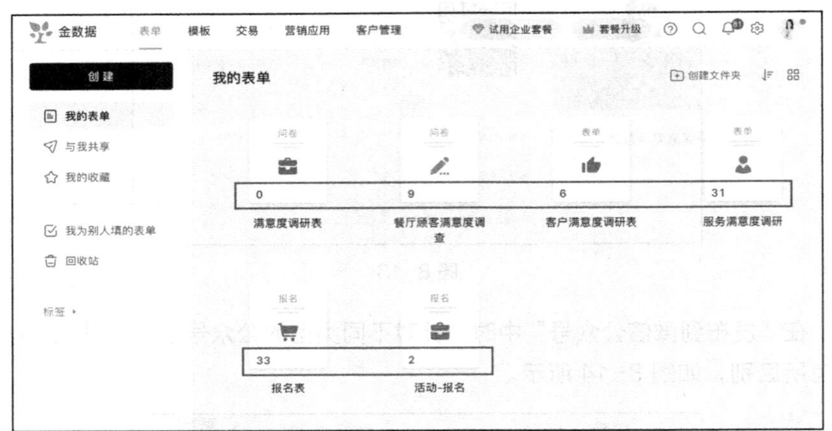

图 8-16

打开一个表单，可以看到表单的所有数据的详细内容，单击···按钮，再选择“导出数据”，可将所有数据导出并存为 Excel 文档，方便运营者下载统计，如图 8-17 所示。

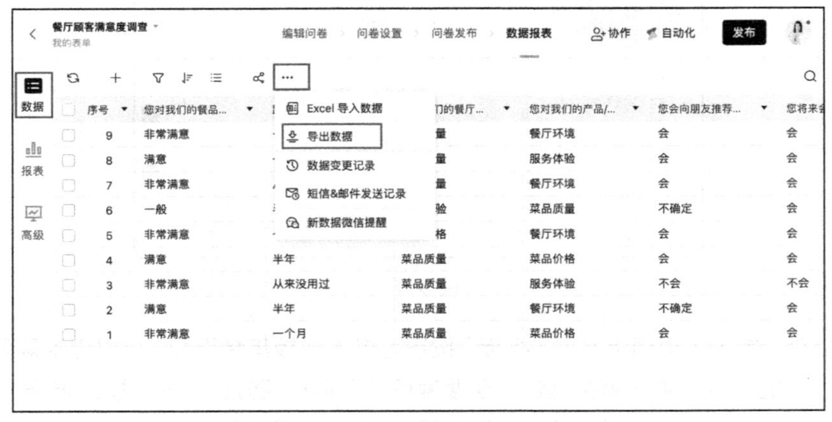

图 8-17

单击侧边栏的“报表”按钮，可以看到表单总数据、今日新增数据、平均填写时长、表单被浏览量、结果被浏览量及表单最近表现折线图，如图 8-18 所示。

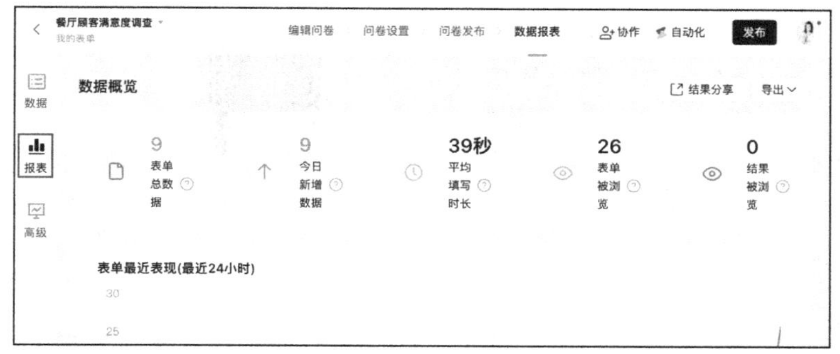

图 8-18

课堂练习

假设你现在是某班级的班长，要制作一份“新媒体运营”专题学习问卷。请使用金数据制作问卷，其中包含姓名、性别、电话、学习目的、学习期待等选项，生成链接转发给 10 个参与者填写，并将数据导出。

8.2 账号管理

新媒体运营者在日常工作中，常常需要管理多个平台账号，登录不同平台需要不断更换账号，非常耗时。为了方便账号的管理和运营，运营者可以使用账号管理工具实现高效管理。

8.2.1 蚁小二

蚁小二是一款新媒体行业账号管理软件，支持跨平台、多账户，帮助运营者管理新媒体账户，提升日常运营工作效率。具体使用步骤如下。

第一步：安装注册。

打开蚁小二的官网，单击“免费下载使用”按钮，选择适合自己计算机的版本后即可下载。下载并安装完成后，用手机扫描二维码，完成注册并登录，如图 8-19 所示。

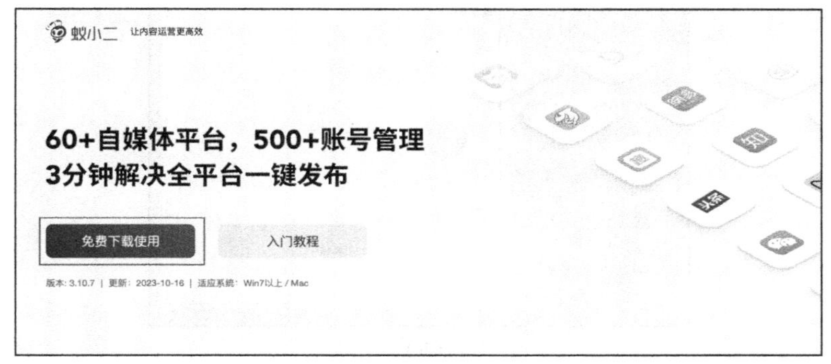

图 8-19

图 8-19（续）

第二步：添加账号。

单击主界面左侧的“账号管理”板块，随后单击“添加账号”按钮，选择需要添加的平台即可绑定，如图 8-20 所示。此外，也支持批量添加多个账号。

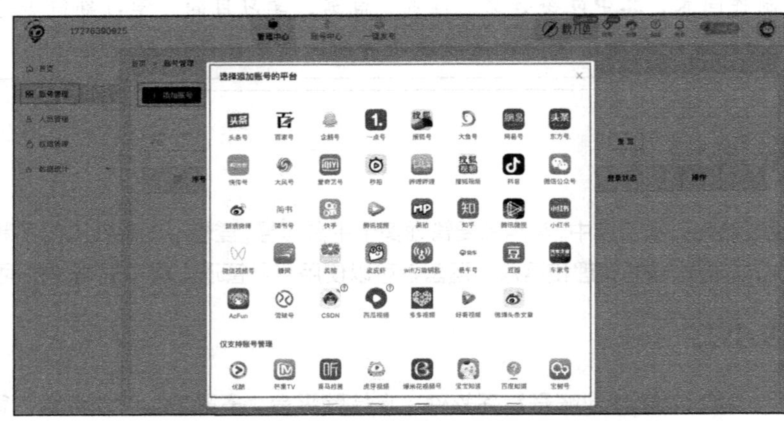

（a）

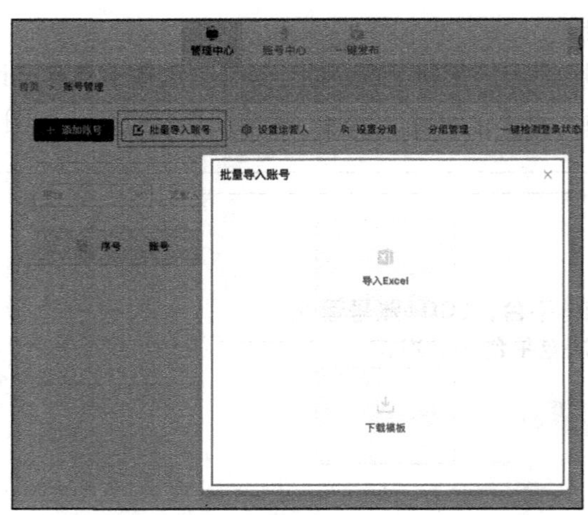

（b）

图 8-20

第三步：人员管理。

单击界面左侧菜单栏中的“人员管理”，升级账号后支持多人协作办公，可以邀请同事加入，并支持部门划分与调整，如图 8-21 所示。

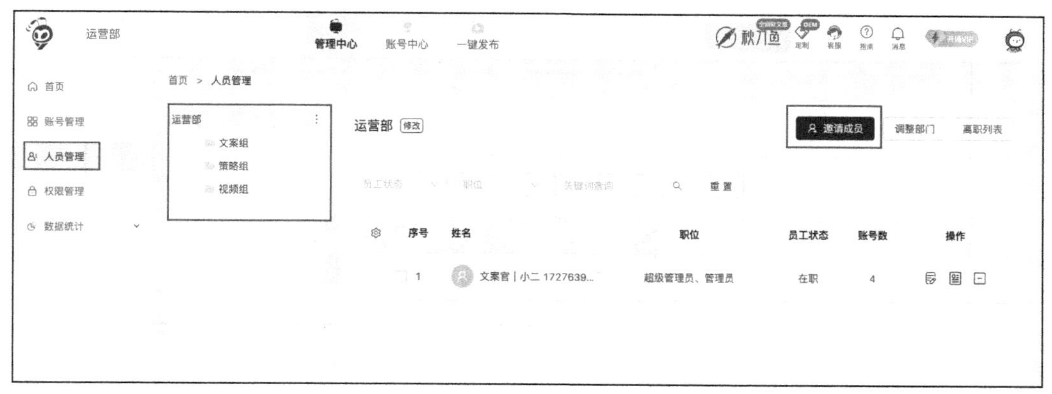

图 8-21

第四步：权限管理与数据统计。

单击“权限管理”，可以添加职位或权限，输入员工在公司的职位，根据角色职责勾选对应的权限后保存即可。

此外，蚁小二支持数据统计功能，可以按内容、部门员工、平台、账号等多个维度进行数据筛选查询，如图 8-22 所示。

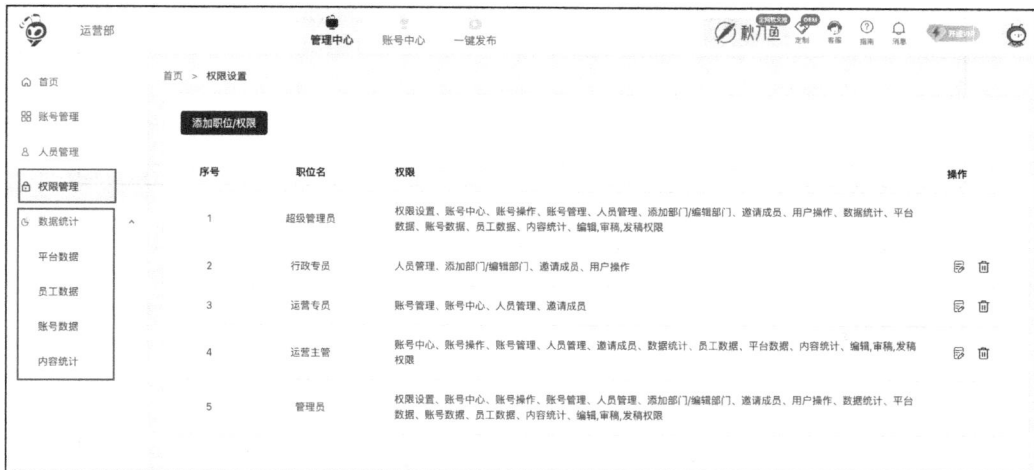

运营部　管理中心　账号中心　一键发布

首页　账号管理　人员管理　权限管理　数据统计（平台数据　员工数据　账号数据　内容统计）

首页 > 权限设置

添加职位/权限

序号	职位名	权限	操作
1	超级管理员	权限设置、账号中心、账号操作、账号管理、人员管理、添加部门/编辑部门、邀请成员、用户操作、数据统计、平台数据、账号数据、员工数据、内容统计、编辑,审稿,发稿权限	
2	行政专员	人员管理、添加部门/编辑部门、邀请成员、用户操作	
3	运营专员	账号管理、账号中心、人员管理、邀请成员	
4	运营主管	账号中心、账号操作、账号管理、人员管理、邀请成员、数据统计、员工数据、平台数据、内容统计、编辑,审稿,发稿权限	
5	管理员	权限设置、账号中心、账号操作、账号管理、人员管理、添加部门/编辑部门、邀请成员、用户操作、数据统计、平台数据、账号数据、员工数据、内容统计、编辑,审稿,发稿权限	

图 8-22

第五步：进入账号中心。

进入主页面上方的“账号中心”，可以查看所有已绑定的平台账号，单击账号后将直接打开各平台账号的创作后台系统，与在浏览器中登录账号操作一致，如图 8-23 所示。

第六步：一键发布。

运营者可以借助蚁小二批量发布图文和视频。以图文为例，首先单击“新建图文”按钮，编辑内容并完善发布设置后即可发布，如图 8-24 所示。

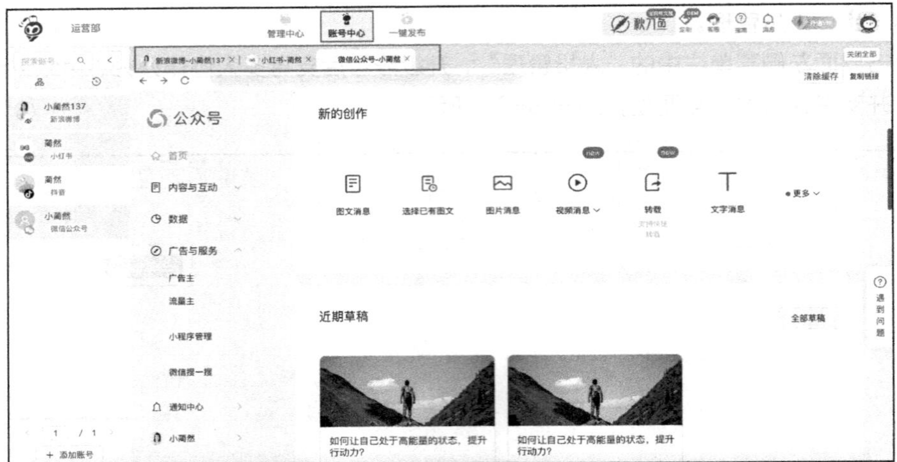

图 8-23

（a）

（b）

图 8-24

课堂练习

请使用蚁小二绑定已注册的微信公众号，编辑文章并发布，随后观察文章数据。

8.2.2 微小宝

微小宝是一款微信公众号编辑器。用其管理账号的操作步骤如下。

第一步：下载并安装。

在 PC 端下载并安装微小宝软件，用手机号或邮箱注册账号并登录。进入操作页面，页面左侧是“账号管理”板块，上方的“菜单栏”板块中分别是“公众号”“粉丝消息”“粉丝裂变”“智能互动”“数据分析”“草稿箱”“编辑器”等，如图 8-25 所示。其中，“公众号”板块显示的是当前账号；“数据分析”是对多个账号的数据监控；“编辑器”用于图文编辑；“素材库”是运营者收藏以及互联网热门素材的汇总。

图 8-25

第二步：添加账号。

在左侧的“账号管理”中单击搜索框旁的 + 按钮，弹出微信公众号登录页面，登录成功即可完成添加，如图 8-26 所示。

第三步：编辑文章。

单击“菜单栏”中的“编辑器”按钮，然后单击“创建素材”按钮可直接进入编辑界面，如图 8-27 所示。

另外，还可以从素材库中提取合适的素材，单击“菜单栏”的中“素材库”按钮，可以看到页面左侧出现文章排行榜、关键词订阅、精品爆文、我的收藏等栏目，可按照需要的类别定向查找，选择所需的素材。

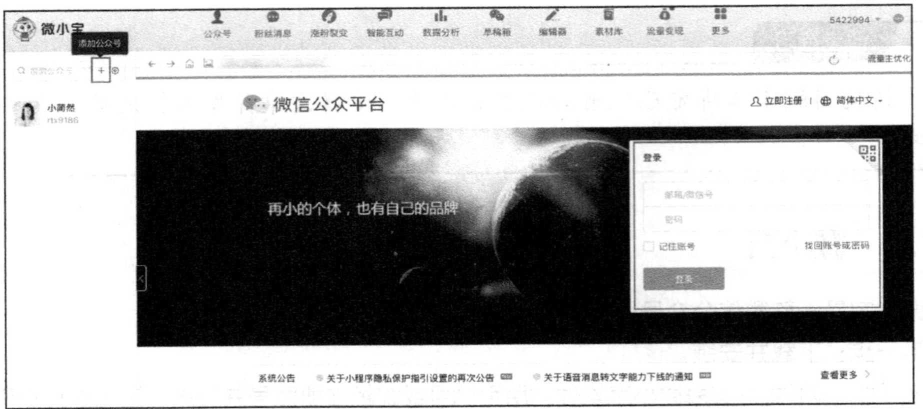

图 8-26

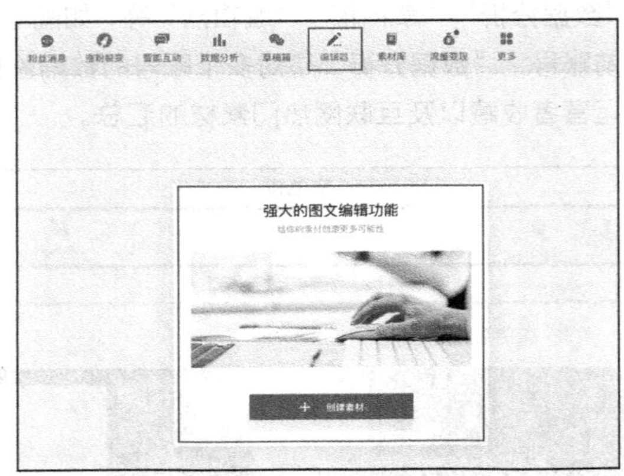

图 8-27

在操作栏中可将素材收藏、添加到素材合成器、查看数据以及查找相似文章，单击右上角的“素材合成器”按钮，可以将添加的素材合成多图文，合成后将直接跳转到“编辑器”进行编辑，如图 8-28 所示。

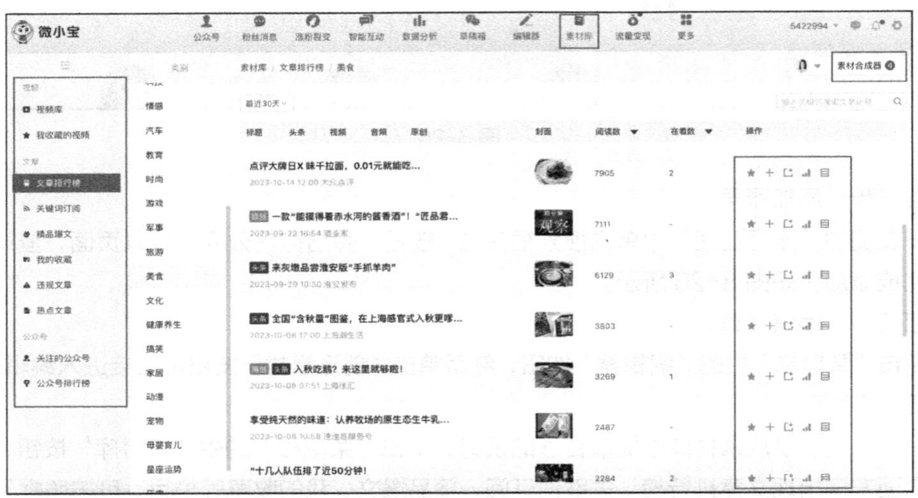

图 8-28

第四步：发布设置。

单击进入“编辑器”可对素材进行修改或者编辑新的图文，在右侧“发布设置”板块可设置封面、摘要、作者、原文链接、声明原创等，其设置方法与公众号后台编辑器基本一致。修改完成后，可单击“保存”或“预览”按钮，如图 8-29 所示。

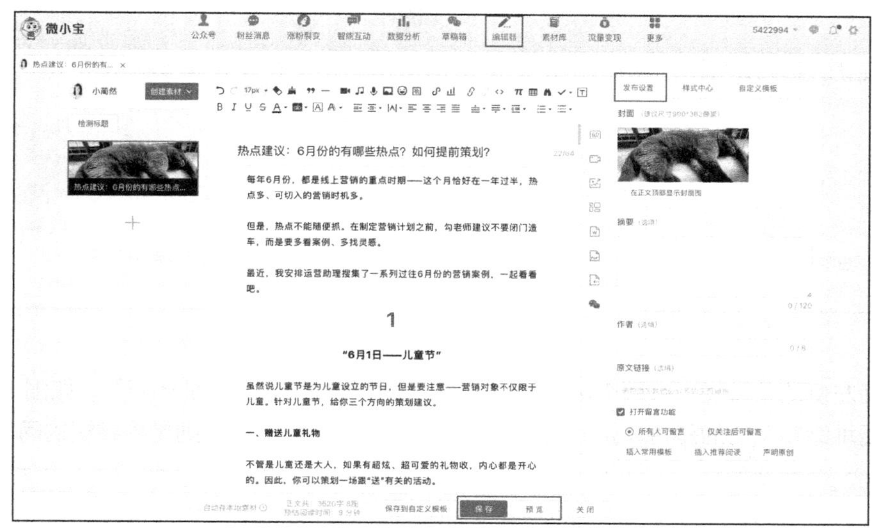

图 8-29

第五步：文章发布。

确定文章无误后，单击“菜单栏”中的“公众号”按钮，在“近期草稿”中找到保存后的文章，单击“发表”按钮即可发布，如图 8-30 所示。

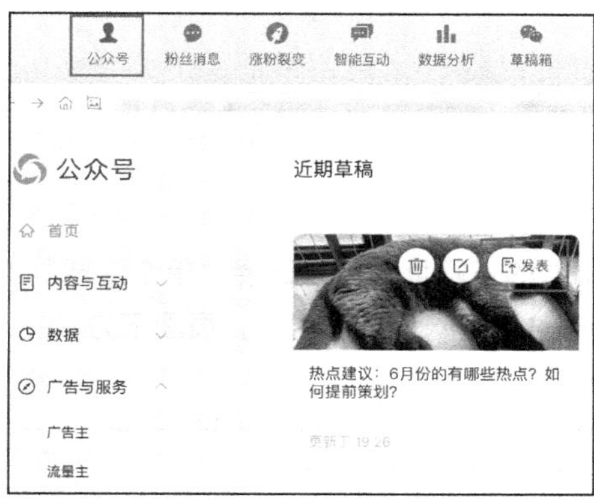

图 8-30

8.3 短网址生成

短网址指的是经过压缩的、形式简短且易于传播的网址链接，在百度搜索“短网址”即可得到短网址网站列表。本节主要介绍的工具是“百度短网址”。

百度短网址服务是专业的网址缩短服务，具有稳定、快速、安全的特点，支持批量缩短、批量短网址还原、开放 API 等服务。具体的操作步骤如下。

第一步：登录百度智能云网站。

登录百度智能云网站，如图 8-31 所示，在产品搜索框搜索“短网址”，直接进入对应界面。

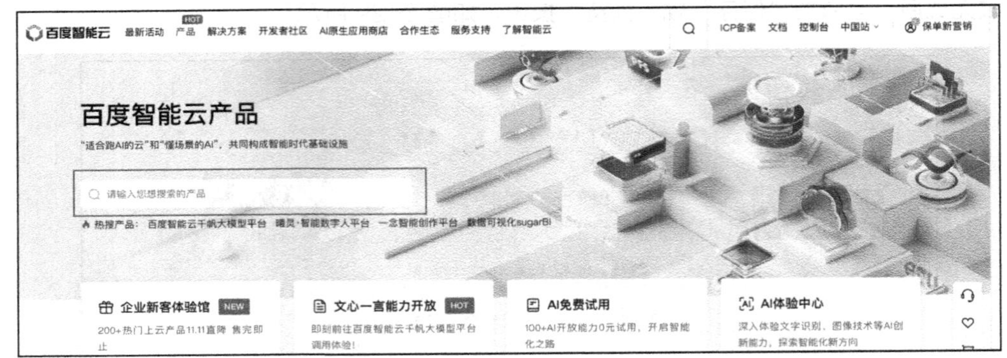

图 8-31

界面左侧的菜单栏中有两个常用功能，即“网址缩短”和“网址还原”，如图 8-32 所示。“网址缩短”指的是将较长的网址缩成短网址，“网址还原”则是将缩短的网址还原。

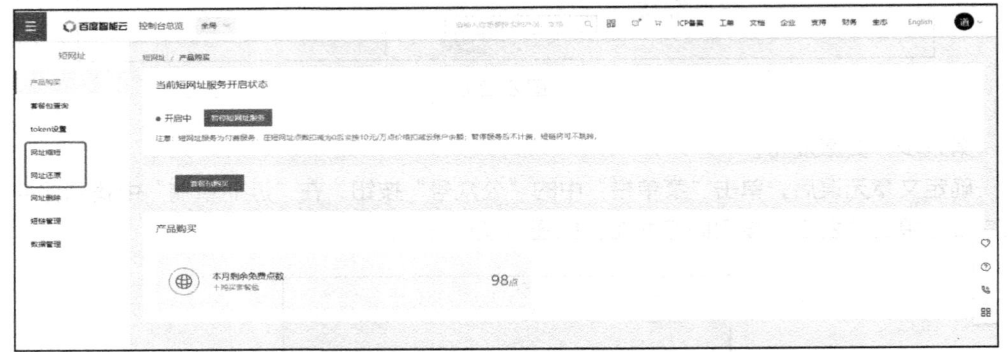

图 8-32

第二步：缩短网址。

在输入框中输入需要调整的长网址，可以选择“单个生成”或“批量生成”，还可选择“有效期”。单击页面右侧的“缩短网址”按钮后，页面下方会出现原网址和短网址的链接，如图 8-33 所示。

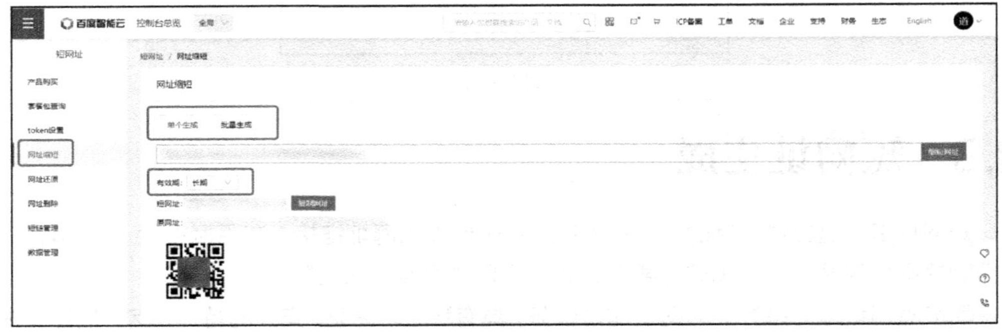

图 8-33

如需将短网址还原，单击“网址还原”，在输入框内输入短网址，单击右侧的“还原网址”按钮即可，如图 8-34 所示。

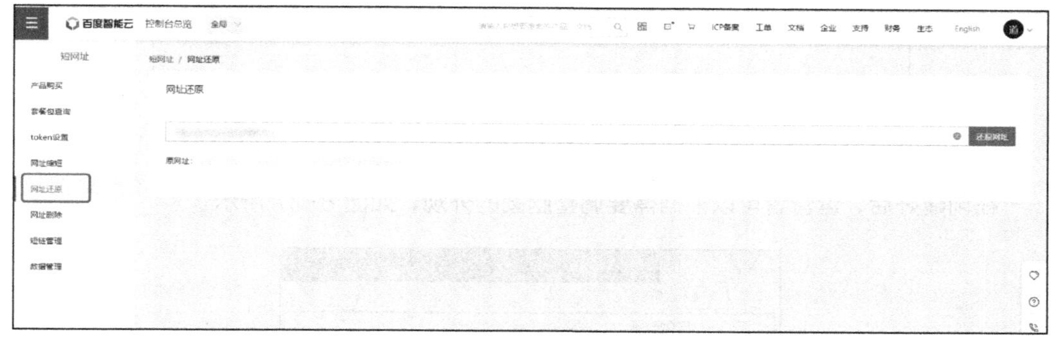

图 8-34

请在微信公众号找一篇文章并复制文章链接，使用“百度短网址”将其转换成较短的网址链接。

8.4 营销思路梳理与细节策划

在开展营销活动之前，运营者需要进行思路梳理和细节策划，确保营销活动的目标明确、策略清晰、资源分配合理，进而提高营销活动的执行质量。

运营者可以借助“百度脑图”进行思路梳理与细节策划。“百度脑图”是百度推出的思维导图工具，如图 8-35 所示。

图 8-35

下面以某创业团队的“双十一”活动策划为例，讲解百度脑图的使用方法。

第一步：创建新脑图。

打开并登录百度脑图，单击页面左上角的“我的文件”，再单击页面中的“新建脑图”按钮即可创建新的脑图，如图 8-36 所示。

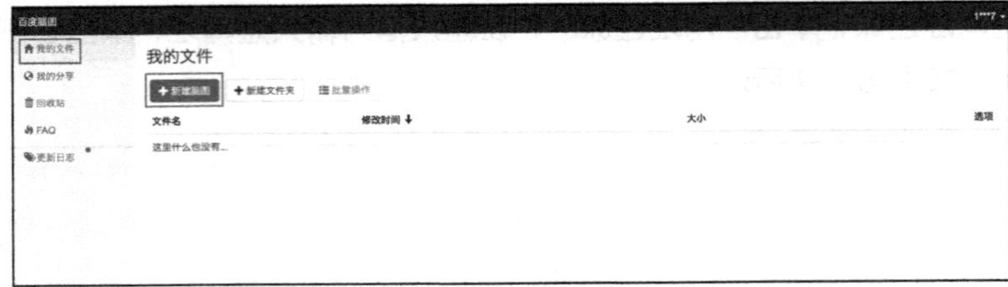

图 8-36

在创建好后，运营者可以根据需要调整脑图的外观，如图 8-37 所示。

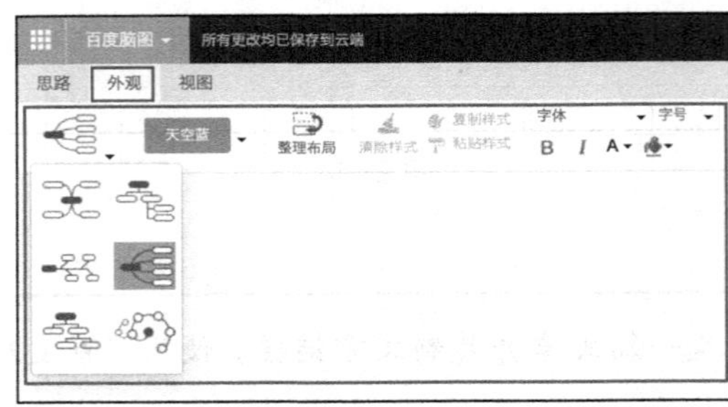

图 8-37

第二步：添加节点。

在新的脑图中，运营者可以看到“新建脑图”主题框，双击可以修改主题名称。选中主题后，单击页面左上方的“插入下级主题”按钮，可添加一级节点，如图 8-38 所示。

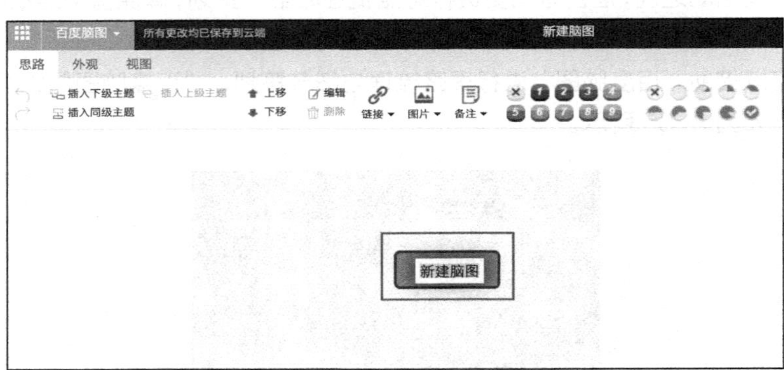

（a）

（b）

图 8-38

针对“双十一”活动，运营者可以添加“活动目标”“活动策划”“活动执行”“活动评估”等一级节点，如图 8-39 所示。

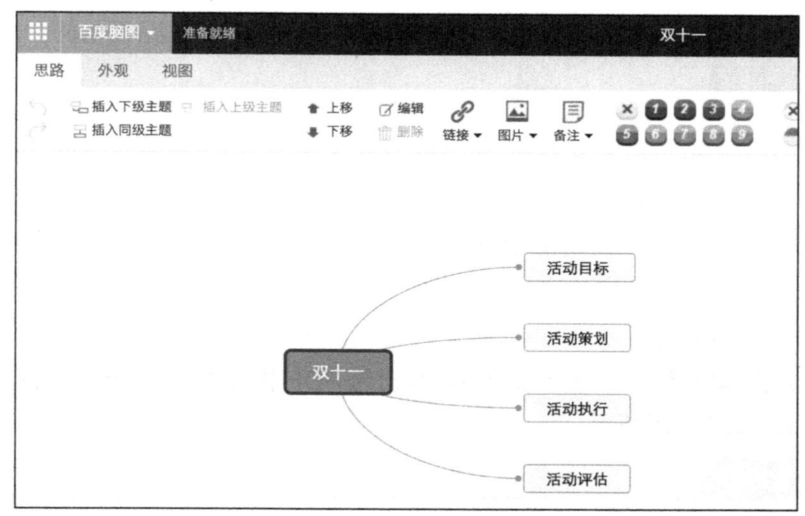

图 8-39

在一级节点下，运营者还可以单击“插入下级主题”按钮添加二级节点，例如在“活动目标”下可以添加“销售额”“用户增长”；在“活动策划”下可以添加“活动主题”“活动形式”“活动时间”。这样可以帮助运营者更清晰地梳理细节，如图 8-40 所示。

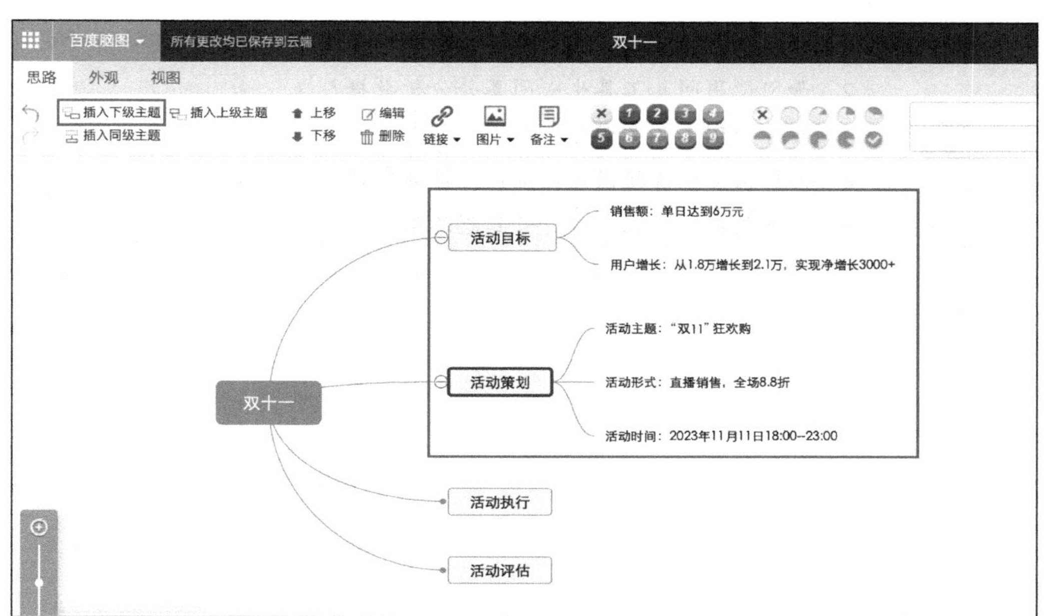

图 8-40

第三步：调整节点顺序。

在脑图中，运营者可以通过拖曳节点的方式来调整它们的上下顺序及层级关系。例如，将“活动策划”节点拖到“活动执行”节点下，如图 8-41 所示。

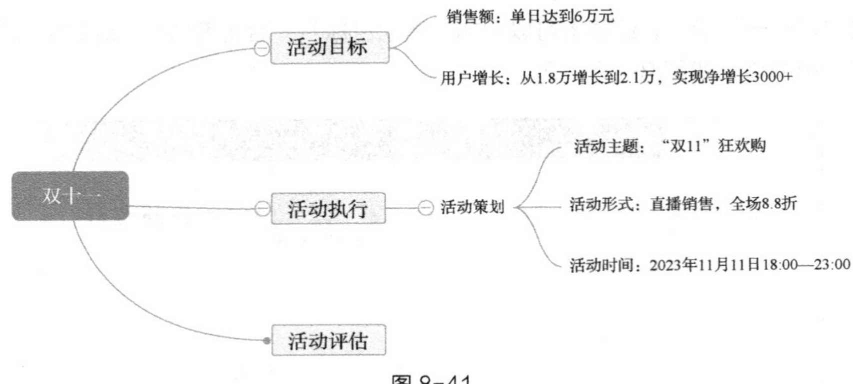

图 8-41

第四步：导出脑图。

在完成脑图编辑后，运营者可以将脑图导出为 PDF 格式文件。导出的文件可以直接打印，便于开会讨论并商榷细节。

课堂练习

请以"弘扬诚信文化"为活动主题，用百度脑图完成营销思路梳理和细节策划，并将脑图导出为 PDF 格式文件，分享到班级群。

思考与练习

1 按照使用场景的不同，新媒体问卷可分为哪些类型？

2 如何使用问卷工具生成问卷并分析数据？

3 账号管理工具有哪些？分别有何功能？

4 为什么要生成短网址？如何生成短网址？

5 如何借助脑图工具进行营销思路梳理？